大夏书系·语文之道

统编版 古诗怎么教

写给小学语文老师

苏静 著

华东师范大学出版社

全国百佳图书出版单位

·上海·

本书为作者苏静主持的青岛市哲学社会科学规划课题“师者的初心与使命——传统文化视域下高师生人文素质培养研究”（课题编号：QDSKL1901057）的最终成果。

目录

序

朱永新

今年是新教育实验二十周年，这对每个新教育人来说，都有着非同寻常的意义。所以，当苏静请我为她的新书《统编版古诗怎么教》作序时，我欣然接受。一来苏静是我的弟子，师生情深；二来著作本身就是新教育的研究成果。作为新教育实验最早的参与者和全程的见证者，苏静一直担任新教育“儿童诗意课程”项目的负责人，从事诗教研究已整整二十年。所以，苏静的新诗教是在新教育的宏大背景下创生并持续发展的，这本书不仅承载了她自己，也承载了我和许多新教育人对诗意教育的期待和梦想。苏静说，这本书是她送给新教育二十周年的礼物，我倍感欣慰。我想从两个方面来表达一下真实的感受。

首先，作为十八年的师生，我想很有必要先简单梳理一下苏静的诗教经历。

早在十八年前，我就这样评价苏静：“这是个创造了教育奇迹的年轻人。”那时的她，还是一个 20 岁出头的小姑娘，任教于青岛嘉峪关小学，做语文老师兼班主任。但就是这个初出茅庐的新教师，却做了一件让很多人都望尘莫及的事情：通过不到一年的教学，就能让一个蜚声全校无人敢接手的“麻辣班”脱胎换骨，70 个孩子齐刷刷爱上古典诗词，成为气质非凡的“诗界神童”，不仅能轻松背诵百余首诗词，赏诗论诗侃侃而谈，还能在两三分钟内随意命题挥笔而就一首词整句工的诗作，令人叹为观止。而这个班毕业时，语文成绩也由过去的倒数第一变成了全班优秀，全校榜首。这不是奇迹又是什么？

当我通过《中国教育报》和中央电视台等媒体了解到这个神奇的年轻人

时，我就在想，这样的新诗教如果能够惠泽更多的老师和孩子，将是一件多么美好的事情。于是，2002 年，我让自己的研究生与苏静取得了联系，邀请她参加新教育实验的首次年会。在苏州，我们有了第一次会面。她对孩子的热爱，诗词的见地和教育的真诚深深打动了我，我随即将其招致门下，使她成为苏州大学的硕士研究生。我希望苏静能够涵养元气，通过三年的专业学习，更好地研究和传播新诗教，打造一门弘扬传统文化，体现新教育思想和理念的儿童诗意课程，让全国参与新教育实验的学校都有机会走进新诗教，感受古典文化和诗意教学的魅力。

三年的研究生学习让苏静更加成熟和理性，她一边研究诗教理论，一边进行诗教实践。三年间，许多新教育实验学校都留下她授课研讨的足迹，她的硕士毕业论文也是以诗教为题。2006 年，从苏州大学毕业后的苏静回到故乡青岛，成为青岛大学师范学院小学教育系的老师。她在信中曾经对我说："朱老师，我很庆幸，一直没有脱离小学教育。我喜欢孩子，也一直希望能够在更高层次上做小学教育。我如愿以偿。今天，我所教的大学生们将成为未来的小学教师，他们将掌控和改变无数孩子的命运。所以，我更加责无旁贷，我要带他们走进新教育，过一种幸福完整的教育生活。我更会把新诗教进行到底，打造体现新教育精神的儿童诗意专业课程。"她说到做到。此后的苏静，以大学教师和新教育"儿童诗意课程"公益项目组负责人的身份，开始了儿童诗意课程的进一步研发和实践。她带领着一群和她一样执着的青年教师志愿者，利用节假日走进偏僻的大山，也走进繁华的都市，从讲授课程到修改打磨到教师培训，为新教育实验区的老师和孩子们送去诗意的温暖。同时，她还是新教育网师课程的志愿者讲师，坚持为全国一线教师网络授课。她一直都说，做新教育是她最快乐的事，她可以真实地感受到师生精神状态的改变。

2014 年，苏静以优异的成绩考取了湖南师范大学教育学博士，四年后顺利毕业，获得博士学位。她的博士论文仍然立足于诗教和人才培养，并选择了新教育榜样教师飓风（郭明晓）作为案例，对其生命叙事进行了细致深入的质性研究。作为大学副教授和硕士生导师，苏静一直带领着自己的研究生进行新教育各个领域的广泛探索。2020 年起，她的研究生团队将正式开启新教育榜样教师的个案研究，进一步丰富新教育的理论与实践成果。

近二十年来，除了生育孩子的那一年，苏静每年都会从青岛专程赶到苏州，参加新教育的元旦论坛，分享她过去一年的经历和新年计划。她把每年的赴约称为“朝圣”，新教育就是她的信仰。就在2020年的元旦，她郑重承诺，要在今年，正式开启新诗教的线上推广计划，将自己二十年的诗教经验进行全面总结，以专著和课程的方式，借助优质的网络平台进行推广，惠泽更多的师生和家庭，为新教育二十周年献礼。所以，眼前的这本书，其实是苏静历经二十年的艰辛和努力后，为新教育，也为无数热衷于中国古典文化的老师、家长和孩子们奉上的倾心之作。我不敢说这本书有多完美，但我相信它足够真诚。这本书的意义就在于，让每个试图带给孩子传统文化熏陶的人，能够找到一种表达和传递古典知识以及跨越时空与古人共情的途径。

第二个方面，我想谈谈对诗教的认识。

诗歌是最中国的。中国就是诗歌的国度，诗歌是最适合中国人的精神世界的。正如林语堂认为的那样，诗歌在中国很大程度上已经代替了宗教的作用，成为人们生活中的“一种灵感，一种活跃着的情绪”。古人说，诗言志。虽然我们不能够说学会了诗歌就掌握了中国文化，但诗歌中承载的文化含量非常之重。从《诗经》到唐诗宋词，可以说，一部诗歌史，也是一部中国文化史，诗歌中透露出的文化信息、表达的文化情感，显示出的文化气质，的确是最为丰富、凝练的。

谈到诗教，我不由得想起了一位令人肃然起敬的老人——96岁的叶嘉莹先生。2006年，一个偶然的机会，我在飞机上读到了一篇讲述叶先生诗教主张的报道，深受触动，题目叫《给灵魂洗个澡》。记得在看完这篇报道的当天，我就参加了苏静的诗教课堂教学研讨会，就以“给灵魂洗个澡”为题作了一个讲演，引起了与会者的强烈共鸣。时隔多年，我想再次分享叶先生的诗教观点，也以此作为对苏静这本书的价值观照。

当年83岁的叶先生说，她这一辈子都是为诗教而活着。她说，古典诗词是中国传统文化的一部分，是医治唯利是图、浮躁病、空虚症的一剂良药，能够给人们的灵魂洗个澡。在叶先生看来，学习中国古典诗歌，能够唤起人们一种更富于高瞻远瞩之精神的不死的心灵。那些诗词作者的思想、人格、品行以及对人生的理解感悟，都在他们的诗词中体现出来。叶先生认为，诗是千古以下的心灵和千古以上的心灵的一种交流，是一颗心对另一颗心的造访，是一种绵延不断、生生不息的生命的相互感发。所以，她相信古典诗词这份中华民族的遗产中富有人性魅力的存在，可以完全成为现在精神的教科书。叶先生说，她曾经亲自体会过诗歌里面生动的、美好的、高洁的境界，而现在的年轻人却进不去，找不到一扇门。所以，叶先生倾尽毕生心血孜孜以求的，正是把这扇门打开，用诗教的这一束光，照亮中国青年学子精神成人的漫漫长路。

叶先生认为，现在的很多老师教诗，教诗歌作者、朝代、中心思想等知识，是属于表面的教育，并不能让孩子们走进诗歌的精神世界。而她讲诗歌，注重的是诗歌中感化的生命，不光带着她自己的生命，而且带着古人的生命。她认为，诗歌是“活的”，是生生不息的。如果我们按照这样的要求来教当下的小学生，是很难的，也是不现实的。但是事实上，苏静多年的诗教生涯，已经把这样一种对诗的感悟渗透其中，这是最高层次的一种诗歌教学，这本书便是最好的证明。书中所有诗作都是以生动的故事启蒙，延展出大量的经典知识，闪烁着鲜活的人物情感，同时又不失严谨的逻辑和科学的考证。可以说，在每首古诗的解读过程中，我们都能从中感受到历史长河中诗词的流变和诗人的坚守。读者不仅能够通过诗词理清历史的脉络，而且还能通过诗词故事和经典诗句，走进古人的生活，与诗人产生深刻的情感共鸣，用生命聆听生命，用歌唱回复歌唱。我想，如果苏静和千万致力于诗教的老师特别是年轻老师们，也能够像叶嘉莹先生那样，再有五十年、六十年的时间为诗教而活着，我相信诗教的复兴、中华文化的复兴是有希望的。

我与叶嘉莹先生是很有缘分的。2019 年，我受邀去南开大学参加叶嘉莹教授归国执教四十周年暨中华诗教国际学术研讨会。在致辞中，我诚挚地表达了对先生 95 年诗意人生的感佩之情，也与先生分享了新教育对诗教的传承与发展现状。多年来，新教育一直致力于诗教在基础教育层面的薪火传承，构建了“晨诵、午读、暮省”的儿童诗意生活方式，并致力于儿童诗教理论与实践的研究与发展。新教育已正式出版了从幼儿园到高中的《新教育晨诵》系列读本，每学期 16 周，每周 7 首优美隽永的诗歌，2576 个伟大的声音，用这些珍藏着全人类崇高智慧和美好情感的经典之作，来开启新教育儿童每一天的黎明，聆听生命拔节的声音。在这些诗歌的滋养下，我期待新教育的孩子长大成人以后，能够在他们身上看到——政治是有理想的，财富是有汗水的，科学是有人性的，享乐是有道德的。所以，我很欣慰，苏静的这本新作，无论从方法还是内容层面，都能感受到匠心和诚意，可以作为对《新教育晨诵》读本的有益补充和有力支持。其中，问题导向的诗词解读设计，可以有效地激发儿童的诵读兴趣；故事和知识点的巧妙串联，可以助力儿童轻松地记忆赏析；科学的逻辑架构，可以提升师生的思维品质，并引导教师有效迁移，将晨诵与课堂教学自然结合，达到更加理想的教学状态。我期待苏静的这本书，能够在某种程度上助力新教育晨诵达到更高的精神境界。

我一直认为，诗歌就是精神生活的最高境界之一，也是重要的文化符号之一。世界上最伟大的民族，最伟大的作品，其最精致的语言就是诗歌。所以，在诗歌离我们远去的时候，上有96岁的叶老，下有苏静这样的年轻人，让我们看到了一种希望。我觉得这样一种孜孜以求的境界，正是我们新教育人的重要使命，我们应该用不懈的努力去撬动和传承中华文化。

是为序。

自 序

我是2000年开始研究儿童诗意教育的，非常巧合，我的诗教与新教育实验共同走过了二十年。二十岁之于人生，恰是风华正茂，之于新教育，更是未来可期。作为新教育实验发起人朱永新先生的弟子，我荣幸至极。2002年，我有缘结识了朱永新先生，从此走进了新教育。一路走来，我对新教育的艰辛和美好感同身受，也越发意识到新教育之于当代中国教师的价值和意义。因为新教育一直致力于“书写教师的生命传奇”，将教师专业发展视为其核心价值所在。

多年来，朱永新先生一直鼓励我在诗教方面不断超越，特别要关注一线小学语文教师的现实困境。伴随着统编版语文教材中古诗文容量的大幅提升，我欣喜地感受到未来语文对传统经典的致敬与传承，同时也对传统古诗教学方法表示极度担忧。中国自古以来就是诗的国度，每个孩子都是天生的诗人。经典古诗就像童年的歌声，天真天籁，会随着岁月沉淀成一个人的精神风骨。可是，为什么中国孩子从小就背古诗，学古诗，成人后却很少对古诗产生真正的兴趣？我在大学教授语文，无论提问本科生还是研究生，只要跟古诗相关的内容，稍微综合或延展一点的，往往两三个问题就会“见光死”。原因很简单，很多学生的脑海里所存留的，依然是小学到高中为考试背诵的古诗知识要点，并没有从真正意义上了解诗人，更遑论走进诗文的情感与境界。所以，面对统编版语文教材的变革，大量古诗文的增加，教师如果还是沿用过去的思维模式和教学方法，不仅难以提升学生的审美情致和对经典的传承意识，而且会适得其反，加重学生的学习负担，使之产生更加强烈的厌学情绪，对古诗文避之不及。

所以，回顾我二十年间的诗教传播，“取法乎上”是我始终坚持的理念。我们不仅要讲古诗的表面意义和情感，更要通过诗人的亲身经历，挖掘古诗背后的故事，最终通达古诗背后的文化。因为有故事才吸引人，有文化才启迪人。一路走来，全国各地的专家和老师们给予我这种“另类”古诗课高度评价，听课孩子们专注的神情和不舍的目光也让我欣慰感动。每次听完我的课，老师们都会产生很多思考，其中之一便是要发愤读书，要更全面地理解诗人，挖掘古诗背后的意义，讲出和我一样“有料有趣的古诗课”。而在感慨我课堂“有料有趣”的同时，老师们也表达了自己“学不来”的苦恼和困惑。因为一线教师毕竟时间、精力和能力都有限，在古诗文的备课过程中，很难在极短时间内找到合适的素材。同时，一般老师也难有精力和能力去逐一辨别文献的真实性和合理性。所以，随着公开课次数的增加和古诗专题的延展，越来越多的老师希望我能够出一本课堂教学与古诗鉴赏相结合的书，立足于统编版小学语文教材的经典诗目，直接提供相关的教学素材与思路方法。与此同时，华东师范大学出版社也向我递出了橄榄枝，愿意助我和老师们完成这个心愿。于是，我便于 2019 年末开始着手这本小书的撰写工作。

这本小书与我之前出版的一系列诗教课程和理论作品不同，它是一本基于新教育理念的，立足于统编版小学语文教材的古诗鉴赏书。它既适用于教师的教学参考，也适用于家庭的亲子阅读。我希望通过这本小书，能够让读者们看到一个“有趣有料”的古诗世界，轻松寻找到适合自己教、学古诗的内容和方法。同时，也为我主持的新教育实验“儿童诗意课程”项目尽一份绵薄之力，作为对敬爱的导师朱永新先生十八年浩瀚师恩的点滴回报。

首先很有必要介绍一下小书的基本特点。小书的创作是完全基于新教育理念的。新教育一直倡导“让师生过一种幸福完整的教育生活”，“让师生与人类崇高精神对话”（朱永新先生语），而经典古诗文恰恰体现了古人天然的浪漫思想与心性追求。所以，小书精选收录了统编版小学语文教材的二十六首经典古诗，每首都堪称家喻户晓的“国诗”。这样选择的目的是考虑到为一线小学语文教师提供直接的课堂参考，更接地气，同时为家长提供与课堂教学同步的亲子阅读指导。小书里的每一首古诗独立成篇，解读方式别具一格。相较于其他单纯的古诗故事或鉴赏类书籍，小书更加注重古诗鉴赏与语文教学相结合，在内容与形式方面都力争为读者（特别是教师）呈现一个开放式的思维框架，并提供教学流程所能驾驭的逻辑支持。具体有如下三个特点：

其一，“问题导向”的导语设计。每首古诗的开篇处都精心设计了导语，导语均由经典问题串联而成。例如解读李白的《独坐敬亭山》，导语如下：

> 在李白一生的山水游历中，敬亭山是他最钟爱的一座山。是什么原因让李白对它“相看两不厌”，情愿“独坐敬亭山”？“众鸟高飞尽，孤云独去闲”的背后，有何不为人知的深意？在敬亭山上究竟留下了李白怎样刻骨铭心的记忆？一位是李白的超级偶像，一位是李白的红颜知己，究竟谁才是李白生命中最重要的神秘人物，让他在此独坐守候？

再如解读李贺的《马诗》，导语如下：

> 有着皇室血统，少年成名的李贺，不到二十七岁就溘然长逝。他经历了怎样短暂而动荡的人生？一首《马诗》，暗喻着作者怎样的人生理想？年纪轻轻的李贺缘何被称作“诗鬼”？“燕山”指的是哪座山？古人为何偏爱马？“金络脑”又是何等神器？中国古代有哪些青史留名的“明星马”？

通过导语不难看出，每个问题之间都是有逻辑的，基本围绕着诗人经历、古诗内容和主题延展生成，形成对古诗教学的逻辑提示。普通读者可以通过导语中的问题，直接了解到核心内容，增强阅读的指向性和趣味性。作为教师，则可以通过导语进行全盘教学流程的设计，带着问题进行深入阅读和思考，最终将有价值的问题和素材直接呈现在教学流程中。

其二，“诗内有料”与“诗外有料”的解读设计。在解读的过程中，没有常规的字词句释义（此类古诗教参已多如牛毛），而是围绕着“诗内”与“诗外”两个维度，对古诗进行交互式解读。“诗内有料”，即围绕着古诗本身的经典意象、关键字词的引申情感以及独特的文化内涵等，对古诗进行深度鉴赏与内在剖析。“诗外有料”，则围绕着古诗鲜为人知的创作背景、作者非同寻常的人生经历以及古诗相关主题的多元延伸等，对古诗进行完整全面的解读，让每一首诗都丰满立体地呈现出来。例如解读王安石的《元日》，从导语中就能明显地感受到这种设计理念：

这是一首从题目到内容都“有料”的民俗诗。何谓元日？何谓爆竹？何谓屠苏？何谓桃符？一个个神秘的符号，有趣的民俗，串联起了中国最重要的传统节日——春节。除却春节习俗与祈愿，时值人生特殊阶段的王安石，还想通过此诗，传递出怎样的独特心思？除了王安石，还有哪些诗人在元日写下心中祝愿？

其中，解读诗中“元日”“爆竹”“屠苏”“桃符”这些具有深刻文化内涵的关键词，能够直观呈现“诗内有料”的部分。解读诗中春节祈福外所隐含的诗人的政治理想，则是对创作背景的深入剖析，由此也延伸出诗人独特的人生经历。补充其他诗人描写元日的作品，则是对“元日”这一主题的纵深拓展。这些内容的综合解读，都可以看作是“诗外有料”的部分。需要说明的是，因为每首诗的情况不同，所以“诗内”与“诗外”只是相对的两个维度，在某种情况下也会出现重合，甚至会联合起来，“颠覆”以往对这首诗的常规认知。这样做的目的并不是标新立异，而是以科学审慎的态度，在浩如烟海的文献典籍中，尝试着重新审视和还原某一种可能性。当然，所有文献的来源并不局限于正史，为了增强小书的可读性，有些故事也取材于流传甚广的民间传说和地方史志，但尽量做到“师出有名”。

其三，“小初衔接”的古诗链接设计。在每一首古诗的解读过程中，小书都力求做到对诗人不同时期的代表作有所涉及。特别是统编版初高中语文教材中要求掌握的同一作者的诗文，都会出现在对这首诗的延展解读和链接中。目的就是让读者（特别是师生）建构起对诗人及诗文创作的完整理解，通过小学期间的清晰梳理，熟知未来初高中语文教材里诗人作品的产生背景和经典内涵，让诗人诗文都不再是“熟悉的陌生人”。例如，解读孟浩然《春晓》的创作背景时，会涉及隐居地鹿门山，然后引申出作者在隐居鹿门山时写下的另一首诗作《过故人庄》；在解读孟浩然长安求仕拜谒张九龄时，会引申出他的《望洞庭湖赠张丞相》；在解读孟浩然仕途失意时，会涉及他的另一首名作《宿建德江》……不仅如此，古诗的超链接还体现在诗人的“圈内好友”中。同样以孟浩然为例，因为李白、王维、王昌龄、张九龄都是其好友，所以自然会引申出李白的《黄鹤楼送孟浩然之广陵》《赠孟浩然》，王维的《山居秋暝》，王昌龄的《出塞》，张九龄的《望月怀远》等一系列经典诗目，这些都是收录在统编版语文教材中的推荐诗目。

关于这本小书的使用方法，我也想作一简要说明。首先，这本小书可以随心所欲地使用。既可以作为教师参考用书，也可以作为家庭亲子读物，还可以让孩子自己阅读，寻找感兴趣的故事，主动探究古诗背后的秘密。其次，这本小书可以有计划地使用。一种方法是在相应学段，按照常规做法对每首古诗进行基本解读后，根据学生已有基础和认知水平，适当选取此书资料补充该诗的相关内容；另一种方法是作为班本或校本教材，在合适的年级段集中授课使用，或作为校外特色课程、活动的基本用书。此外，作为高校教师，我由衷地希望这本小书可以作为高校师范生，特别是小学教育专业本科生和研究生的人文素养读本，以此加深对以古诗为核心的中国传统文化的体悟与认知，拓宽小学语文古诗教学的实践路径，以此提升专业素养和人文精神。

这本小书的写作虽然只有一年，但从某种意义上来讲，我为此准备了二十年。所以，它是我送给挚爱的新教育事业二十周年的礼物，也是送给自己诗教二十年的礼物。我一直相信，朴素的便是美好的。所以借写序言的方寸之地，诚恳地表达对恩师朱永新先生的感恩与思念，诚实地表达这本小书的写作初衷和创作经历及其之于读者可能产生的价值和影响。如果因此能给小学语文同仁和家长孩子们带来一点启示，便是我莫大的荣幸。而在写作过程中，因水平和能力有限，也定有诸多不足，还请读者批评指正，不胜感恩。

是为序。

第 1 讲 《春晓》

——花落春深有故事

导语

一首《春晓》，背后隐藏着鲜为人知的故事。这首诗写于何时何地？少年早慧、才华纵横的孟浩然，为何却终身不仕？在孟浩然的朋友圈里，有哪些令人意想不到的唐朝大咖？他的死又与哪位诗人直接相关？古诗中的“啼”字有何特殊含义？一句“夜来风雨声，花落知多少”又隐含了作者怎样的复杂心绪？

| 春晓 |

（唐）孟浩然

春眠不觉晓，处处闻啼鸟。

夜来风雨声，花落知多少。

古诗揭秘

一、神秘的孟浩然

（一）“浩然”二字有玄机

孟浩然，襄州襄阳（今湖北襄阳）人，世称“孟襄阳”。他出生在书香门第，之所以叫浩然，传说是因为他父亲认定自己是孟子的后代，所以取《孟子》“吾善养吾浩然之气”一句中的“浩然”二字，给儿子取名孟浩然。孟浩然人如其名，一生光明磊落，飘逸洒脱。年轻时，孟浩然非常倾慕司马相如的才华，曾与弟弟一起读书学剑，是“枚”文武双全、不折不扣的“超级学霸”，十七岁就学业有成。后来孟浩然四处游历，想在仕途上有所作为，可惜命运不济，终身不仕，之后的大多数时间都隐居山林。但即使这样，性格豪爽、才华纵横、正直飘逸的孟浩然仍难掩其耀眼的光芒，他凭借着一身浩然之气，结交了王维、李白、王昌龄等一众大唐“明星”好友，他的山水田园诗也光耀千古，与王维并称为“王孟”。

（二）秘境鹿门山，《春晓》诞生地

《春晓》这首诗是孟浩然隐居鹿门山时所作。不过此时的隐居，并不是因为仕途失意，而是年轻的孟浩然受到了某种心灵上的“召唤”。相传孟浩然十七岁时就学有所成，本来完全可以继续在科考的路上披荆斩棘，出人头地。但是二十岁那年，孟浩然因为去了一次鹿门山，而改变了之前的想法。提到鹿门山，现在很多人都觉得陌生，但在唐朝，鹿门山可是个鼎鼎大名的隐居圣地。此山大有来头，先说名字。据《襄阳县志》记载，东汉初年，汉光武帝刘秀曾经带文武百官在此地巡游。夜里入睡，刘秀梦见一山神托梦给自己，说此处是风水宝地，有神鹿庇护。于是，梦醒后，刘秀便命人在山上立了一个宗祠，在夹道口处刻了两只石鹿神兽。后来，当地百姓就称这座宗祠为“鹿门庙”，称这座山为“鹿门山”。鹿门山后来成为很多高士的隐居之地，其中就有孟浩然的“超级偶像”庞德公。庞德公何许人也？他是东汉末年三国纷争之际的高士，因不满刘表的目光短浅，断然拒绝其拉拢，携妻儿隐居鹿门山，以采药为生，表明其高洁心志。正因为庞德公骨气清奇，一时被天下人称颂，奉为楷模。据说连“卧龙先生”诸葛亮都曾拜其为师。不仅如此，庞德公还培养出了一个优秀的侄子，那就是被誉为“凤雏”的庞统。所以，可以毫不夸张地说，以大智慧著称的“凤雏”“卧龙”皆出于庞德公门下，难怪孟浩然会对庞德公如此崇拜，见到鹿门山，便心生向往，效法先贤，归隐其中。正如孟浩然在《夜归鹿门山歌》中所说：“鹿门月照开烟树，忽到庞公栖隐处。岩扉松径长寂寥，惟有幽人夜来去。”当然，对于年轻的孟浩然而言，这次归

隐并不是目的，只是受到了偶像庞德公的精神感召。他真正想做的，是通过“隐居”思考人生，养精蓄锐，蓄势待发，去奔赴一个更加美好的前程。所以，在鹿门山隐居的日子，孟浩然除了修身养性，更对人生对前程有了更加深入的思考和理解。时值暮春时节，诗人难免触景生情，便在一个雨后的清晨，写下了这首脍炙人口的经典诗作《春晓》。鹿门山不仅是《春晓》的诞生地，还是孟浩然另一首代表作《过故人庄》的诞生地。《过故人庄》全诗如下：

故人具鸡黍，邀我至田家。
绿树村边合，青山郭外斜。
开轩面场圃，把酒话桑麻。
待到重阳日，还来就菊花。

这首诗写出了孟浩然隐居鹿门山时的悠然生活，也充满了田园野趣。特别是那句“待到重阳日，还来就菊花”充满了诗人对山野人家纯朴生活的向往与热爱，堪称家喻户晓的千古绝句。之后，皮日休等著名诗人也相继在鹿门山隐居，所以，充满了神秘色彩的鹿门山留下了“鹿门高士傲帝王”的美誉。

（三）短暂的求仕生涯

孟浩然在整个求仕途的过程中结识了很多情投意合的朋友。这些朋友不仅才华横溢，而且名声显赫，其中一位就是王维。孟浩然和王维后来并称为“王孟”，是唐代山水田园诗的代表人物。除王维外，他还专程拜访了一位当时非常著名的人物——宰相张九龄，希望能够得到他的引荐。张九龄是唐代历史上著名的诗人、贤相，才华横溢，为人中正。孟浩然对他非常敬仰，于是写下了这样一首诗，叫作《望洞庭湖赠张丞相》，全诗如下：

八月湖水平，涵虚混太清。
气蒸云梦泽，波撼岳阳城。
欲济无舟楫，端居耻圣明。
坐观垂钓者，徒有羡鱼情。

在这首诗里，他不仅表达了自己对张丞相的仰慕敬佩之情，而且婉转地表达了自己对仕途的向往之情。诗中有这样的千古名句："坐观垂钓者，徒有羡鱼情。"意思是：我坐在这儿看着垂钓的人，却只有暗自羡慕的份儿了。那么谁是"垂钓者"呢？众所周知，古时姜子牙在渭水垂钓，最终以自己的超凡能力辅佐文王和武王成就天下霸业。所以，诗中是借姜子牙来比喻张九龄，意思就是，如姜子牙般高超卓绝的垂钓者，正是张丞相您呐！而"羡鱼情"则是出自《淮南子》中的典故，即"临河而羡鱼，不如归家而织网"。言外之意，是向张丞相传达出自己对仕途的向往之心。虽然当时张九龄因为自己正陷入政治斗争，而无暇为孟浩然入仕提供什么实质性的帮助，但是这首诗却给张九龄留下了极其深刻的印象。后来，张九龄担任荆州长史，专门将孟浩然招至自己的幕府之中，孟浩然也因此拥有了人生中唯一且极为短暂的入幕生涯。

（四）一句诗断送了前程

孟浩然在长安不仅结识了一众大咖朋友，而且诗名远扬，有诗为证。李白称颂他"高山安可仰，徒此揖清芬"，杜甫赞扬他"清诗句句尽堪传"。但是阴差阳错，在参加进士考试的时候，孟浩然却意外落榜了。这对已经年近不惑，之前踌躇满志的孟浩然来说，无疑是当头一击。他想直书圣上，自我推荐，但却碍于面子，迟迟未曾行动，于是内心纠结苦闷。

一日，孟浩然应好友王维私邀入内署，写了一首题为《岁暮归南山》的诗，表明自己当时犹豫苦闷的心境。诗作如下：

北阙休上书，南山归敝庐。
不才明主弃，多病故人疏。
白发催年老，青阳逼岁除。
永怀愁不寐，松月夜窗虚。

适逢皇帝玄宗驾临，孟浩然惊慌之中躲到了床下。玄宗进入房间后，对王维说："爱卿，刚才朕明明听到有人与你在谈诗论作，怎么此时就剩你一个人了？"王维不敢隐瞒，据实奏闻，玄宗便命孟浩然出来。当玄宗问到孟浩然刚才是在讨论什么诗作时，孟浩然非常诚实地禀明刚才讨论的诗作并为玄宗朗读起来。当诵到“不才明主弃，多病故人疏”这句时，玄宗不高兴了。原来这句诗的意思是：你看我这个人没有才能（这是自谦的说法），英明的主子就把我抛弃了；我体弱多病，所以好朋友们一个一个都疏远我了。这句诗表面上是自谦、低调，但实际上也包含了孟浩然对自己追求仕途却不得的小小抱怨。玄宗听到这句诗，便说：“你从来就未向我求过功名，我又怎么可能抛弃你，这不是冤枉我吗？你既然如此说，那我就成全你。”于是玄宗生气地拂袖而去，从此，孟浩然便与仕途彻底无缘，只好失意地离开长安，继续浪迹天涯，隐居山水。

后来，有一位叫韩朝宗的高官很欣赏孟浩然，听说他在襄阳隐居，便主动联系他，要为他引荐。要说这位韩大人，在当时可是大名鼎鼎的人物，以慧眼识珠、举荐贤能而著称。民间甚至流传着“生不用封万户侯，但愿一识韩荆州”的说法。他阅人的眼光相当挑剔，据说当年李白为了得到他的赏识，专门去拜访他，还写了著名的《与韩荆州书》，不料却没有得到韩大人的回应。而就是这个要求甚高的韩大人，偏偏对孟浩然欣赏不已，他们约好了见面的时间，一切看上去很完美。但是到了那天，孟浩然却因为和友人饮酒畅谈而忘记了时间。当友人提醒他跟韩大人有约时，他竟然很洒脱地表示，“业已饮，惶恤他”。意思就是，今朝有酒今朝醉，都已经喝成这样了，开心就好，还管那些事儿干吗？结果可想而知，被放了鸽子的韩大人自尊心碎了一地，从此不再理会孟浩然。而孟浩然寄情于山水的梦想，也因此被无限放大和延伸了。

（五）孟浩然之死：舍命陪君子

说到孟浩然之死，《新唐书·孟浩然传》记载他“开元末，病疽背卒”。而跟他的死有直接关系的，竟是唐朝另一位著名诗人王昌龄。王昌龄是孟浩然的好朋友，公元 740 年，即唐玄宗开元二十八年，王昌龄被贬，南游襄阳，心情郁闷，顺路去拜访孟浩然。老友多年不见，自然激动万分。但王昌龄并不知道，此时的孟浩然正在生病，是一种很严重的皮肤病，史料记载为“痈疽”。在见到王昌龄之前，其实孟浩然的病经过调养，已经大好，郎中叮嘱他千万要忌口，万不可吃鱼鲜，否则将会旧病复发，甚至会危及生命。但孟浩然毕竟是个性情中人，见到王昌龄，知其正处在人生低落期，必然要好好叙谈，尽己所能设宴款待。席间，孟浩然自然忘不了奉上襄阳人宴客时必备的美味，一种味道极其肥美的河鲜——汉江中的查头鳊。此时，面对老友和美味，孟浩然早已把病情抛到了九霄云外。他陪着王昌龄举杯狂饮，通宵畅谈，河鲜美酒一一下肚，全然不顾其中凶险。果然，郎中的话应验了，在食下美味河鲜后，不出数日，孟浩然便病发身亡，时年五十二岁。而此时，王昌龄刚刚出城，还没有离开襄阳，想必得知此事，定是痛悔万分。史料中用“浪情戏谑，食鲜疾动”八个字来形容孟浩然之死。可想而知，孟浩然和王昌龄那一晚的聊叙是何其畅快淋漓，也可想而知，孟浩然病情突发猝死是何其痛苦和惨烈。从珍惜生命的角度来看，孟浩然这样做显然是很荒谬的，正所谓“不作死不会死”。但是从另一个角度想一想，因为与他一起痛饮狂歌的不是别人，而是和他一样光明磊落的王昌龄。所以，我们是不是可以这样理解，在真正的友情面前，孟浩然是可以不顾一切的，他以自己的实际行动，完美诠释了“舍命陪君子”，荒谬在于此，高贵也在于此？或许正是因为这样，才凸显出他的真性情，历史上才有了独一无二的孟浩然。

二、“啼”字的秘密

《春晓》中，一句“处处闻啼鸟”，让我们感受到鸟儿的欢鸣和春天的美好。其实，这个“啼”字在古诗词中还有特殊的含义。

（一）“啼”的含义

在中国古代诗词中，“啼”字常有“悲鸣”“哀鸣”之意。比如《枫桥夜泊》中的“月落乌啼霜满天，江枫渔火对愁眠”，“乌啼”就是乌鸦悲鸣。杜甫写过一首看望自己一位逝去友人的诗——《别房太尉墓》，其中有一句：“唯见林花落，莺啼送客闻。”很显然，虽然是“莺啼”，但是表达的却是哀伤之情，此处的“啼”字，仍是哀鸣的意思。古诗中还常用“猿啼”来表达内心的悲伤。比如“巴东三峡巫峡长，猿鸣三声泪沾裳”“啼猿何必近孤舟，行客自多愁”“山净江空水见沙，哀猿啼处两三家”“杜鹃啼血猿哀鸣”等，都是这种用法。

当然，诗词中也有特殊情况，“啼”字表达的是“欢鸣”之意。比如孟浩然的“春眠不觉晓，处处闻啼鸟”，杜甫的“留连戏蝶时时舞，自在娇莺恰恰啼”，李白的“两岸猿声啼不住，轻舟已过万重山”等，结合着当时的背景和诗的意义，“啼”字都可以理解为“欢鸣”。

（二）杜鹃啼血

关于“啼鸟”，最有名的一个典故便是“杜鹃啼血”。

杜鹃即指杜鹃鸟，又称子规鸟。在古人看来，杜鹃鸟是悲伤凄惨的象征。唐朝李商隐写了一首诗叫《锦瑟》，其中有这样一句：“望帝春心托杜鹃。”其实这句诗已经写出了这个典故的由来。传说春秋战国时期蜀地有一位勤政爱民的君王，叫作望帝。一日他发现身边有一个臣子比他还要贤德，于是便毫不犹豫地把王位让给了这个臣子。但是等他退隐之后却发现这个人的贤良原来是伪装的，实际上他凶狠残暴，令老百姓苦不堪言。望帝非常伤心愤怒，但却无能为力，他后悔不已，终日悲伤落泪，最后忧郁而亡。死后，他化为杜鹃鸟，终日对着自己国家的子民哀啼，以表达自己内心的忧愤，夜以继日，直到咯血而亡。而它咯出的血，染红了山坡上的花朵，后来，这种花就被称为杜鹃花。李白曾经写过这样一首诗：“蜀国曾闻子规鸟，宣城还见杜鹃花。一叫一回肠一断，三春三月忆三巴。”后世很多诗人都以“杜鹃啼血”（“子规啼血”）的典故入诗，例如白居易的“杜鹃啼血猿哀鸣”，朱淑真的“片片飞花弄晚晖，杜鹃啼血诉春归”，贺铸的“梨花雪，不胜凄断，杜鹃啼血”，以及李白写给王昌龄的“杨花落尽子规啼，闻道龙标过五溪”等，不胜枚举。

三、花落知多少

春深花落，总能引发人们无限的感慨，而自然界的风风雨雨也象征着人生的跌宕起伏。《春晓》中的一句“花落知多少”，尽透惜春之情，似乎也一语成谶，预示了孟浩然饱经风雨、仕途坎坷的人生。而这句“花落知多少”，也为这首本来轻灵喜悦的小诗抹上了一层淡淡的忧伤。

（一）知否，知否？应是绿肥红瘦

宋代女词人李清照写过一首《如梦令》，与孟浩然的《春晓》有异曲同工之妙。全词如下：

昨夜雨疏风骤，
浓睡不消残酒。
试问卷帘人，
却道海棠依旧。
知否，知否？
应是绿肥红瘦。

李清照的一句“昨夜雨疏风骤”，写出了夜晚风雨交加的情景，与孟诗“夜来风雨声”的描述如出一辙。最后两句描写雨后花落的情景：“知否，知否？应是绿肥红瘦。”一夜风雨过后，树叶更显翠绿，花儿却纷纷凋零，一“肥”一“瘦”，形容叶多花少，此句别出心裁，是全词的点睛之笔。而正是这句“绿肥红瘦”，与孟浩然的“花落知多少”遥相呼应，意境相通，写出了惜春之人的情思与感慨。

（二）梦里花落知多少

“花落知多少”的意境不仅被李清照化用，当代也有作家对此诗句情有独钟。台湾著名女作家三毛就曾经写过一部凄美的散文集，题目便是《梦里花落知多少》。这部散文集是三毛为纪念逝去的挚爱丈夫荷西而写的。她以悲伤细腻的笔触，回忆并记录下两个人曾经幸福生活的点点滴滴，以及自己如何在痛苦和思念中重生。对女作家三毛而言，那些美丽的过往就像记忆中的片片落花，随风飘零。回首往昔，宛若梦一场，醒来时却已是残红遍地，物是人非。书中饱含了三毛对丈夫的思念之情，读后令人唏嘘不已。后来，这个书名被 80 后作家郭敬明借鉴写了一部同名小说，也同样是悲剧题材。可见，“花落知多少”一句所蕴含的淡淡清愁和惜春感伤，从唐朝大诗人孟浩然一直延续至今，绵绵不可断绝。

专家教学建议

朱永新：

苏静老师通过一首《春晓》，解读了孟浩然跌宕起伏的一生。其间内容之丰富，视角之多元，可以带给语文老师们诸多启示。老师们可以充分利用孟浩然的人生经历，完成对整首诗意境的提升和主题的拓展。例如，用孟浩然名字的由来替代传统意义上的诗人简介；通过故事呈现孟浩然庞大的“朋友圈”，完成对唐朝一系列著名诗人的自然链接；引导学生体味“夜来风雨声，花落知多少”一句的意境，以此领悟诗人简约文字之下复杂的心绪；用孟浩然“舍命陪君子”的故事，引发学生对古人生死观的讨论……老师们应力求通过教一首诗，实现对一个诗人完整的理解，向学生传递一种精神的力量。

第 2 讲 《黄鹤楼送孟浩然之广陵》

——为何我歌黄鹤楼

导语

这首诗中，隐藏着许多妙趣横生的典故。你可曾想过，李白为什么要在黄鹤楼送别孟浩然？一句“故人西辞黄鹤楼，烟花三月下扬州”暗含着作者怎样的期待和祝福？阳春三月，长江上千帆竞发，缘何在作者的眼中却只有“孤帆”一叶？

| 黄鹤楼送孟浩然之广陵 |

（唐）李白

故人西辞黄鹤楼，烟花三月下扬州。

孤帆远影碧空尽，唯见长江天际流。

古诗揭秘

一、神秘的黄鹤楼

（一）名声显赫的四大名楼

在中国，古往今来，无论是哪个朝代，上至真命天子，下到州官县府，都有一个共同的兴趣爱好，那就是修建楼阁。在中国古代，楼阁的意义非同寻常：有的是瞭望守戍，作军事之用；有的是纪念重大事件，作备忘之用；有的是用来宣扬自己的不凡政绩，作歌功颂德之用；有的是用来镇妖降魔，作僻邪之用；还有的是用来供奉佛祖，保佑平安，作祈福之用……总之，楼阁寄寓着建造者的政治理想和现实追求，它在古人心中，就是神一样的存在。而在历朝历代修建的不计其数的楼阁中，有四座堪称天下闻名，并称为中国“四大名楼”。之所以出名，无一例外，得益于著名文人的千古名作。其中，位于湖北武汉的黄鹤楼因崔颢的《黄鹤楼》而闻名天下，位于江西南昌的滕王阁因王勃的《滕王阁序》而闻名遐迩，位于湖南岳阳的岳阳楼因范仲淹的《岳阳楼记》而驰名天下，位于山西永济的鹳雀楼则因王之涣的《登鹳雀楼》而名垂千古。四大名楼所承载的不仅是所处时代特有的历史和文化，更是文人生生不息的政治理想和人生信念。

1. 黄鹤楼

黄鹤楼素有“天下江山第一楼”的美誉，位于湖北省武汉市蛇山的黄鹄矶头。登上顶层，尽览武汉三镇美景。京广铁路从黄鹤楼下纵横穿过，武汉长江大桥与黄鹤楼交相辉映，可谓得天独厚，风光无限。黄鹤楼始建于三国时代吴黄武二年（公元 223 年），距今已有近 1800 年的历史。东吴最初建造此楼，是作军事之用，主要功能就是瞭望守戍。后来东吴被晋所灭，三国统一。黄鹤楼的军事功能随着岁月流逝而逐渐消失殆尽，其观赏功能却因独特的地理位置而与日俱增，成为后世商旅诗人游览观光的“必经必停之地”，类似今天的“网红打卡圣地”。而黄鹤楼真正成名，离不开唐代著名诗人崔颢的“神助攻”。他在此题下《黄鹤楼》一诗，使得黄鹤楼从此闻名天下。全诗如下：

昔人已乘黄鹤去，此地空余黄鹤楼。
黄鹤一去不复返，白云千载空悠悠。
晴川历历汉阳树，芳草萋萋鹦鹉洲。
日暮乡关何处是？烟波江上使人愁。

继崔颢之后，李白、白居易、刘禹锡、陆游等著名诗人也先后云游黄鹤楼，写诗纪念，使得黄鹤楼更加声名远播。特别是李白，因为在黄鹤楼看到崔颢的诗，自叹不如，留下了一句“眼前有景道不得，崔颢题诗在前头”来表达对崔颢的钦佩之情。后来，李白还根据崔颢的体式和自己的思路，写了一首《登金陵凤凰台》，全诗如下：

凤凰台上凤凰游，凤去台空江自流。
吴宫花草埋幽径，晋代衣冠成古丘。
三山半落青天外，二水中分白鹭洲。
总为浮云能蔽日，长安不见使人愁。

两首诗相比较，是不是在音律和意境上颇有几分相似之处呢？就连表达的情感也如出一辙，都是咏今怀古之意。看来，说这首诗是李白致敬崔颢的《黄鹤楼》，并不为过。后来，李白又在其他的诗中表达了对黄鹤楼念念不忘的情意。例如，《与史郎中钦听黄鹤楼上吹笛》中的“黄鹤楼中吹玉笛，江城五月落梅花”，《江夏送友人》中的“雪点翠云裘，送君黄鹤楼”，以及《黄鹤楼送孟浩然之广陵》中的“故人西辞黄鹤楼，烟花三月下扬州”，都是脍炙人口的千古名句。

黄鹤楼不仅留下了古人的经典诗文，同样也留下了今人的名篇佳作。毛泽东曾经为黄鹤楼赋词一首：

菩萨蛮·黄鹤楼

茫茫九派流中国，沉沉一线穿南北。烟雨莽苍苍，龟蛇锁大江。
黄鹤知何去？剩有游人处。把酒酹滔滔，心潮逐浪高！

全词气象开阔，意境高远，表达了词人登临黄鹤楼，心怀天下拯救苍生的凌云壮志。

2. 岳阳楼

“洞庭天下水，岳阳天下楼。”岳阳楼位于湖南省岳阳市古城西门城楼之上，下有洞庭，前有君山，风光无限。岳阳楼与湖北武汉黄鹤楼、江西南昌滕王阁并称为“江南三大名楼”。因范仲淹撰写的《岳阳楼记》而天下闻名。岳阳楼的前身相传为三国时期东吴将领鲁肃所建，最初是用来指挥和检阅水军的阅兵楼。后来随着时间的推移，岳阳楼的军事功能逐渐消退，和其他大多数楼阁一样，变成了游人观光停驻的风景楼。在唐朝之前，岳阳楼并不叫这个名字，因为它位于巴陵郡，所以被称为巴陵城楼。南北朝的颜延之是最早写诗描写岳阳楼的诗人之一，他曾经写下一首题为《始安郡还都与张湘州登巴陵城楼作》的诗歌，题目中的巴陵城楼正是岳阳楼，这也是有记载的描写岳阳楼最早的诗作之一。到了唐朝，巴陵已改名为岳州。只是从初唐到盛唐很长一段时间里，岳阳楼并没有固定的名称，在众多描写岳阳楼的诗文里，有称“南楼”的，有称“洞庭楼”的，还有称“驿楼”的，五花八门。直到诗仙李白出手，写下《与夏十二登岳阳楼》，岳阳楼才正式定名，也因此而成名。乾元二年（公元 759 年）三月，李白在流放夜郎途中意外遇赦，重获自由，兴奋之情可想而知。当他途经岳阳时，与友人一起登临了这座雄伟壮丽的楼阁，顿时神清气爽，心胸开阔。他情不自禁地借景抒怀，写下这首名作《与夏十二登岳阳楼》，来表达自己命途坎坷终获自由的无限喜悦之情。全诗如下：

楼观岳阳尽，川迥洞庭开。
雁引愁心去，山衔好月来。
云间连下榻，天上接行杯。
醉后凉风起，吹人舞袖回。

继李白让岳阳楼“诗”出有名后，很多文人墨客纷至沓来，写诗留念。杜甫的《登岳阳楼》堪称其中翘楚，全诗如下：

昔闻洞庭水，今上岳阳楼。
吴楚东南坼，乾坤日夜浮。
亲朋无一字，老病有孤舟。
戎马关山北，凭轩涕泗流。

而孟浩然的《望洞庭湖赠张丞相》也是在洞庭湖畔岳阳楼旁有感而发，同样堪称经典之作，全诗如下：

八月湖水平，涵虚混太清。

气蒸云梦泽，波撼岳阳城。
欲济无舟楫，端居耻圣明。
坐观垂钓者，徒有羡鱼情。

在唐朝一众大咖诗人的盛赞力捧之下，岳阳楼名声大噪。而最终让岳阳楼登上荣誉巅峰的，当属宋代文学家范仲淹。他的一篇《岳阳楼记》，洋洋洒洒，蔚为大观，可谓家喻户晓的千古雄文。直到今天，岳阳楼内仍藏有十二块檀木板刻《岳阳楼记》全文，为清朝乾隆年间著名书法家张照所写。《岳阳楼记》通篇气象开阔，写出了岳阳楼之洋洋大观，特别是范公“不以物喜，不以己悲”“先天下之忧而忧，后天下之乐而乐”的气度与格局，更成为千百年来中华民族生生不息的精神写照。

3. 滕王阁

滕王阁位于江西省南昌市赣江畔，始建于唐永徽四年（公元 653 年），为唐高祖李渊之子李元婴所建。李元婴是唐太宗李世民的弟弟，因受封于山东滕州，故称滕王。李元婴从小深受宫廷文化和艺术熏陶，是个不折不扣的“文青王爷”。史书中称其“工书画，妙音律，喜蝴蝶，选芳渚游，乘青雀舸，极亭榭歌舞之盛”。所以，当他来到滕州，立刻被滕州的自然风物所吸引，以极大的热情投身到修建亭台楼阁的艺术设计工程中。他在滕州建造了一座气势非凡的高阁，很自恋地命名为“滕王阁”，以彰显滕王的高贵身份。至唐显庆四年（公元 659 年），他调任江南洪州（今江西南昌）都督，因为思念故地滕州，所以又修筑了一座更加雄伟壮美的高阁，同样命名为“滕王阁”，这也是后来闻名天下的“滕王阁本尊”。上元二年（公元 675 年），洪州都督阎伯玙在此大宴宾客，王勃即席作《滕王阁序》，成为千古传诵的名篇，特别是一句“落霞与孤鹜齐飞，秋水共长天一色”成为不可逾越的永恒经典，也成为滕王阁千百年的“文化名片”。其实，王勃的《滕王阁序》本是为《滕王阁诗》作序，结果没想到，诗没有红，序却红了。而今日再看《滕王阁诗》，同样是荡气回肠，全诗如下：

滕王高阁临江渚，佩玉鸣鸾罢歌舞。

画栋朝飞南浦云，珠帘暮卷西山雨。
闲云潭影日悠悠，物换星移几度秋。
阁中帝子今何在？槛外长江空自流。

除王勃外，历朝历代文人雅士们都对滕王阁情有独钟，以诗文歌咏者不胜枚举，其中不乏张九龄、白居易、杜牧、苏轼、王安石、朱熹、黄庭坚、辛弃疾、李清照、文天祥、汤显祖这样的文化大家。只是随着朝代更迭，滕王阁命运多舛，经历多次毁坏和多次重修。我们今天所见的滕王阁，是1985年按照古代建筑大师梁思成先生绘制的《重建滕王阁计划草图》重建而成。

4. 鹳雀楼

鹳雀楼位于山西省永济市，是中国四大名楼中唯一一座位于黄河流域的名楼。《蒲州府志》记载："(鹳雀楼)旧在郡城西南黄河中高阜处，时有鹳雀栖其上，遂名。"由此可知，鹳雀楼是因名为鹳雀的鸟经常栖息于楼上而得名。鹳雀楼始建于北周时期，由北周大将军宇文护建造。唐朝诗人李瀚在《河中鹳雀楼集序》中记载："宇文护镇河外之地，筑为层楼，遐标碧空，影倒洪流，二百余载，独立乎中州，以其佳气在下，代为胜概。唐世诸公多有题咏。"这段话的意思是，鹳雀楼为宇文护所建，数百年里独立中州，风头无二。一般人都会认为，鹳雀楼跟其他名楼一样，最早也是作为军事瞭望之用。但是，也有学者指出，这座楼建筑之初，并不在蒲州古城的城中央，而是紧邻黄河岸边。不仅如此，鹳雀楼建造得极其雄伟高大，且周围并无其他建筑遮蔽，这也不符合传统意义上军事戍楼的规格和标准。所以，有史学家大胆揣测，宇文护建造鹳雀楼最初的用意，极可能并不单纯为军事之用，而是另有隐情。据史料记载，宇文护的生母被北齐所劫持，一直音信全无。宇文护是个大孝子，日日盼母归来，所以建了这座高大的城楼，登楼东望，盼望早日迎母西归。如此一来，鹳雀楼又有了一层别样的气韵。和其他名楼一样，鹳雀楼也是文人墨客的登临创作圣地，按照沈括《梦溪笔谈》里的说法，就是"唐人留诗者甚多"。诗人李瀚在《河中鹳雀楼集序》里写道："悠然远心，如思龙门，若望昆仑。"龙门、昆仑显然是无法眺望到的，这是一种夸张的说法，诗人要表达的是登楼远眺的旷阔心境。而在众多诗人中，沈括认为，“唯李益、王之涣、畅当三首能壮其观”。其中，唐朝诗人李益曾作《同崔邠登鹳雀楼》，全诗情意深浓，感伤凄婉，似乎在回应宇文护的清愁离绪，全诗如下：

鹳雀楼西百尺樯，汀洲云树共茫茫。
汉家萧鼓空流水，魏国山河半夕阳。
事去千年犹恨速，愁来一日即为长。
风烟并起思归望，远目非春亦自伤。

此后，唐朝诗人畅当作诗《登鹳雀楼》，较之李益，在格局视野上更胜一筹，全诗如下：

迥临飞鸟上，高出世尘间。
天势围平野，河流入断山。

尽管前面已有多位诗人登楼赋诗，但最终让鹳雀楼名声大震的，还是唐朝著名诗人王之涣。他的《登鹳雀楼》，堪称国人心中当之无愧的“国诗”。“白日依山尽，黄河入海流。欲穷千里目，更上一层楼。”寥寥四句，却字字珠玑，不仅写出了鹳雀楼的壮美，也写出了人生的旷达。鹳雀楼从此不仅是一座观赏风景的名楼，更演化为一种人生境界的象征。

（二）驾鹤飞升——得道成仙之地

关于黄鹤楼名字的由来，通常有两种说法。一是因“地”得名，二是因“仙”得名。

黄鹤楼建于武昌黄鹄矶上，而“鹄”与“鹤”古音比较相近，于是传来传去，黄鹄楼被叫成了黄鹤楼。这就是黄鹤楼的因“地”得名。因“地”得名或许是黄鹤楼名字的真实由来，但是民间却更喜欢因“仙”得名的说法。

据《江夏县志》原文记载：“辛氏昔沽酒为业，一先生来，魁伟褴褛，从容谓辛氏曰，许饮酒否，辛氏不敢辞，饮以巨杯。如此半岁，辛氏少无倦色，一日先生谓辛曰，多负酒债，无可酬汝，遂取小篮橘皮，画鹤于壁，乃为黄色，而坐者拍手吹之，黄鹤蹁跹而舞合律应节，故众人费钱观之。十年许，而辛氏累巨万，后先生飘然至，辛氏谢曰，愿为先生供给如意，先生笑曰，吾岂为此，忽取笛吹数弄，须臾白云自空下，画鹤飞来，先生前遂跨鹤乘云而去，于此辛氏建楼，名曰黄鹤。”

这段古文翻译成故事，说的是从前有位姓辛的人，在黄鹄矶开了一家小酒馆。因为老板为人忠厚热情，所以酒馆生意不错。一天，店里忽然来了一个身材高大、衣着褴褛的道人。他神色从容地问辛氏：“老板，我没有钱，但是想喝酒，你可否给我一杯酒喝？”辛氏看着眼前衣着寒酸的道人，并不因为他的穷困潦倒而有丝毫怠慢，而是马上盛了满满一大杯酒，热情地奉上。之后，这个道人经常来辛氏的酒馆喝酒，而且一直没有付钱。辛氏也不生气，一直和和气气、恭恭敬敬地对待这个道人。就这样，半年多不知不觉地过去了。有一天，道人又来到辛氏的酒馆，他对辛氏说：“老板，这半年我欠了你很多酒钱，没有办法还你。”辛氏笑着说：“没关系，这算不得什么。”道人说：“虽然没有钱还你，但是我决定送你一样神物，表达我的心意。”说完，道士从随手带的篮子里拿出一个橘子，剥下橘子皮，在墙上画了一只仙鹤。因为橘皮是黄色的，所以画出的仙鹤也是黄色的。“这只黄鹤不同寻常，它可以跟着音乐翩翩起舞，定可帮你招揽生意，也算是对你款待我半年的回报。”说完，道士转身离去。之后，辛氏酒馆的生意越来越好，很多客人都慕名而来，一睹黄鹤的风采。只要座中客人拍手或歌唱，墙上的黄鹤便会随着歌声，合着节拍，蹁跹起舞。客人们见此情景，无不惊叹，一传十，十传百，大家纷至沓来，付钱观赏。如此过了十年多，辛氏的酒馆越做越大，累积了很多财富。有一天，那位衣衫褴褛的道人又来到酒馆。辛氏连忙迎上前去，恭敬地说：“太感谢您了，我愿意供养您，满足您的一切需求。”道士笑道：“我哪里是为了这个而来？如果是为了回报，我就不来了。”说完，便从怀里掏出一支笛子，吹奏起来。一曲又一曲，伴随着悠扬清越的笛音，朵朵白云自天而降，墙壁上的黄鹤飞下来伴随着白云翩翩起舞。道人走上前，骑上仙鹤，翩然而去。后来，辛氏为了感谢及纪念这位道人，便用十几年赚下的银两在黄鹄矶上修建了一座高大的楼阁。起初人们称之为“辛氏楼”，后来人们想到其是为了纪念仙人与仙鹤，便渐渐改称其为“黄鹤楼”。这便是黄鹤楼因“仙”得名的由来。

关于黄鹤楼的传说，最早见于公元502年左右的《南齐书卷十五州郡志》。书中有“世传仙人子安乘黄鹤去”的记载。其实，在黄鹤楼成仙的远不止子安一个，相传八仙之一的吕洞宾，也曾在黄鹤楼里与黄鹤翩翩起舞，如痴如醉，然后驾着一只黄鹤逍遥云游去了。这些美妙的传说，不仅为黄鹤楼平添了神秘色彩，还蕴含着深厚而丰富的仙道文化、民间智慧、文人流韵等。

二、奇妙的“烟花”

对于诗中“烟花”一词的解释，多理解为“繁花似锦”。其实，细分一下，“烟花”一词应由“烟”和“花”两部分组成。其中，“花”字很容易理解，跟我们现在最常见的意义一样，就是指盛开的花朵。在中国汉字文化流变的过程中，“花”字作为植物的意义，变化一直不大。在古诗词中，也是如此。像“乱花渐欲迷人眼”“黄四娘家花满蹊”“春风花草香”“花落知多少”等，“花”字都表达了“花朵”的本意。所以，根据“烟花三月下扬州”所描绘的时间和季节，三月正值春季，万物复苏，百花盛开，把“烟花”直接翻译成“繁花似锦”，恰恰符合当时的情景。

那么，“烟”又该作何解释呢？有学者认为，“烟花”中的“烟”指的是水雾。这种解释可以理解为情景交融下的想象与延伸。因为当时送别的场景在江边，烟雾迷蒙是极有可能的。所以，朦胧的烟雾，万紫千红的江花，构建出一幅绝美的烟花图。其实，在中国的诗文典籍里，我们还会发现一个很奇妙的解释，“烟”指的是柳絮。所以，古人常用“烟柳”来形容柳树。而农历三月，正是扬州柳絮飘飞的时节。脑补一下当时的情景，阳春三月，美丽的扬州满城飘絮，如烟如雾，烟柳迷蒙，再加上繁花似锦，是不是充满了诗情画意？

其实，柳絮就是柳树上生长的一种白色的茸毛，每年农历三四月份随风飞散。这是一种自然现象，并不奇怪。只要有柳树的地方，每到春天便会柳絮飘飞。可是，扬州的柳絮却不一般。扬州素有“绿杨城郭”的美称。自隋唐以来，柳树就一直与扬州的风景联系在一起，杨柳已经成为扬州的标志之一，柳树正是扬州市的市树。正由于这些历史与现实的原因，柳树遍布于扬州市的大街小巷。每到农历三四月，满城尽是柳絮飘飞，其景象少有其他地方能够与之相媲美。所以，把烟花解释为“柳絮纷飞，繁花似锦”，似乎更能体现扬州这座城市独有的风景。

三、腰缠十万贯，骑鹤上扬州

《黄鹤楼送孟浩然之广陵》中的前两句“故人西辞黄鹤楼，烟花三月下扬州”中，提到了黄鹤楼和扬州两个地点。黄鹤楼是得道升仙之地，而扬州更是自古繁华之地。那么，这两句寄寓着作者李白对好友孟浩然怎样不同寻常的祝福呢？这还要从南朝人殷芸所写的《殷芸小说·吴蜀人》中寻找答案。《殷芸小说》记载的是先秦至东晋的逸事传闻，其中第六卷是三国时期吴、蜀两国的旧事，结尾处讲了一个故事：“有客相从，各言所志，或愿为扬州刺史，或愿多资财，或愿骑鹤上升。其一人曰：‘腰缠十万贯，骑鹤上扬州’欲兼三者。”这个故事的大意是说，有四个人在一起谈梦想，第一个人说：“我的梦想是做扬州刺史。”第二个人说：“我的梦想跟你的不一样，我的梦想是腰缠十万贯。”第三个人说：“我的梦想是脱凡出尘，驾鹤飞升，羽化归仙。”第四个人说：“你们的梦想都太小啦。我的梦想是这样的：腰缠十万贯，骑鹤上扬州。我不仅要腰缠万贯，驾鹤飞升，享受仙人待遇，更重要的是，我还要去人间繁华胜地扬州做官。”这便是集升官、发财、得道成仙于一体了。所以，看到这里，我们就能理解诗仙李白写这两句的深意了。李白作这首诗时，正值孟浩然人生失意之际。李白为了鼓励孟浩然，借送别地和目的地的机缘巧合，在诗句中巧妙化用了“腰缠十万贯，骑鹤上扬州”的典故，表达了对孟浩然的深深祝福，希望孟浩然此行能够实现他的人生梦想。

而关于扬州，更是历代文人雅士的钟爱之地，描写扬州的经典诗句不胜枚举。无论是杜牧的“春风十里扬州路，卷上珠帘总不如”“二十四桥明月夜，玉人何处教吹箫”，还是徐凝的“天下三分明月夜，二分无赖是扬州”，都让扬州这座城市变得无限风光，令人神往。

四、“孤帆”一片有深意

《黄鹤楼送孟浩然之广陵》的后两句“孤帆远影碧空尽，唯见长江天际流”中，有“孤帆”一词。那么，问题来了，如果按照诗人送别的季节，正是阳春三月，而且是碧空万里的晴天，长江上即便不是千帆竞发，也定是船来船往，怎么可能只有“孤帆一片”呢？显然，这不是当时真实的情景。大家都知道，李白作诗善用夸张，为了证明自己对孟浩然的一片深情，李白的眼里已经看不到其他的船只了。这里就要用到一个美学上的专业术语，叫作“孤离审美”。简单地解释，就是“我的眼里只有你”。正是因为李白对孟浩然的依依不舍和情深义重，所以他全部的心思都集中在孟浩然身上，即使江上的船只来来往往，也无法吸引李白的丝毫注意。李白的眼里只有孟浩然，所以他目之所及，就是那叶载着孟浩然离去的小船，直到它消失在水天相接的碧蓝的天空尽头。这就是李白对孟浩然的“孤离审美”。

中国有一部传统典籍叫《列子》，里面也记载了一个体现“孤离审美”的典故。原文如下：

> 昔齐人有欲金者，清旦衣冠而之市。适鬻金者之所，因攫其金而去。吏捕得之。问曰：“人皆在焉，子攫人之金何？”对曰：“取金之时，不见人，徒见金。”

说有一个齐国人嗜金如命，爱到什么程度呢？有一天早晨，他打扮得整整齐齐地来到一家金店，将柜台上的金子旁若无人地装进了自己的口袋，然后大摇大摆地离开了。店主当时惊呆了，没想到会有人在光天化日之下如此堂而皇之地来抢劫。等他反应过来之后，便慌慌张张地报官了。吏卒抓到那人，问他为何光天化日之下，在那么多人面前公然抢劫，那人居然若无其事地回答道：“我当时根本没有意识到还有其他人在那里，我的眼里看到的只有金子！”这则寓言故事讽刺了利欲熏心不顾一切的人，齐人“只见其金，不见其人”的疯狂举动，也可以佐证“孤离审美”的含义。

五、诗仙李白的超级偶像

诗仙李白一世狂傲，能让他佩服的人并不多，孟浩然就是其中之一。孟浩然比李白大十二岁，李白对孟浩然的诗品和人品崇拜至极。两人结识后，饮酒唱和，携手遨游，堪称灵性飘逸的同伴知音。李白之所以崇敬孟浩然，还跟两人的经历有关。孟浩然曾隐居鹿门山，四十多岁客游京师，终以“当路无人”而还归故园，隐逸终老。而李白也有类似的经历。他少隐岷山，又隐徂徕山。后被玄宗召至京师，供奉翰林。终因小人谗毁，被赐金放还。所以，李白对孟浩然笑傲尘世的超逸之心极为欣赏，极尽赞美之能事，有诗为证。

赠孟浩然

吾爱孟夫子，风流天下闻。
红颜弃轩冕，白首卧松云。
醉月频中圣，迷花不事君。
高山安可仰，徒此揖清芬。

这首诗堪称李白对超级偶像孟浩然的经典表白。“吾爱孟夫子，风流天下闻”，开篇便以“孟夫子”相称，高度赞扬了孟浩然。在古代，只有极度受人尊敬的大学识大智慧之人，才会加“子”字，例如孔子、孟子、庄子等。此处，李白高调“示爱”，可见孟浩然在其心目中的位置。接下来的四句更是对孟浩然潇洒飘逸人生的完美描摹：“红颜弃轩冕，白首卧松云。醉月频中圣，迷花不事君。”在李白看来，孟浩然的一生不走寻常路。少年时鄙视功名不爱官冕车马，高龄白首又归隐山林摒弃尘杂。明月之夜常常饮酒，即使喝醉也神态高雅。他不事君王，以一颗热爱自然之心迷恋花草，胸怀豁达。如此高人，怎能不让李白高山仰止，奉若神明？所以，李白在诗的最后两句直抒胸臆：“高山安可仰，徒此揖清芬。”

除了《黄鹤楼送孟浩然之广陵》《赠孟浩然》外，李白还为孟浩然写了很多首诗，如《春日归山寄孟浩然》《淮南对雪赠孟浩然》等。可见，偶像的力量是多么强大。

专家教学建议

朱永新：

苏静老师在整首诗的解读中，黄鹤楼“因仙得名”的故事最是神奇，也最具有教学延展的价值。这个经典故事，除了说明黄鹤楼名字的由来，还颇有寓意，能给孩子们以启示。小酒馆的主人辛氏本是平凡之人，但因其善良敦厚，不嫌贫爱富，不以貌取人，乐善好施而意外得到仙人帮助，富甲一方。不仅如此，当仙人唤回神鹤，驾鹤飞升后，辛氏非但没有贪心抱怨，相反散尽家财，筑高阁纪念感恩。这样的高贵品质，充分地体现了中华传统文化中“仁义礼智信”的君子人格。在教学过程中，老师们可以此为契机，让孩子们感受精彩故事的同时，体味中华民族的传统美德。同时，还可以拓展黄鹤楼传说故事对后世诗人的影响。例如，崔颢的“昔人已乘黄鹤去”、李白的“黄鹤楼中吹玉笛”等诗句均取材于其中。一个好故事，可以点亮一首诗。

第3讲 《悯农》

——李绅的伟大与堕落

导语

李绅的《悯农》(《锄禾》) 可谓家喻户晓，传唱千古不衰，但对诗人李绅，很多人却知之甚少。那么李绅是在什么情况下写下了《悯农》？这首诗的背后又隐藏着李绅哪些鲜为人知的经历？除了我们所熟知的这首《悯农》诗，你知道李绅还有其他的《悯农》诗吗？从悯农到豪奢，步入仕途的李绅为何前后判若两人？

| 悯农 |

（唐）李绅

锄禾日当午，汗滴禾下土。
谁知盘中餐，粒粒皆辛苦。

古诗揭秘

一、少年得志，悲天悯人

李绅，字公垂，中唐诗人，祖籍山东，到了他父亲这一辈时，移居无锡，世代为官。李绅六岁时，父亲去世，他便跟着母亲生活。李绅从小懂事明理，为人处事俨然像个大人。他天资聪颖，勤奋好学，小小年纪就表现出了惊人的才华。二十七岁的时候考取了进士。进士是古代相对难考取的功名，民间素有“五十少进士，三十老明经”的说法。也就是说，五十岁考取进士，那都算是年轻的，而即便三十岁考取了明经，那也算是年纪大的了。从这点可以看出，李绅不到三十岁就考取了进士，是非常厉害的。

李绅早年生活贫困，四处游学，很早就接触到了社会底层，对社会民生体会颇深。当时，正值唐朝藩镇割据，百姓因叛乱而生活贫苦，这给李绅幼小的心灵留下了难以磨灭的印象。也许正是由于这样的经历，李绅创作出了《悯农》。

李绅在求学考试的过程中，还结识了那个时代两位有名的大文学家、诗人，他们分别是小他七岁的元稹和与他同岁的白居易。三人情投意合，结为好友，经常互相唱和。李绅还曾为元稹的《莺莺传》创作《莺莺歌》，二者相得益彰，元稹看后，拍案叫绝。《莺莺歌》的艺术价值也得到后人的肯定。

二、悯农作诗，险遭陷害

李绅二十七岁便考中了进士，皇上见他学识渊博，才学出众，招之为翰林学士。相传有一年夏天，李绅回故乡亳州探亲，恰逢时为浙东节度使的李逢吉路过，二人为同榜进士，诗文上有所唱和，故乡相遇，难免要叙叙旧。

一日，天气炎热，李绅和李逢吉同游，二人携手登上城东的观稼台。眼望远方，城中景色尽收眼底，令人思绪万千，心潮起伏。李逢吉站在高处，慨叹不已，随口吟诵了一首诗，其中两句如下：“何得千里朝野路，累年迁任如登台。”诗的大意是说，如果自己的仕途能像登台这样顺利，年年高迁升官就好了。望着眼前的大好河山，李逢吉想到的是升官发财，想到的是个人得失。而李绅看到的却完全是另一幅景象，他看到不远处田野里的农夫正在烈日下辛苦锄地，不时地停下来擦拭汗水，他被眼前的这幅景象深深感动，内心起伏不平，不禁慨叹，不禁吟唱：“锄禾日当午，汗滴禾下土。谁知盘中餐，粒粒皆辛苦。”身旁的李逢吉听闻，不禁拍手叫好，连声称赞：“好，说得太好了！李兄果然才华了得！小弟佩服。”李绅不动声色，仰天一叹，又接着吟道：“春种一粒粟，秋收万颗子。四海无闲田，农夫犹饿死。”李逢吉一听，内心先是咯噔一下，心想：李绅这小子，好大的胆子，竟然敢说“四海无闲田，农夫犹饿死”这样大逆不道的话，这不是在揭朝廷的短吗？接着他又不禁窃喜，心想正好抓到了李绅的把柄，拿着这首诗上报朝廷，自己便可以邀功升官了。可是口说无凭，怎样才能让李绅留下证据呢？他灵机一动，一面假意称赞李绅心怀天下，文采斐然，一面请求道：“李兄这两首诗真是极品之作，何不泼墨送给小弟日后留念，不枉你我二人同游一场。”李绅没想那么多，便欣然落笔。李逢吉在旁边看了，心中狂喜：这下可好了，终于抓到李绅的把柄了。于是他拿着李绅的两首《悯农》诗，高高兴兴地进京了。

李逢吉是一个内心奸诈阴险的人，表面上与李绅交好，实际上却处心积虑想要陷害李绅，将其作为垫脚石，自己好升官发财。然而李绅却毫不知情，对李逢吉毫无防备。李逢吉回到朝廷后，便迫不及待地将李绅这首“大逆不道”的诗上报朝廷，然后乐滋滋地等着李绅受处分。好在当时在位的德宗皇帝是一位开明的君主。他没有不问青红皂白地降罪李绅，而是把李绅召进宫中，拿出诗，亲自询问李绅是怎么回事。李绅便如实相告，说他回到家乡，看到民生疾苦，不禁感叹。德宗听后，不禁慨叹，自责没能体察民情，对李绅这种心怀天下、关心百姓的情怀大加赞赏。所以，最后李绅不但没有被贬官，反而被提拔为尚书右仆射。

当李绅谢完恩正打算离开的时候，德宗皇帝对李绅说道：“爱卿难道不好奇这首诗为何在朕手上吗？此事要多感谢李逢吉。”其实这是德宗在提醒李绅，是李逢吉在背后陷害他。可是李绅心性率直，没有想那么多，心中反而对李逢吉感激不尽，甚至亲自登门道谢。李逢吉得知李绅不仅没有被贬反而升官之后，心中是又恼又怕。德宗皇帝看不惯李逢吉的这种行为，没过多久便找了个机会把他给贬到了云南。一心想升官的李逢吉这次没有逢凶化吉，最后“偷鸡不成蚀把米”。

三、悯农之心，不独一人

在唐朝经历了“安史之乱”后，中央和藩镇变本加厉地掠夺农民，导致农民生活更加困苦，民不聊生。由此，产生了不少反映农民生活的文学作品，表达了对农民的深切同情，他们的诗作也和《悯农》一样感人至深。如聂夷中的《伤田家》，看到题目即让人想到农民的艰辛和不易。全诗如下：

二月卖新丝，五月粜新谷。
医得眼前疮，剜却心头肉。
我愿君王心，化作光明烛。
不照绮罗筵，只照逃亡屋。

这首诗流传甚广，诗的前四句就直接写出农民的悲惨处境：二月正是新蚕出生的时候，哪有新丝卖？五月是刚刚插秧的时候，哪有粮食要卖？居然“二月卖新丝，五月粜新谷”。这就是所谓的“卖青”——将尚未产出的农产品预先贱价抵押。农民辛辛苦苦播种生产的庄稼作物，是其一年聊以为生的衣食，却生生被夺走，像是被挖去了心头肉一样令人心疼，形象生动地体现了当时农民颠沛流离、被严重剥削的凄苦生活。“卖”“粜”表示只出不入，“医得眼前疮，剜却心头肉”两句，运用比喻的手法，形象地揭示出高利贷吮血噬骨的残酷剥削本质。“眼前疮”比喻眼前急难，“心头肉”比喻丝谷等农家命根。剜却性命攸关的“心头肉”以疗眼前毒疮，是迫不得已，其后果更是不堪想象。旧伤未愈添新伤，穷困伴着死亡行，这就是对当时广大农民濒临绝境的高度概括和生动写照。“挖肉补疮”，自古未闻，但如此写来最能尽情，既深刻又典型，因而成为千古传诵的名句。诗的后四句大意为：希望帝王之心，化作光明之烛。不照豪华筵席，只照灾民空屋。在当时，“君王”之“烛”只照地主豪绅、权贵达官，而其光不可射及逃亡的农舍，这样的表达客观反映了当时的社会现实，君王只代表豪富的利益而不体恤百姓，讽刺和揭示了皇帝的昏聩无能。“绮罗筵”与“逃亡屋”构成鲜明对比，它形象地暗示出农家卖青破产的原因，而“逃亡”则是千万破产农民无奈选择的结局。整首诗与李绅的《悯农》诗一样，充满了作者对劳动人民的深切同情，并含蓄而尖锐地讥刺了统治者的昏庸无能和不恤民情。

此外，与聂夷中同一时期的诗人于濆也写了一首《苦辛吟》，表达方式和聂夷中有异曲同工之妙。全诗如下：

垄上扶犁儿，手种腹长饥。
窗下织梭女，手织身无衣。
我愿燕赵姝，化为嫫女姿。
一笑不值钱，自然家国肥。

全诗意思是说，在田野中播种的人，却饿着肚子，没有饭吃。在窗下织布的织女，手里织着布，身上却没有衣服穿。只愿天下漂亮的女子都变成像黄帝的妻子嫫母一样，虽然外貌丑陋，却是心地善良的女子。这样就不会有君主为了博其一笑，而劳民伤财，这样国家便自然会富足了。

还有，诗人罗隐以一首《雪》表达了对当时社会环境的讥讽。全诗如下：

尽道丰年瑞，丰年事若何？
长安有贫者，为瑞不宜多。

俗语说："瑞雪兆丰年。"辛勤劳动的农民看到飘飘瑞雪自然产生丰年的联想和期望，但眼下，这"尽道丰年瑞"就值得深思了。"尽道"两个字，有讽刺的意思，联系下文，原来"尽道丰年瑞"的人和"贫者"是不在一个世界的人，这些讨论瑞雪兆丰年的是酒足饭饱，正围炉取暖的达官显贵。接下来诗人发出冷冷的一问："丰年事若何？"即使真的是丰年，又怎样呢？唐代末期，苛捐杂税同样能让丰年的农民处于悲惨的境地。它像当头一棍，打得那些"尽道丰年瑞"的人哑口无言。最后两句"长安有贫者，为瑞不宜多"，仿佛是在提醒这些人：当你们享受着山珍海味，高谈瑞雪兆丰年时，恐怕早就忘记了长安城里有多少食不果腹、衣不蔽体、露宿街头的"贫者"，他们是盼不到"丰年瑞"所带来的好处的。

可见，在唐朝，有着"悯农"之心的诗人不独李绅一人。他们的诗作，和李绅的《悯农》诗一样，因其对劳动人民的同情与关怀，以及对统治者的讽刺与批判，为后世所传诵。

四、两首《悯农》皆流传

前面我们提到，在唐朝，许多诗人也写下了不少同类诗，那为什么唯独李绅的《悯农》广为流传，妇孺皆知呢？这其中很重要的一个原因，便是这首诗通俗易懂、朴实无华。

“锄禾日当午，汗滴禾下土。”开头两句诗人用白描的手法，勾勒出一幅夏日农民劳作图。正值晌午，烈日当空，勤劳的农民却仍在辛苦地劳作，挥汗如雨。这一场景的选择不仅客观描述出农民劳作时的景象，更是唤起了读者内心深处的共鸣。后面两句“谁知盘中餐，粒粒皆辛苦”则直抒胸臆，表达出诗人心中的不满与愤慨之情。

另一首《悯农》“春种一粒粟，秋收万颗子。四海无闲田，农民犹饿死”，则在短短二十个字中，表现出从春到秋，从农田到农民的转变。第一、二句以“一粒粟”化为“万颗子”具体而形象地描绘了丰收的场景。第三句推而广之，展现出四海之内，荒地变良田，这和前两句联系起来，便构成了到处硕果累累，遍地“黄金”的生动景象。随后诗人逆转笔锋，写道“农夫犹饿死”，将问题呈现在人们面前：勤劳的农民以他们的双手获得了丰收，而他们自己还是两手空空，惨遭饿死。这迫使人们不得不去思索，究竟是什么原因导致了这人间悲剧？

因此，《悯农》二首以其通俗易懂和朗朗上口，千百年来，在世间广为流传，久吟不衰。

五、李绅不光彩的下半场人生

元和元年（公元 806 年），李绅步入仕途，晚年官至宰相，封赵国公。初入仕途时，李绅大施才干，作出了一些成绩，他关心百姓民生，为百姓做过不少实事。因为他文笔优美，才华横溢，所以深得皇帝的喜爱与重用。李绅性格刚强，做事果断，因此也得罪了不少人，再加上皇帝的宠爱和信任，很多人暗中嫉妒他，于是一些人便想方设法要陷害他，好在当时的皇帝比较信任他，小人们的奸计都没有得逞。

但后来，李绅因为官位的升迁，滋长了自傲心理。据野史记载，李绅为官后“渐次豪奢”，一餐的耗费经常多达几百贯甚至上千贯。据传，李绅爱吃鸡舌，每餐光耗费活鸡就达三百多只，院后宰杀的鸡堆积如山，这一说法经学者考证，实属无稽之谈，但李绅后来生活的极度奢侈却是真实的。刘禹锡任苏州刺史时，曾应邀参加时任扬州节度使李绅安排的宴会，他看到李绅家中私妓成群，其中一名歌妓色艺双绝。刘禹锡感慨颇多，于是写下了《赠李司空妓》一诗，描写出李绅生活的穷奢极侈：“高髻云鬟宫样妆，春风一曲杜韦娘。司空见惯浑闲事，断尽苏州刺史肠。”诗歌的大意是：佳肴美酒，歌姬美色，轻歌曼舞，李司空早已习以为常，养尊处优过着奢侈糜烂的生活，可我刘禹锡却肝肠寸断，于心不忍。

除了生活奢侈，李绅还逐渐变得爱耍官威，不讲情义。据范摅的《云溪友议》记载，少时，李绅经常到一个名叫李元将的人家中做客，每次见到李元将都亲切地称呼他为“叔叔”。后来，李绅负责镇守淮南，李元将便屈尊降辈，主动称自己为“弟”和“侄”，然而李绅却都不满意，直到李元将称自己为孙子，李绅才勉强接受。还有一名姓崔的巡官，和李绅是同科进士。一次，崔巡官特地来拜访李绅，刚在旅馆住下，其家仆与人发生了争斗，李绅听说此事后，竟将双方都处以极刑，并下令把崔巡官也抓来打了二十棍，然后押送江南。因此，当时人们纷纷议论说：“李公宗叔翻为孙子，故人忽作流囚。”

更令人心寒的是，李绅不仅为人不讲情义，为官更是残暴。李绅任淮南节度使时，对百姓疾苦极为漠视，“李绅以旧宰相镇一方，恣威权”，狡吏奸豪都“潜行叠迹”，普通百姓更是“惧罹不测，渡江淮者众矣”。意思是说，在李绅管理之下的百姓，终日惶惶不安，于是纷纷渡江淮而逃难。与李绅同时代的韩愈、贾岛、刘禹锡、李贺等人无不对其嗤之以鼻。为官期间，李绅还拉帮结派，卷入了“牛李党争”的政治漩涡，导致一幕又一幕政治闹剧和惨剧的发生。李绅死后，被定性为酷吏，受到了“削绅三官，子孙不得仕”的惩罚。可以说，从《悯农》时的悲天悯人，到后来的视民心为草芥，李绅的伟大与堕落，是让后人一直难以释怀的心结。

第 4 讲 《枫桥夜泊》

——漂洋过海的钟声

导语

《枫桥夜泊》是一首家喻户晓的诗作，而对诗人张继，人们却知之甚少。那么，诗人究竟是个什么样的人？诗的字里行间又隐含着哪些不为人知的文化符号？为什么这首诗可以漂洋过海，对日本国民影响深远？寒山寺钟声的背后又有着怎样动人的民间传说？一块《枫桥夜泊》的诗碑，又如何写就了一段抗日战争时期的惊天传奇？

| 枫桥夜泊 |

（唐）张继

月落乌啼霜满天，江枫渔火对愁眠。
姑苏城外寒山寺，夜半钟声到客船。

古诗揭秘

一、神秘的张继

（一）人无名而诗有名

张继，一位谜一样的大唐诗人。新旧唐书都难觅其踪，只知他是天宝年间在世，与刘长卿、皇甫冉属于同一时代，他的身世只能从好友的一些墓志悼文中略见一二。就是这样一位没有少年神童光环，没有大量作品流传的名不见经传的人，竟能写出《枫桥夜泊》这样的千古名作。张继，究竟是一个什么人？

其实，张继虽然籍籍无名，但却颇有学识。元人辛文房在《唐才子传》中这样评价他：继博览有识，好谈论，知治体。《唐诗品汇》将他的七言绝句列入“接武”一级中，所谓接武，是《唐诗品汇》中的一个品级，这本书记载：“大略以初唐为正始，盛唐为正宗、大家、名家、羽翼，中唐为接武，晚唐为正变、余响，方外异人等诗为旁流。间有一二成家特立与时异者，则不以世次拘之。”从后来的诗作来看，张继与刘长卿和皇甫冉结为至交好友，定是因为同有着文人之间的惺惺相惜与胸怀天下的抱负。

（二）进士未进，诗随心来

天宝十二年（公元 753 年），张继赴洛阳赶考，他不甘自己一身才气却碌碌无名，因此他借诗将自己比作李斯和司马相如，表达了他兼济天下的雄心壮志。此时的他意气风发，自负才高，挥笔写下了这首豪气满满的《洛阳作》：

洛阳天子县，金谷石崇乡。
草色侵官道，花枝出苑墙。
书成休逐客，赋罢遂为郎。
贫贱非吾事，西游思自强。

果不其然，不久之后，张继应进士第，一举登科。然而登第之后，他并没有如愿步入仕途，而是在铨选之中遗憾落选。所谓铨选，指的是唐朝的一种选官制度。唐五品以上官员由皇帝任命，六品以下的文官由吏部按规定审查合格后授官，称为铨选。用我们今天的话来说就是张继虽然顺利通过了笔试，但却卡在了面试这一环节。如此充满才气的他经历了这一打击，又正值唐由盛转衰，动乱一触即发，因此他的入仕节奏被彻底打乱。随后，安史之乱爆发，张继为躲避战乱，开始了孤寂的漂泊，在途中也留下不少诗作。

而真正让他扬名的，还是他流寓吴越的那段岁月写下的《枫桥夜泊》。如果千年绝唱《枫桥夜泊》没有流传下来，可能今天我们已忘记了他的名字。在某个悲凉的秋夜，张继乘船来到枫桥下，听着不远处寒山寺传来的钟声，孤寂而辽远。夜不成眠的张继，想起自己失意的青春，国家凋敝的景象，以及百姓悲苦的流离，不禁愁绪郁结，吟出了这首传唱千年的《枫桥夜泊》。

（三）贵人相助，入仕为官

唐代宗李豫宝应元年（公元 762 年）十月，政府军最终收复了被叛军占据的东京洛阳。但经历了多年动荡，国家财政经济每况愈下，人民流离，财政拮据。值此之际，刘宴进行了大刀阔斧的经济改革，提拔了一大批有真才实干的官员参与国家建设，重建经济，救唐王朝于水火，这其中就有满心抱负的张继。张继被录用为员外郎征西府中供差遣，自此张继开启了他短暂的为官生涯。后入内为检校员外郎又提升检校郎中，最后为盐铁判官，分掌财赋于洪州。张继是一个名副其实的好官，励精图治，忧心民生，从众多诗句中可窥一二，他在《送邹判官往陈留》中写道：

女停襄邑杼，农废汶阳耕，

火燎原犹热，风摇海未平。

（四）世难愁归路，家贫缓葬期

可惜的是，张继的官途极其短暂，上任盐铁判官仅一年多便病逝于任上。好友刘长卿写了一首诗来吊唁，题目非常直白，就是《哭张员外继》。刘长卿是这样描述张继葬礼的：“世难愁归路，家贫缓葬期。”张继生前为财政官员，死后竟然贫穷到无钱下葬。家人没有办法，只好暂缓出殡的日期，最后东借西借才勉勉强强打了个棺材，把张继安葬了。由此可见张继为官期间是多么的清正廉洁，勤政为民。

张继不仅自身清廉，他的妻子也非常贤惠。他的妻子不仅没有抱怨跟他一起过苦日子，反而陪他风雨同舟、患难与共。张继的妻子在他死后没几天也去世了，她唯一的遗愿就是把她自己与张继合葬在非常简陋的墓地里，可见夫妻情意之深，今生来世都要厮守在一起。

张继虽然一生羁旅漂泊、大志难伸，但他的内心始终自由，始终未曾放弃过对人生理想的追寻。

二、“枫桥”之争

（一）“枫桥夜泊”无“枫桥”？

有人说，张继写这首《枫桥夜泊》的时候，其实并没有枫桥。如果没有枫桥，张继又是如何写的《枫桥夜泊》呢？又有人说不对，你去苏州，到阊门外的枫桥镇，确实就会发现一座花岗石质地、半圆形、单孔石拱桥，这就是枫桥，枫桥镇正是因此桥而得名。

其实，此枫桥非彼枫桥。唐初的枫桥，写作“封桥”，并不是张继《枫桥夜泊》里那个“枫”。宋朝周遵道在《豹隐纪谈》中曾记载：“枫江古为封江”“枫桥旧作封桥”；北宋书学理论家朱长文在《吴郡图经续记》中也曾记载：“旧把此桥误作封桥，到王珪才改正为枫桥。”那么问题来了，如果当时它还叫作“封桥”，而不是叫“枫桥”，张继为什么可以写出《枫桥夜泊》呢？是不是张继写出了《枫桥夜泊》，就可以证明它当时已经叫“枫桥”了呢？

这里面的玄机，其实代表了中国诗词文化中一种典型的奇特现象。张继这首诗，原来并不叫《枫桥夜泊》。唐人高仲武《中兴间气集》里记载，张继这首名诗原题为《夜泊松江》，后来《全唐诗》则写作《夜泊枫江》。关于诗题说法多样，《中兴间气集》是最接近张继所处时代的一个选本，因此它的记载比其他的版本更权威，可信度也更高。因为中国自古以来就是诗词的国度，人们对诗词的狂热在唐朝更是达到了前所未有的新高度，全民皆诗，全民参与，形成一股诗词创作的热浪。这首诗在后世传播的过程中，影响力非凡，人们为了表达对这首诗的喜爱，就把苏州阊门外的“封桥”改名为“枫桥”，甚至把附近的城镇改名为枫桥镇。

所以，“封桥”之所以改名为“枫桥”，就是因为受张继这首诗的影响。等到“枫桥”的地名叫响之后，它反过来又影响了诗题，以至于诗题最后就变成了《枫桥夜泊》。看似奇幻的经历，因为发生在全民皆诗的国度，一切都变得那么出乎意料而又在情理之中。

(二)“江枫”究竟为何物?

“江枫”难道就是江边的枫树吗？其实这种说法也是有考据的。这里的江是指吴淞江，古名“松江”，又因流域在古代吴国境内，故称之为“吴淞江”。《后汉书·左慈传》中有“所少吴淞江鲈鱼”的记载。根据张诗所表明的物候及月相分析推算，张继诗当作于农历十月深秋时分，江南水边多植乌柏之类树木，经霜叶红，古人诗中多混作为“枫”。故江枫，是泛指江边的红叶类树。

另外有人认为“江枫”指“江村桥”和“枫桥”。“枫桥”在吴县南门（阊阖门）外西郊，正如上文所提，原名“封桥”，因张继此诗而改为“枫桥”。江村桥位于苏州枫桥景区内，为单孔石拱桥，建于唐代，清康熙四十五年（公元 1706 年）由当地人程文焕发起募捐重建，同治六年（公元 1867 年）重修。

三、神秘寒山寺

(一)“和合”文化

1. 寒山寺的美丽传说

寒山寺就在枫桥古镇，始建于南朝梁天监年间。开始时名叫妙利普明塔院。因为寒山和尚从天台山的国清寺来到妙利普明塔院，当了一段时间住持，所以到唐贞观年间，始建于南朝萧梁的妙利普明塔院就改名为寒山寺了。

关于寒山寺的典故，在苏州本地，流传着一个美丽的故事。相传寒山和拾得从小就是非常要好的朋友。后来两人长大了，到了该娶亲成家的年纪。寒山的父母便给他在隔壁村叫青山湾的地方定了一门亲事，乡亲们都说那家的姑娘十分美丽。但是他万万没有想到的是，在这之前，这个美丽的姑娘和他的好朋友拾得早就已经认识了，而且互生爱慕之情。寒山无意间知道这件事情之后，非常痛苦，一边是友情，一边是爱情，这真是一个艰难的抉择。

寒山闭门想了好几天，最终决定成全自己的好朋友。于是他不声不响地离开了家乡，一路跋山涉水，最终去了遥远的苏州，在一个寺庙里静心修佛，成了出家之人。而这边，拾得因为好几天都没有看到自己的好朋友寒山，觉得很奇怪，找到寒山家，发现一封信别在门框上，他拿下来一看，上面写着祝福拾得和这个姑娘有情人终成眷属。拾得心里非常内疚，觉得对不起自己的好朋友，经过几天的深思熟虑后，决定去寻找寒山。拾得不畏艰辛，历尽苦难，一心想要找到寒山。

在路途中，拾得经过一片非常美的荷花池，看到里面荷花开得正艳，便信手摘下一朵，准备将它送给寒山作为礼物。奇怪的是，当拾得跨越千山万水，终于找到苏州这个寺庙的时候，这么长时间过去了，这朵荷花仍然是娇艳欲滴，丝毫没变。拾得敲开山寺的门，一眼就看到了好朋友寒山，寒山也看到了拾得，两个人就像约好了一样，相视一笑，淡定从容。拾得将荷花送给寒山，寒山马上捧出盛满斋饭的篦盒来款待拾得。篦盒就是寺庙里专用的饭盒。一人捧着篦盒，一人捧着荷花，两个人相视而笑，自始至终都没有任何言语，俨然已经心有灵犀了。寒山和拾得从此就在一起潜心修佛。因为寒山入住寺庙早些，所以后人便将此寺庙取名为寒山寺。

后来这两位高僧一位拿着荷花，一位拿着篦盒的形象就变成了民间年画中常用的吉祥图。因为荷花的“荷”与“和”谐音，有和谐和睦之意，篦盒的盒与“合”谐音，有合家团圆之意，所以后来寒山和拾得被誉为“和合二仙”，再后来民间年画便常用“和合二仙”的吉祥形象来博得来年的好彩头。民间把二人推崇为仁者爱人、孝悌友爱的代表。清朝雍正皇帝正式封寒山为“和圣”，拾得为“合圣”。

2. 日本也有寒山寺

张继的这首《枫桥夜泊》在日本流传非常广泛，是日本国民最喜欢的中国诗词之一。正是因为对这首诗的热爱，日本民众也对苏州的寒山寺情有独钟。到了明治时代，日本也专门修建了一座寒山寺。相传当时日本的书法家田口美舫来中国留学，研习书法。他对中国的寒山寺慕名已久，所以来到中国以后，他专程赴苏州寒山寺拜访当时的住持祖信禅师，表达了自己对寒山寺的仰慕之情。寒山寺本身的文化含蕴，即“和合”精神很符合日本人所提倡的大和民族精神，所以日本有很多人对寒山寺深怀仰慕之情，渴望能够亲自到寺中跪拜。但是由于路途遥远，很多人无法实现这个愿望。所以，田口美舫请求禅师允许他在日本也修建一座寒山寺。祖信禅师沉吟片刻之后答应了，而且在田口美舫临走之前，赠送给他一座释迦如来像。田口美舫回国后，在东京不远处的青梅泽井，修建了日本的寒山寺。从此，中国苏州的寒山寺与日本的寒山寺遥遥相望，共同守护着“和合”的精神与梦想。

（二）千年钟声

1. 好友失散，天各一方

相传寒山与拾得在寺庙中传播佛家智慧，舍茶施药，这样一过就是许多年。后来有一天，寺前的河里突然飘来了一口硕大无比的铜钟。寺里的和尚看见以后，又惊又喜，因为寺里面正好缺少一口大钟。他们心里念着阿弥陀佛，感谢佛祖的恩赐，和尚们纷纷前去河里打捞铜钟。可是他们试尽了各种办法，铜钟仍旧纹丝不动，仿佛扎根在河底。寒山无奈地对众人说：“看来这个铜钟不是为我们寒山寺准备的，不要强求，还是让它走吧，去它该去的地方。”众人听后，纷纷惋惜，只好罢手，于是解开套在上面的绳索，伸手去推开那铜钟，哪知那铜钟仍旧纹丝不动，像在等待什么一般。

这时，旁边的拾得突然灵机一动，想到一个好主意。他急忙跑到寺里，将一根竹子连根拔起，然后纵身一跃，手持竹竿跳到铜钟里边，这时的他就好像在一艘大船中一般，手里的竹竿正好可以划船。于是他把手里的竹子往河中一撑，想要向岸边划去。说也奇怪，刚才还纹丝不动的大钟，竟然开始移动了。众人正要欢呼，却突然发现，铜钟越漂越快，最后竟然像是有人牵拉着一般快速地漂向河中央，然后向下游漂去。众人大惊失色，急忙呼唤拾得，想要上前营救，可是大钟转动得太快，众人根本无法靠近，于是只能一边呼喊一边沿岸奔跑追赶，眼睁睁地看着铜钟和拾得消失在远方。

这时的拾得在铜钟里边动弹不得，只能听着众人的呼喊声越来越小，最后终于消失，耳边只听得到湍急的水流声。他默默地闭上了眼睛，在铜钟里边打起坐，心想倒要看看最终会被带到哪里。不知道过去了多少天，说来也奇怪，拾得竟然没有一点饥渴的感觉。最后铜钟在一个小村庄旁边停了下来。拾得缓缓地走出铜钟，眼前的一切是那么陌生，他完全不知道自己身在何处。村里的人们非常朴实善良，热情地招待了他。于是他便在此驻扎下来，随手将手中的竹竿插到地里，又和村民一起将大钟悬挂了起来。几天后，他发现从苏州带来的那根竹竿开始长出了新芽，之后越来越繁茂，最后竟长成了一片郁郁葱葱的竹林。拾得见归乡无望，便安心地在村庄里辛勤耕作，研读佛经，慢慢地他的信众越来越多，后来村民在他修行的地方建了一座寺庙，起名为拾得寺。

2. 心有灵犀，钟声传思念

在遥远的寒山寺中，寒山牵挂着拾得的安危，日夜为他念经祈福。一天半夜，他格外思念从前一起谈佛论经的拾得，于是便去敲响了寺里刚铸好的铜钟，希望拾得可以听到钟声，循着声音找到回寺的路。没想到，这钟声竟然真的漂洋过海传到了拾得的耳中，此时的拾得也正思念着远在苏州的寒山，听到这缥缈的钟声，他仿佛心有灵犀一般，坚信这钟声是寒山为了呼唤他而敲响的。他立马起身，撞响那口与他一起漂洋过海的大铜钟，而这钟声竟也传到了寒山寺。于是两人你敲一下，我撞一下，好像对山歌一般，一唱一和，两个远隔重洋的好朋友，通过这种方式互相倾诉思念。从此以后，寒山寺便有了夜半敲钟的习俗。

后来人们才知道，原来拾得所在的小村庄，是在日本境内，而修建的拾得寺也远隔大洋与苏州的寒山寺遥遥相对。但是拾得寺究竟在日本哪个地方，后来究竟如何，就不得而知了。

3. 钟声响，烦恼清

寒山寺的钟声成为千年不变的吉祥之声，所有向往着幸福和快乐的人都渴望听到寒山寺的钟声。每年的除夕之夜，寒山寺就会照例敲响新年的钟声，一共敲一百零八下。因为佛学认为，人生有一百零八个烦恼，钟声每敲一下，烦恼便少一个，敲完了一百零八下，人生所有的烦恼就烟消云散了。正所谓“钟声响，烦恼清，智慧长，菩提生”。菩提树就是智慧树、慈悲树，所以说寒山寺的钟声一响，所有烦恼都消失了，人会变得聪慧而慈悲。因此，每年除夕之夜，中外游人信士都会云集寒山寺，聆听钟楼中发出的一百零八响钟声，在悠扬的钟声中辞旧迎新，祈祷平安。

4. 夜半是否有钟声？

欧阳修曾经在《六一诗话》中质疑张继的这首诗说："如'袖中谏草朝天去，头上宫花侍宴归'，诚为佳句矣，但进谏必以章疏，无直用稿草之理。唐人有云：'姑苏台下寒山寺，夜半钟声到客船。'说者亦云：句则佳矣，其如三更不是打钟时。"意思是说半夜三更的时候，寺庙里是不可能打钟的。

半夜的时候，寺庙真的不打钟吗？宋人陈岩肖就不同意欧阳修的观点，他在《庚溪诗话》中列举了大量的例证反驳欧阳修。他说每夜三鼓尽四鼓初的时候，姑苏一带各寺庙，晚上都会打钟的。并列举了许多唐人的诗句为证，比如于鹄的"定知别后家中伴，遥听缑山半夜钟"，白居易的"新秋松影下，半夜钟声后"，温庭筠的"悠然旅榜频回首，无复松窗半夜钟"，还有张继好友皇甫冉的"秋深临水月，夜半隔山钟"，所以陈岩肖认为"夜半钟声"由来已久，鸣夜半钟是唐代各寺庙的惯例，不仅寒山寺有。

计有功也考论说："此地（指姑苏一带）有夜半钟，谓之无常钟。继志其异耳，欧阳以为语病，非也。"这就是说，苏州一带本来就有敲夜半钟的风俗，当地人称之为"无常钟"。计有功认为，大概是欧阳修去姑苏的次数比较少，对当地的风俗不太了解，所以产生了"三更不是打钟时"的质疑。

无论怎样，"三更不是打钟时"的争论，在很大程度上起到了一种"品牌宣传"的效果，激发了很多人对《枫桥夜泊》的兴趣，也非常有效地扩大了《枫桥夜泊》的名声。

（三）惊心动魄的护碑传奇

在民间传说中，第一块《枫桥夜泊》诗碑带着一个千年的诅咒：谁写这块《枫桥夜泊》石碑，谁就会染疾辞世。唐武宗酷爱张继的这首《枫桥夜泊》，在他猝死之前，找来京城第一石匠吕天方，精心刻制了一块《枫桥夜泊》诗碑。刻完之后，他说自己殡天之日要把这块石碑一同带走。不久，唐武宗就病死了。据说唐武宗临终时留下遗言，《枫桥夜泊》诗碑只有他可赏析，后人不可与之齐福。第二块诗碑是北宋时翰林院大学士王珪所书。题写后不久，王珪也暴病而亡。第三块诗碑是明代文徵明所书，写成不久，文徵明就身染重疾辞世而去。现在寒山寺里所存的诗碑是第四块诗碑，由晚清俞樾所书，俞樾写完之后便溘然长逝。刻者的逝世更为这块诗碑增添了一丝神秘的色彩。

日本人对寒山寺十分痴迷，对《枫桥夜泊》更是情有独钟。因此当日军攻下南京，来到寒山寺见到诗碑后，更是暴露了侵略者的狼子野心，想要将它占为己有。在日本天皇的支持下，松井石根就设计想要通过“天衣行动”将诗碑进行真假调换。

寒山寺的静如法师一眼看穿了日军的诡计，请来名满江南的石刻大师钱荣初，请其刻碑瞒敌。谁料被大汉奸梁鸿志盯上，劫下了钱荣初所刻的假碑，把它运到了南京，接下来就要对寒山寺的真碑下手。静如法师、钱荣初大师为了护碑，便假借诅咒之名，在日本人面前演了一出惊天大戏。

1939 年 3 月 20 日清晨，钱荣初暴亡于寒山寺的山门之外，身上有用鲜血写成的遗书。松井石根拿到血书，看后顿时面如土色。原来上面用鲜血写就：“刻碑、亵碑者死！吾忘祖训，合遭横事！”松井石根本性多疑，当时惊出一身冷汗。他放下繁杂的军务，一头扎进故纸堆，查阅有关《枫桥夜泊》诗碑的历史文献。查阅之后，松井石根越看越心惊，越想越害怕，就把查出的材料以及担心电告天皇。日本天皇也真被这个千年诅咒吓住了，反复权衡，最后让松井石根放弃了行动。

但在这件事情背后，有一位更伟大的牺牲者。那天暴亡于寒山寺外的并不是真的钱荣初，而是爱国义士钱达飞。二人同为钱氏家族后人，长相颇为相似。当初刻碑瞒敌计划失败后，钱达飞知道静如法师和钱荣初处境艰难，便自告奋勇以死护碑，因为担心钱荣初不答应，便谎称自己身患重疾，命不久矣，愿用这种方式来奉献生命。

在这场夺碑护碑的生死较量中，静如法师、钱荣初、钱达飞用深厚的爱国之情和坚定的爱国之志，以及用自己的血肉之躯，护住了国宝，铸就了传奇。所以一切真善美，哪怕当时艰难，也终将会被历史珍藏，用以温暖、鼓励后人；而一切假恶丑，哪怕当时貌似强大，也终将接受历史的审判。

先人或许不会想到，诗碑的传说最后竟然成为一种威慑的力量，成为一种智慧的手段，使得抗战期间我们的仁人志士，从日本人手中挽救了俞樾《枫桥夜泊》诗碑这一重要的文物。

专家教学建议

朱永新：

"姑苏城外寒山寺，夜半钟声到客船。"寒山寺千年钟声的背后，隐藏着丰厚的历史与人文典故。在一般的教学过程中，作者张继往往被忽略，因为其"诗有名而人无名"。但是，在苏静老师的解读中，还原了张继人生中的"高光时刻"。他的清廉与高洁，应该成为语文老师对诗人介绍中的着力点，将诗人的精神潜移默化地传递给孩子。此外，"和合文化"也是这首诗解读的亮点，无论是美丽的民间传说，还是真实的文化意义，都可以拓展老师们的授课思路。《枫桥夜泊》诗碑的传奇故事，更值得老师们借鉴，不仅可以深化对这首诗的理解，更是爱国主义的绝佳素材。简言之，老师们可以在苏静老师提供的解读资料中，选择适合自己教学的内容，以此提升《枫桥夜泊》的文化内涵和精神价值。

第5讲 《早发白帝城》

——幸福来得太突然

导语

一首《早发白帝城》，让我们感受到诗人轻舞飞扬的心情。而这明丽诗句的背后，却隐含了诗人“绝处逢生”的坎坷经历。那么，诗人究竟是在何等境遇中写下了这首诗？神秘的白帝城有着哪些鲜为人知的故事？千里江陵又蕴含着多少美丽的传说？一句“两岸猿声啼不住”，又引出哪些妙趣横生的冷知识？

| 早发白帝城 |

（唐）李白

朝辞白帝彩云间，千里江陵一日还。
两岸猿声啼不住，轻舟已过万重山。

古诗揭秘

一、喜遇大赦——瑞彩祥云伴君归

“朝辞白帝彩云间”，李白在诗的开篇便直抒胸臆，表达心中的无限喜悦。这一片片瑞彩祥云，昭示着诗人的坎坷命途终于否极泰来。那么，李白究竟经历了什么？原来，安史之乱中，李白满怀报国热血追随永王李璘的部队，以幕僚的身份为永王出谋划策，得到了永王的器重与信赖。没承想一场政治阴谋，让永王的部队变成了忤逆之师，作为军中重要幕僚的李白，也转眼间从爱国者沦为叛国者。李白仓惶逃亡，最终被捕下狱。造反是死罪，李白的妻子宗夫人心急如焚，上下奔走，在妻子与朋友的共同努力下，李白终于被营救出狱。但是死罪可免，活罪难逃，李白被朝廷改判流放夜郎。夜郎地处偏远，位于西南边角，条件十分艰苦。但是皇命难违，李白只能上路前往。幸运的是，当李白行至四川白帝城的时候，忽然听闻皇帝大赦天下。幸福来得太突然，李白重获自由，欣喜若狂，当即乘舟返还江陵，直奔家乡。这首流传千古的《早发白帝城》便创作于李白乘舟东归的途中。

全诗洋溢着李白遇赦后的激动与兴奋，充满了夸张新奇的想象。开篇的“彩云间”便已预示整首诗欢快轻松的基调，既为写早晨时分曙光灿烂的景象，更为喻示作者本人从晦暗转为光明的大好前景。不仅如此，“彩云间”还写出了白帝城地势之高，直入云霄，给人一种仙人驾云归去之感，与诗仙李白的浪漫潇洒配合得天衣无缝。整首诗一气呵成，宛若天作。明代才子杨慎对此诗盛赞不已，他在《升庵诗话》中写道：“白帝至江陵，春水盛时，行舟朝发夕至，云飞鸟逝，不是过也。太白述之为韵语，惊风雨而泣鬼神矣。”

二、白帝城的前世今生

（一）白帝城的由来

白帝城原名子阳城，位于重庆奉节县瞿塘峡口的长江北岸，地势险要，呈绝壁断崖之势，乃兵家必争之地。白帝城名字的由来颇为传奇。相传，西汉末年王莽篡位时，手下大将公孙述割据四川，占地为王。四川土地肥沃，物产丰富，自古被称为天府之国。于是在此屯兵积粮的公孙述野心日益膨胀，逐渐有了帝王之心。有一次，他骑马来到瞿塘峡口，发现此地地势险要，易守难攻，于是便下令在此修建壁垒，作为关隘。后来，有部下向他汇报，说在山上修建壁垒的时候，有人发现山下子阳城中有一口水井，井中有白色烟雾腾空而起，状若白色蛟龙。公孙述听后十分高兴，抓住这个机会，故弄玄虚地对外宣称，这“白龙出井”实为“白龙献瑞”，意为要出新天子了，暗喻自己是真龙天子，以后必成帝业。于是，他自称白帝，并在子阳城建都，改名“白帝城”，城旁修筑壁垒的山亦改名“白帝山”。公孙述做了十二年皇帝，占据白帝城的十多年中，虽然外面腥风血雨，割据混战，但是这里的百姓还算得上是安居乐业，于是在公孙述死后，当地人为他在瞿塘峡口的白帝山上筑庙立像，称为白帝庙。

（二）白帝城托孤

关于白帝城，除了李白的这首诗歌使其名声大震之外，《三国演义》中“白帝城托孤”的故事也可谓家喻户晓。

建安二十四年（公元 219 年），蜀国军队节节胜利，大将关羽更是踌躇满志，本该坐守荆州的他却想要乘胜追击，孤军北伐曹魏。螳螂捕蝉，黄雀在后，果不其然，一直在关羽身后静观变化、等待时机的东吴，开始行动了。东吴大将吕蒙利用计谋，不费一兵一卒就占领了荆州。与此同时，关羽在北伐的过程中遇阻，退回荆州，后被吴军擒获。孙权知道关羽肯定不会投靠吴国，便将其杀害。荆州是蜀国的战略要地，堪称蜀国的半壁江山。失去荆州的蜀国，元气大伤，开始走下坡路。刘备得知以后，十分痛心，为报孙权袭取荆州斩杀关羽之仇，刘备不顾劝阻，“倾蜀中之兵七十五万”大举伐吴。结果被东吴大将陆逊击败，兵力大损，元气大伤，刘备被迫退兵至白帝城。

大仇未报又添新恨，夷陵之战大败，刘备悔恨至极。公元 223 年，刘备在白帝城一病不起，他知道自己将不久于世，于是特意召诸葛亮前来，安排自己的后事。他知道诸葛亮是值得托付之人，便对诸葛亮说：“我去世之后，蜀国的大事就要全部托付给你了。如果阿斗是个可塑之才，那你就全心全意辅佐他，让他做一个好皇帝；如果他无才无德，不适合做君主，那你就自行处置他好了。”诸葛亮听完此言，顿时泪流，哽咽着说道：“只要我诸葛亮在一天，就一定会全心全意地辅佐太子的，为了大汉江山社稷，我一定会竭智尽忠，至死不渝。”后来诸葛亮为相十余年，确实悉心辅佐后主刘禅，内修政治，外治兵戎，南征北战，公元 234 年病死于五丈原，真可谓鞠躬尽瘁，死而后已，成为千古贤相的典范。这便是“白帝城托孤”的故事。

三、千里江陵，三峡传说

（一）大禹治水通三峡

提到三峡，南北朝郦道元在《三峡》中有这样的描述：

> 自三峡七百里中，两岸连山，略无阙处。重岩叠嶂，隐天蔽日，自非亭午夜分，不见曦月。至于夏水襄陵，沿溯阻绝。或王命急宣，有时朝发白帝，暮到江陵，其间千二百里，虽乘奔御风，不以疾也。

三峡沿途七百多里，水流湍急，山峰奇秀，沿途美景数不胜数。那三峡是怎么形成的呢？关于三峡的形成，民间流传着大禹治水与疏浚三峡的神话传说。

在距今五六千年之前，神州大地上曾经发生过一次十分严重的水灾。当时的大水淹没了人们的土地和房屋，人们只能到地势高一点的山洞里居住，或者到树上结巢而居。于是当时的首领尧便派鲧前去治理这次水患。鲧恪尽职守，全心全意地治理水患，他采取的是水来土挡、不断筑堤的办法，这样的办法一开始还很有成效，但是随着水量越来越多，堤坝只能越筑越高，终于有一天，堤坝决堤，大水倾泻而出，造成了更大的破坏与损失。鲧治理水患最终以失败告终。尧因为鲧治水不力而将他处死。

后来继位的舜则命令鲧的儿子接替父职，继承其父未完成的事业，继续治水。鲧的儿子便是禹。禹吸取父亲治水失败的教训，换了一种思路，转堵截为疏浚，水道畅通，大水自然便消退了。根据《尚书·禹贡》记载，禹治理水害是从岷江开始的。治理好岷江之后，禹又顺江东下到了江州。治理好江州之后，大禹继续沿江东下，来到三峡地区，三峡地区是水患的重灾区，于是他便展开了艰巨的三峡疏浚工程。这是一个浩大的工程，禹带领众人排除万难，前后共三次开凿峡口才使得长江之水顺利通过三峡地区，一路向东，注入大海。大禹疏浚三峡，不仅解决了中原地区的水患，而且使得长江上游的四川盆地成为土壤肥沃的天府之国。大禹治水，前后共经历了十三年，十三年中，他三过家门而不入，被传为美谈，而大禹也因为治水有功，备受百姓爱戴，并被舜选为自己的继承人。

范成大在《初入巫峡》一诗中直抒胸臆：“伟哉神禹迹，疏凿此山川！”歌颂了大禹带领人民疏浚居功甚伟。

（二）三峡来过女神仙

三峡地区有关女神的传说故事特别多，而其中最广为人知的便是巫山女神——瑶姬的故事。巫山十二峰中的神女峰，相传便是瑶姬的化身。

相传瑶姬是天上神母的女儿，她耐不住天宫寂寞，偷偷来到人间。一路上，她阅尽人间美景，可是当她来到长江三峡地区的时候，却发现这里一片汪洋，神州大地一片狼藉，她痛心不已。后来发现原来是巫山地区的十二条蛟龙在兴风作浪，她顿时大怒，使出自己的所有本领，与恶龙激战了三天三夜，最终，神女将十二条蛟龙打败了。可是蛟龙巨大的尸体横陈江上，使得江水无法顺畅东流，于是洪水泛滥更加严重。

这时，大禹奉命前来治水，他历尽千辛万苦来到三峡地区，想要开凿巫峡，以泻长江之水。可是山高水急，岩石坚硬，开山凿洞谈何容易。但是大禹没有被困难吓倒，他带领众人，身先士卒，亲自凿山。瑶姬被大禹的执着精神感动了，于是便冒着被神母惩罚的危险，偷偷回到天庭，请来自己的十一个神仙姐妹一起前来帮忙。在瑶姬和众神仙姐妹的帮助下，大禹带领众人终于顺利地开凿了水道，让泛滥的洪水乖乖东流入海了。

水患解决了，瑶姬却仍不想回天庭。因为她看到这三峡地区河流湍急而又暗礁密布，事故频发；峡中瘴气不散，瘟疫常行；林中豺狼虎豹，时常害人；旱涝无常，百姓时常受苦。于是，瑶姬决定留下来，站在巫山之顶，守护三峡地区的百姓，慢慢地，她化为一座秀丽的山峰，而她的十一个姐妹，也被她感动，甘愿留在人间，化为山峰守候一方平安，这便是巫山十二峰的来历。而其中最为婀娜秀美的便是瑶姬幻化的神女峰。

后来，巫山百姓为了纪念这位瑶姬女神，尊称她为“妙用真人”，并为其修建了一座神女庙。战国时期的美男子兼大才子宋玉，以神女为对象创作了传世之作——《神女赋》，其中极尽所能地描写了神女瑶姬的绝代风华，对后世影响极深。

四、“两岸猿声啼不住”的冷知识

（一）究竟是“猿”啼还是“猴”啼？

很长时间以来，学术界对历代诗人文学家所描述的三峡“猿啼”存在争议。有的学者认为三峡的环境根本不适合猿猴生存，因为连植物最为茂密的神农架地区都没有发现猿猴活动的迹象，更何况三峡地区呢？所以，三峡上的“猿啼”并不是猿猴发出来的，而是猴子发出来的啼叫声，严格来讲，应该是“猴叫”。对于到底是“猿啼”还是“猴叫”，人们一直没有定论。

后来事情出现了转机，1987 年，科学家在三峡西南发现了一块长臂猿的骨化石，与这块化石一起出土的还有鱼类、爬行类、鸟类和哺乳类的亚化石，通过对这块化石进行检测鉴定，发现这块化石所处的地层距今只有大约三百年的时间，换句话说，在三百年之前，长江三峡地区还有长臂猿存在。至于为什么如今不见长臂猿的踪迹，专家推测，可能与植被破坏有关。所以，长久以来，并非古人错把“猴叫”当“猿啼”，古人听到的是真正的“猿啼”。只是如今，我们已无法现时现地地领略李白生花妙笔下情景交融的动人诗句了。

（二）猿声为何“啼不住”？

为什么猿猴要不断地啼叫？英国科学家波尔·杰丁早已为我们揭秘。三峡地区的猿猴属于长臂猿，实行的是家庭群居及“一夫一妻”制，也就是说，公猿和母猿一起抚养它们的孩子。猿猴家庭的规模由猿猴爸爸说了算，一般算上猿猴爸爸妈妈在内，家里的成员不超过六个。当小猿猴长到七岁的时候，就代表它们已经长大了，可以成家立业了，于是它们就会被父母驱赶离家，开始独自闯荡江湖，寻找自己的地盘，建立自己的家庭。这时的公猿便会发出啼叫，呼唤母猿来它的地盘，与它“成家”。成家之后的母猿也会发出啼叫声，它啼叫的目的有两个，一是为了警告其他的猿猴不要进入自己的地盘，二是为了呼唤在外玩耍或觅食的孩子回家。当然除了猿爸爸和猿妈妈经常啼叫之外，家里的小猿猴也会经常趁爸爸妈妈不在身边的时候偷偷地叫上几声。所以，这就造成了“两岸猿声啼不住”的现象。

（三）是不是“两岸”“猿啼”？

有的学者针对“两岸啼不住”提出疑问，认为猿猴并非在“两岸啼”，而是在“一岸啼”。对此有疑问的不仅是当代学者，古代学者也对此提出过疑问。清代学者梁章钜就曾在《浪迹丛谈》中提到，三峡确实多啼猿，但是猿猴大部分生活在南岸，鲜少活动于北岸。还有人专门做过研究。根据史书记载，曾经有人发现，猿猴只在南岸生活繁衍，北岸很少见到猿猴的踪迹，更别提啼叫声了。于是就有好奇之人，把南岸的猿猴抓到北岸去，看看它们会有什么反应，结果被抓到北岸的猿猴对于人类的多事之举，很不乐意，非但不啼叫，而且千方百计逃回南岸。那为什么猿猴大多都生长在南岸呢？有人提出说是因为三峡地形“岸似双屏合，天如匹练开”，换句话说，就是因为巫山山脉是东北—西南走向，北岸常年阴冷，尤其冬季的时候，正迎着西北风，气候寒冷，不像南面阳光充足，还有北岸的山脉帮助抵挡严寒，所以气候温暖，非常适合猿猴在此生长繁衍。因此，“两岸猿声啼不住”确实不如“南岸猿声啼不住”的表达更准确和科学了。只是“南岸猿声”的修改未获认同——因江流蜿蜒，舟行如飞，乘客实难分辨猿声来自哪里，故“两岸猿声”虽不合乎客观实际，但更忠于听觉真实，虽不合理，却合乎情。

（四）落寞的诗人常拿“猿啼”说事

猿啼常作为一种意象，在古诗词中常被诗人以象征手法来表达悲伤的心情或凄凉的情境。如：

巴东三峡巫峡长，猿鸣三声泪沾裳。——（北魏）郦道元《水经注·江水》

君莫向秋浦，猿声碎客心。——（唐）李白《秋浦歌（其十）》

风急天高猿啸哀，渚清沙白鸟飞回。——（唐）杜甫《登高》

五、“千里江陵一日还”与“轻舟已过万重山”

“千里江陵一日还”，从字面意义上解读，白帝城与江陵之间的水路有着千里之遥，李白却说自己的小船能够朝发夕至，显然运用了夸张的艺术表现手法。不得不说，诗仙毕竟是诗仙，虽然此时的李白已经五十八岁，且刚刚经历了人生的低谷，但他依然保持着浪漫洒脱的本心。所以，在写作这首《早发白帝城》时，李白将丰富的想象与奇丽的夸张完美融合，难怪被杨慎盛赞为“惊风雨而泣鬼神”之作。实际上，古代常用“千里”表达路途遥远，此句中的“千里”“一日”，恰到好处的以空间之远和时间之短作悬殊对比，以此衬托诗人的归心似箭。比“千里”的夸张更妙的，则在一个“还”字。“还”本义是归来，只是这江陵并非李白的家乡，李白为何要用“还江陵”这种说法呢？原来，“还”字亲切，它不仅表现出诗人日行千里的痛快，也透露出遇赦的无限喜悦，李白抵达江陵的心情正如返回家乡一样轻舞飞扬。

诗的最后一句“轻舟已过万重山”中一“轻”，一“重（chóng）”，一叶扁舟与层层山峦又是一次鲜明的对比。小舟经过重重山脉进入坦途，既为写景，又为比兴，表达的是李白历尽艰险，进入康庄旅途的快感。与一日千里的表达结合来看，从万众敬仰沦落为叛贼罪人时，五十八岁老之将至的李白，被流放夜郎的李白，妻离子散的李白，于漫漫长途中突然听闻赦免的消息，喜笑颜开的样子不难想象。他认为自己重获新生，顿感愁云散去，于是堪比脱弦之箭，顺流而下，直抵江陵，一叶轻舟就这样越过了重重的青山。

读完全诗，便明白了李白的船儿为何这般快，轻快的不是船，是李白的心啊！李白从未在诗中直接抒情，但是任谁读了他对行程的描写，都能感受到李白经历山重水复后柳暗花明的兴奋情绪和舒畅心情。“我像这一叶轻舟，任凭你们啼叫，任凭你们贬斥与抨击，我已经越过千山柳暗花明。”这是李白内心的真正独白。这是一种狂喜，更是一种自信。

第 6 讲 《咏鹅》

——少年天才归何处

导语

《咏鹅》相传为骆宾王七岁时所作。那么，这个神童诗人经历了怎样传奇跌宕的一生？为何闻一多评价骆宾王“天生一副侠骨”？“曲项向天歌”的画面里，蕴含着怎样不为人知的深意？咏“鹅”中又隐藏了哪些有趣的唐朝冷知识？除了骆宾王，古时又有哪些神童诗流传至今？

｜ 咏鹅 ｜

（唐）骆宾王

鹅，鹅，鹅，曲项向天歌。

白毛浮绿水，红掌拨清波。

古诗揭秘

一、骆宾王的传奇人生

骆宾王，婺州义乌人，字观光，其名字取义于《周易》中的“观国之光，以利宾于王”。他从小就聪慧异常，是闻名遐迩的“神童”。传奇的一生、丰富的经历又使得骆宾王与王勃、杨炯、卢照邻合称为“初唐四杰”。

（一）不适官场，隐居兖州

骆宾王曾在长安出仕，他在朝中处事公正不阿，对溜须拍马之事很是看不惯，因此得罪了不少朝中权贵，几年后便被罢官。当时唐太宗的弟弟李元庆很欣赏骆宾王，便留他在府中做事。但是按照唐制，在亲王府中谋事的官佐任职时间不能超过四年。于是在第三年，李元庆便下了一道手谕，让他“自述所能”，但是曾经的为官经历已经让他感受到了官场的黑暗，耻于自炫，骆宾王便放弃了这个人人求之不得的机会，回兖州过起了隐居的日子。

（二）再度出仕，边关从军

西北传来了吐蕃入侵的消息，骆宾王出于爱国和养家糊口的原因，主动请辞出征。征得同意后，五十二岁的骆宾王便踏上了进军西北的从军之旅。先是西北荒漠，后是西南边陲，四年的军旅生涯结束，回京按绩考核之时，却只得了个功过相抵的结果。想到自己坎坷的为官生涯以及军旅途中自己的所见所感，骆宾王便作《帝京篇》，此篇一成，轰动朝野，人人传诵，也使得骆宾王的文坛声誉达到了高峰。

（三）大展拳脚，锒铛入狱

后来，母亲去世，没有了后顾之忧的骆宾王便在职位上大展手脚，想干一番大事业。他曾多次上书言事，语带讽刺，触动了很多权贵的利益，被诬陷入狱。在狱中即使被严刑拷打，他也丝毫不退缩，写下了千古名作《在狱咏蝉》：

西陆蝉声唱，南冠客思深。
不堪玄鬓影，来对白头吟。
露重飞难进，风多响易沉。
无人信高洁，谁为表予心。

诗中，骆宾王借秋蝉来代指自己：我如此秉公执法，却遭人陷害，锒铛入狱，朝廷如此浑浊不堪，在这样的情境下，谁会相信我高洁的品质？谁又能帮我陈述一片忠心呢？骆宾王入狱第二年，唐高宗立英王为太子，大赦天下，他出狱后去临海县做了一个县丞。

（四）讨武兵败，不知所踪

公元 684 年，唐睿宗称帝，武则天临朝听政，朝中维护皇族李氏的大臣纷纷抗议不满。九月，唐朝开国公徐世勣的孙子徐敬业率先在扬州起兵反叛武则天，随之公开发布的一篇《讨武氏檄文》（又名《为徐敬业讨武曌檄》），一夜之间传诵于全国各地。这篇文章的作者正是骆宾王，此时的骆宾王为徐敬业的幕属。相传武则天看罢檄文，对骆宾王的文采和风骨极其赞赏，尤其是文中“一抔之土未干，六尺之孤安在”一句，让武则天发出“丞相安得失此人”的感叹。最后一句“试看今日之域中，竟是谁家之天下”更是磅礴浩荡，气贯长虹。徐敬业兵败后，骆宾王便像人间蒸发了一样，世人难觅其踪。

后世对骆宾王的结局众说纷纭，主要有以下几种说法：一是被杀。《旧唐书·骆宾王传》说“敬业败，伏诛”，《资治通鉴》中亦说“王那相斩敬业，敬猷及宾王首来见”。二是逃亡。武则天死后，朝廷派郄云卿整理搜集骆宾王的诗词，郄云卿在收集整理时发现，骆宾王或是兵败逃亡。当时船上大乱，骆宾王趁机跳水，由于此时船靠近山边，自幼生长于浙江的骆宾王游水逃脱也是有可能的。三是灵隐寺为僧。这也是流传最为广泛的一种说法。《唐才子传》记载：诗人宋之问还朝时，途经钱塘，便去游览灵隐寺。月色正当明，宋之问诗兴大发，一联诗句便脱口而出，正当不知如何接下一联时，一位僧人与之搭话，说：“下一联为何不写作‘楼观沧海日，门对浙江潮’？”宋之问不由思路大开，补全诗作。第二天宋之问再去拜访时，却已人去楼空，据传这位老僧便是骆宾王。

二、天生一副侠骨

闻一多在《宫体诗的自赎》里对骆宾王有这样的评价：“天生一副侠骨，

专喜欢管闲事、打抱不平、杀人报仇、革命、帮痴心女子打负心汉。”那么，骆宾王究竟做了什么，让闻一多先生对他作出如此“另类”的评价呢？

骆宾王“帮痴心女子打负心汉”的侠义之举，史上确有记载。先说“初唐四杰”之一的卢照邻。卢照邻在成都为官之时，曾与一郭姓女子相爱。后来，卢照邻离开成都，但他向郭氏保证定会回来娶她。不料，卢照邻一去不复返，而他们的孩子也夭折了，郭氏很伤心。后来，郭氏遇到卢照邻的好友骆宾王，便将此事告诉了他。骆宾王听完后很是愤怒，便写了一首《艳情代郭氏答卢照邻》，诗中骆宾王更是强烈批判了卢照邻的绝情，并想当然地认为卢照邻早已在太白山中逍遥快活。而事实上，卢照邻此刻早已恶疾缠身，他是因为不想连累郭氏才断绝了联系，自己隐居太白山。骆宾王这一时兴起之作，还让卢照邻在很长一段时间内，都被扣上了“负心汉”的帽子。

骆宾王的侠义之举还不止这一桩。唐朝崇尚道教，除了平民百姓，很多公主也当过道士。当时有一个道士叫李荣，与道姑王灵妃走到了一起。后来，李荣一去不归，王灵妃伤心欲绝。骆宾王曾在长安见过王灵妃，后来去到成都又见到了李荣。一身正气的骆宾王自是气愤不过，作了《代女道士王灵妃赠道士李荣》一诗，直指李荣的背信弃义。

人们崇敬骆宾王，不仅因为他在政治、文学上的贡献是空前绝后的，更因为他是一个刚直豪爽、一身正气的侠义之客，正可谓斯人已逝，风骨长存。

三、《咏鹅》诗里秘密多

（一）七岁神童的即兴之作

《全唐卷》中《咏鹅》一诗的题下注释说“七岁时作”，那么年仅七岁的骆宾王究竟写了一首怎样的诗，竟能让众多史书都为之记下浓墨重彩的一笔？

关于这首诗的创作过程，胡应麟在《补唐书·骆侍御传》中如是记载：“宾王生七岁，能诗。尝嬉戏池上，客指鹅群令赋焉。应声曰：‘白毛浮绿水，红掌拨清波’。客叹诧，呼神童。”骆宾王七岁那年，有一天，祖父的好友自远方来访，家里人都忙着准备饭食，骆宾王闲来无事便来到池塘边玩耍，池塘中有一群大白鹅，游来游去，很是可爱，骆宾王开心极了，便拿起树枝在地上画起了鹅。这时，家人与来访的客人来湖边寻他，这位客人早就听说骆宾王天资聪颖，于是便指着大白鹅让其作诗一首，骆宾王想了一会儿便出口诵道：“鹅，鹅，鹅，曲项向天歌。白毛浮绿水，红掌拨清波。”客人大吃一惊，连声叫好，直呼“神童”。自此，七岁神童骆宾王出口作诗的消息便不胫而走，《咏鹅》一诗也成了口耳相传的佳作。

（二）寥寥数字写活白鹅

全诗共十八个字，将白鹅戏水的画面描写得活灵活现，既有颜色之明艳，又有神态之生动，鹅的体貌特征跃然纸上。

首句“鹅，鹅，鹅”，连用三个“鹅”字，运用反复的方法，表达了诗人对于大鹅的喜爱，同时也增强了感情韵律上的效果。古人写作诗词时，为了增强感情效果，经常运用反复的写作手法，如李清照的《如梦令·昨夜雨疏风骤》中“知否，知否？应是绿肥红瘦”，《如梦令·常记溪亭日暮》中“争渡，争渡，惊起一滩鸥鹭”，《声声慢》中“寻寻觅觅，冷冷清清，凄凄惨惨戚戚”，又如秦观《如梦令·春景》中“依旧，依旧，人与绿杨俱瘦”。

第二句“曲项向天歌”，“曲”即是“弯曲”，“项”即为“脖子”，“歌”即是“长鸣”。大白鹅弯曲着脖子，朝着天空唱歌。这一句写出了大白鹅嘎嘎鸣叫的神态，由所见到所听，极富层次感。

诗的三四句“白毛浮绿水，红掌拨清波”写出了大白鹅在水中自由自在游水的情形，雪白的羽毛浮在碧绿的水面上，红红的脚掌拨动，清澈碧绿的湖面上荡起层层涟漪。此处运用了鲜明的色彩描写，雪白的羽毛、碧绿的池水、红红的脚掌、青色的水波，“白”对“绿”，“红掌”对“清（青）波”，构成了句内对仗，而“白”对“红”，“红”对“清（青）”构成了上下对，此两句中的对仗用法，奇妙无比。另外，在这两句中，动词的应用也恰到好处，一个“浮”字，写出了雪白的大鹅在碧绿的水面上随性而卧，突出了静态之美；一个“拨”字，则写出了白鹅摆动着红红的脚掌在清澈的水中划行，展现了动态之美。一静一动，动静结合，将白鹅戏水，自然随性之态描绘得淋漓尽致。

(三)“曲项向天歌”背后的深意

因众多史料都记载骆宾王的《咏鹅》是作于其七岁之时，故而人们多惊艳于其小小年纪便能作此诗篇，实属不易，但其实人们忽略了《咏鹅》作为一首咏物诗的身份。

关于这首诗的解读，人们常常把焦点放到“白毛浮绿水，红掌拨清波”两句上。这两句诚然写得极好，运用鲜明的色彩，白、绿、红、清（青），句内对，上下对，同时，“浮”与“拨”又动静结合。但是这首诗的关键却不在此，而是在于“曲项向天歌”一句。“曲项”一词用优美的线条勾勒出了白鹅优雅的形象，“向天歌”则是给了这首诗一种阔大的背景，虽是池中之鹅，却志在辽阔的天空，赋予了白鹅一种不凡的志向。鹅是家禽，原本只会嘎嘎地叫，但是，骆宾王在此处用的却是“歌”字，让不会思考的鹅瞬间有了思想，它向着辽阔的天空引吭高歌，似是在歌唱它远大的志向。正是这样的一群鹅，才使得“白毛浮绿水，红掌拨清波”一句更加生动传神，才能让浮于绿水上的白鹅更加高洁，才使得拨动清水的白鹅更加从容。

《咏鹅》是一首咏物诗，既是咏物诗，那诗中的白鹅又何尝不是骆宾王自己呢？他自负少年不羁，整体诗作都呈现出心怀天下的志向。“一抔之土未干，六尺之孤安在”“试看今日之域中，竟是谁家之天下”，正是这样一个人，让武则天都发出“丞相安得失此人”的惊呼，骆宾王既是神童，那么七岁便能有如此志向又何尝不在情理之中。

(四) 唐朝的养鹅之风

《咏鹅》一诗妇孺皆知，那咏“鹅”的背后又蕴藏着怎样的唐朝冷知识呢?

在古代，男女婚嫁是人生一大事，据《仪礼·士昏礼》记载，婚礼礼节分为六个步骤，分别是纳采、问名、纳吉、纳徵、请期和亲迎，其中纳采、问名、纳吉、请期和亲迎都会用到大雁，雁成为了男女婚嫁中不可或缺之物。

雁为何会成为人们婚嫁定情的象征呢？《白虎通·嫁娶篇》记载“取飞成行，止成列也，明嫁娶之礼，长幼之有序，不相逾越也”，借大雁飞行时成“一”字或“人”字，寓意尊老爱幼，家庭和睦；《朱子语类》中“昏礼用雁，婿执雁，或谓取其不再偶”，大雁又是对于爱情忠贞不二的象征。但由于活雁难捉，在婚嫁中以鹅代雁的现象也逐渐出现。唐代就出现了以鹅代雁的最早记录，李涪《刊误》记：“夫展礼之夕，婿执雁入奠，执贽之义也。又以雁是随阳之鸟，随夫所适。雁是野物，非时莫能致，故以鹅代之者，亦曰奠雁也。《尔雅》云：‘舒雁，鹅。’鹅亦雁之属也。其有重于嗣续，切于成礼者，乃以厚价致之。继而获，则曰：‘已有鹅矣，何以雁为？’是以雁为使代鹅为礼。”大雁是野物，难以捕捉，且价格过高，而鹅又叫舒雁，故而自唐朝的婚礼，便用同为雁的科属的鹅代替大雁了。

当然这只是一个方面，而且仅凭这一点也不足以使得唐朝家家养鹅。还有一个更重要的因素，就是在唐朝养鹅可以“发家致富”。鹅与鸡鸭很像，会把沙土吞进胃里来帮助它们消化，因为鹅擅游泳，所以常常会到河边吞淤泥，而淤泥中含细小的金粒，所以唐朝人就经常在鹅拉出的粪便中淘炼黄金从而致富。《岭表录异》中记载：“彼中居人，忽有养鹅鸭，常于屎中见麸金片，遂多养，收屎淘之，日得一两或半两，因而致富矣。”所以说唐朝家家养鹅、人人爱鹅也就不足为奇了。

生活在这样的社会风气之下，怎能仅有骆宾王这一首咏鹅的佳作呢？唐朝诗人杜甫的《舟前小鹅儿》，以简单朴素的语言，写出了小鹅们的稚嫩天真，全诗如下：

鹅儿黄似酒，对酒爱新鹅。
引颈嗔船逼，无行乱眼多。
翅开遭宿雨，力小困沧波。
客散层城暮，狐狸奈若何。

李郢《鹅儿》中“无事群鸣遮水际，争来引颈逼人前”一句也写出了鹅儿们水中闲游、与人逗乐的场面。果然唐朝人爱鹅也是爱到了骨子里了。

四、古时神童与神作

自古以来，神童都是凤毛麟角。在中国历史上，提到神童诗人，除大名鼎鼎的骆宾王外，还有几位也值得一提。

黄庭坚是北宋的著名诗人、词人，在书法方面也颇有建树，与苏轼、米芾、蔡襄并称书法的“宋四家”。据记载，黄庭坚在七岁时便作《牧童诗》一诗：

骑牛远远过前村，短笛横吹隔陇闻。
多少长安名利客，机关用尽不如君。

在诗中，小小年纪的黄庭坚描写了追名逐利、机关算尽的“长安名利客”，费尽心思，到头来却还不如那村头骑牛的牧童来得自在。一褒一贬之中，写出了牧童自然飘逸、不与世俗同流合污的高洁之态。黄庭坚一生所留下的诗词不多，其中以《清平乐·春归何处》一词最为著名，全词如下：

春归何处。寂寞无行路。若有认知春去处，唤取归来同住。
春无踪迹谁知，除非问取黄鹂，百啭无人能解，因风吹过蔷薇。

宋朝大宰相寇准也是一个神童，《咏华山》便是他七岁时所作的一首诗。据记载，寇准七岁时，有一次其父宴请宾客，酒劲酣畅之时，一位客人让小寇准以华山为题作诗一首。只见小寇准踱步思索，到第三步时，便写出了《咏华山》一诗，较之曹植七步成诗也是更胜一筹。小寇准把之前爬华山的所见所感都倾注笔端，将华山的高峻以及雄伟不凡的气质描写得淋漓尽致。全诗如下：

只有天在上，更无山与齐。
举头红日近，回首白云低。

此外，唐朝一个七岁女孩仅凭借一首《送兄》，便赢得了神童的称号。对于这首诗，除了在《全唐诗》中有所记载，在别的史料中均不见其踪影。《全唐诗》中对于这位小作者的介绍是“如意中女子”，“武后召见，令赋送兄诗，应声而就”。虽对于这首诗的作者知之甚少，但是，这首诗也流传了下来。全诗通过一个女童之口将兄长即将离家时的情景描写得淋漓尽致，以质朴的语言描绘出了兄妹之间浓浓的情谊。全诗如下：

别路云初起，离亭叶正稀。

所嗟人异雁，不作一行归。

第 7 讲 《清明》

——清明那些事儿

导语

这是一首家喻户晓的名诗，但它的来龙去脉却鲜有机会全方位地展现。诗人杜牧缘何写下《清明》？清明节的由来有什么动人的传说？一边是“路上行人欲断魂”的哀伤，一边是“牧童遥指杏花村”的欢愉，清明节到底是喜是悲？这矛盾的情绪该如何解释？小小牧童在诗中有什么作用？杏花村“诗酒天下第一村”的美誉又从何而来？

| 清明 |

（唐）杜牧

清明时节雨纷纷，路上行人欲断魂。
借问酒家何处有，牧童遥指杏花村。

古诗揭秘

一、风流才子天下闻

才华横溢，风流多情，这好像是大多唐朝才子的标配。杜牧出生于官宦书香世家，饱读诗书，年仅二十三岁便写下了气势磅礴的《阿房宫赋》，诗歌成就极高，与李商隐并称“小李杜”。杜牧作为大唐才子中的佼佼者，成为了风流诗人的代名词。

杜牧放浪形骸、不拘小节，后人常称他“风流才子”。他在扬州做官期间，几乎夜夜笙歌。后来回顾这段时光，他感叹道：“十年一觉扬州梦，赢得青楼薄幸名。”《本事诗》里记载了一个杜牧的风流韵事。大和九年（公元835年），杜牧任职洛阳，官位显赫。当时，兵部尚书李愿赋闲在家，他家的歌妓在当时号称第一。李愿常常在家中举行豪华宴会，邀请洛阳的官吏和名士参加。这样的盛会，又有美丽的歌妓，杜牧怎能错过？听说这天李家又要大开筵宴，他主动找人传口信给李愿，声称自己愿意过府拜访，李愿一听当然高兴，马上送上请柬，杜牧则欣然而往。杜牧赶到时，酒宴正在进行，众歌妓翩翩起舞，果然是色艺双绝。杜牧独坐一边，看得如醉如痴，他喝了三大杯酒后，问李愿：“听说有个姑娘叫紫云，不知是哪一个？”李愿就指给他看。杜牧对着这位紫云姑娘呆呆地看了很久，忍不住说：“果然名不虚传，能不能把她送给我？”这句话一出口，惊得满堂哗然，众歌妓听到杜牧的话，也都回头窃笑。杜牧又喝了三杯，站起来吟诵了一首《兵部尚书席上作》：“华堂今日绮筵开，谁唤分司御史来？忽发狂言惊满座，两行红粉一时回。”吟完诗，杜牧“意气闲逸，旁若无人”，一派名士风度。杜牧宴会上公然索要歌妓，语惊四座，却又赋诗一首，出口成章，表明杜牧在风流不羁的外表之下，富有出类拔萃的杰出才华，真是一位风流俊爽、仪态非凡的诗人才子。

杜牧才华出众，参加科举考试连中两元，一夜之间名噪京城。他写下了很多流芳百世的诗句，有人评价杜牧的诗“既有人间烟火气息，又有林泉之思”。“二十四桥明月夜，玉人何处教吹箫”“商女不知亡国恨，隔江犹唱后庭花”等都是为后世所称道的名句。杜牧不仅是一位诗人，而且在政治军事方面也很有研究。有一天，他游览赤壁，偶见沙滩之中埋藏着一段折断的铁戟，上面已是锈迹斑斑。面对滚滚江流，他大发感慨：“折戟沉沙铁未销，自将磨洗认前朝。东风不与周郎便，铜雀春深锁二乔。”这首诗气势足、眼光高，在他看来，指挥了赤壁大战的周瑜并没有什么过人之处，因为这场战役的胜利，全靠了天气的帮忙，跟周郎的韬略没多大关系。言下之意，周瑜和他杜牧相比，不过尔尔。他可不是志大才疏、纸上谈兵，他专门研究过《孙子》，写过十三篇《孙子》注解，也写过许多策论咨文，有一次还献计平虏，被宰相李德裕采用后，大获成功。

可惜杜牧生不逢时，身处江河日下的晚唐，诸帝才庸，战事不断，宦官专权，党争延续，一系列的内忧外患让大唐积重难返。所以，杜牧的才能也只能湮没于茫茫人海中了。

熟读史书，看透时局，却无法力挽狂澜，只得举杯消愁。对于杜牧而言，饮酒，成了疗伤祛痛的乐事。“高人以饮为忙事”，“但将酩酊酬佳节”，“半醉半醒游三日”……杜牧离不开酒，即便在清明祭祀先人的路上，冒着丝丝细雨，也不忘向牧童询问酒家。这首《清明》相传便是这样写下的。

二、是喜是悲——矛盾情绪为哪般?

前两句“清明时节雨纷纷，路上行人欲断魂”，凄迷纷乱，后两句“借问酒家何处有，牧童遥指杏花村”却又清新爽朗，那么诗人到底想表达什么样的情绪呢？这两种不同的心境又代表着什么呢？这一切要从本诗的题目“清明”这个特殊的日子说起。

清明是二十四节气中的一个，在谷雨之前，春分之后，这段时间气温上升，南方雾气减少，北方风沙消失，空气通透，因此得名清明。“清明”的本义为“万物生长此时，皆清洁而明净”。常言道，“谷雨断霜，清明断雪”，清明时节，气温转暖，草木吐绿，天气清澈明朗，万物欣欣向荣，因此清明又是农人春耕的好时节。除了是农耕的关键时节之外，清明节还叫作“踏青节”“秋千节”，古代一家人在清明出门赏春游玩，女子们还要在这一天荡秋千。不仅如此，还有蹴鞠、打马球、斗鸡、拔河、插柳等一系列风俗体育活动。如此丰富欢乐的户外活动不是与清明扫墓祭祖的庄重氛围相左吗？说到这个矛盾，就不得不提清明节、寒食节与上巳节之间的联系了。

（一）寒食节——中国民间第一大祭日

在我国古代，寒食处于冬至后的第 105 天，所以寒食节也有“一百五”的别称。清代历法改革之后，寒食节变成了在清明节前一天。随着时光的流逝，寒食节逐渐和清明节融为一体，现在大多数人也都把这两个节日放在一起过了。

关于寒食节的起源，最广为人知的是介子推的传说：晋文公重耳流亡时期，饥饿难耐，介子推就把大腿上的肉割下来给重耳吃。后来重耳当了国君，想要报答介子推的割肉之恩，给他封赏。但是介子推不慕名利，背着老母亲躲进了绵山隐居。重耳为了找到介子推报恩，一时糊涂竟然放火烧山，逼介子推出山。结果，介子推抱着母亲被烧死在一棵大柳树下。为纪念介子推，晋文公下令每年这天只吃寒食，禁止烟火，并将这一天定为寒食节，因此有了汉族传统节日中唯一以饮食习俗来命名的节日。到后来，寒食节又增加了祭祀的重要内容。

从汉到唐，寒食节一直是中国民间第一大祭日，禁烟火是寒食节的重要风俗。唐朝清明节定在寒食节两日之后，因此唐代诗人韩翃的《寒食》和这首《清明》就是在差不多的时间内写的。《寒食》记载了有关唐朝人的寒食风俗，全诗如下：

春城无处不飞花，寒食东风御柳斜。
日暮汉宫传蜡烛，轻烟散入五侯家。

这首诗前两句写白天的风景，春天的长安城内飞花扑面，东风浩荡，御园内的柳树被风斜斜地吹上了天，诗人用一个“飞”字让整个画面灵动了起来，着重突出了“春风”这一意象。“春风”在古代诗歌中的寓意颇多，春风往往不仅指自然界的春风，还指皇恩。宋朝诗人王安石在“春风又绿江南岸，明月何时照我还”（《泊船瓜洲》）中就借用了春风的皇恩意蕴。在这首诗中，这里的“东风”也暗含帝王的意象。后两句写唐朝的宫廷活动，涉及了唐朝宫廷的寒食风俗。按照唐代制度，清明日皇帝宣旨，取榆柳之火以赐近臣，以示恩宠，寒食日天下一律不准举火，唯独皇宫中可以点蜡烛。但是皇帝特许重臣“五侯”在寒食日也可破例燃烛，于是自宫中将燃烛向外传送，燃烛的轻烟散入了“五侯”之家。

在《清明》一诗中，前两句也是写景，“清明时节雨纷纷，路上行人欲断魂”，清明节雨总是下个不停，路上的行人怀着深重的忧伤，难以消解，这里也出现了一个重要的意象：春雨。在这首诗中，杜牧用“纷纷”来形容春雨。纷纷之雨是细雨，若有若无，却又洒满天地之间，时有时无，却似永不停歇，真能传春雨之神。“杏花开时，正值清明前后，必有雨也，谓之杏花雨”（《岁时广记》），由于清明前后多雨节，此时正值杏花盛开，所以“杏花雨”也特指春雨。“沾衣欲湿杏花雨，吹面不寒杨柳风”（志南《绝句》）一句中对杏花雨和春风都进行了描写，说明春风和春雨都是清明节气的典型物象。后两句同是写人的活动，描述了清明节的风俗——郊外游春。人们在春游路上遇到一位放牧归来的童子，问他哪里有卖酒的地方，牧童指了指前面开满杏花的村落，说那美丽的地方就是酒家啊。简简单单的一问一答，余音袅袅，耐人寻味。

唐朝之后，人们渐渐地不过寒食节了，到了宋元时期，清明节逐渐取代寒食节的地位，融合了寒食节的禁火、冷食习俗。那么清明节踏青郊游的风俗又是从何而来的呢？这就与接下来的一个节日有关了。

（二）上巳节——古人的相亲大会

上巳节，俗称“三月三”，最早是三月的第一个巳日。在这一天人们结伴去水边沐浴，称为“祓禊”。《论语》中曾点所云“暮春者，春服既成，冠者五六人，童子六七人，浴乎沂，风乎舞雩，咏而归”说的就是上巳节沐浴祭祀的风俗。魏晋以后，上巳固定在三月三这一天，上巳节逐渐成为临水宴饮、曲水流觞的节日。所谓“流觞”，也称“流杯”，就是把杯子放置于水的上游，任其随波而下，停在谁面前，谁就要将杯中酒一饮而下。魏明帝曾专门建了一个流杯亭。王羲之《兰亭集序》里所描述的曲水流觞、文人雅集也是发生在上巳节。

到了唐朝，除在水边祭祀、沐浴之外，上巳节的活动内容就是宴饮行乐、踏青郊游。杜甫《丽人行》“三月三日天气新，长安水边多丽人”说的是上巳节长安女子们到城南曲江游玩踏青的情景。除此之外，上巳节还是中国的情人节，主要活动之一就是男女相会，相互表达爱慕之情。《诗经·郑风·溱洧》云："溱与洧，方涣涣兮。士与女，方秉蕑兮。女曰观乎？士曰既且，且往观乎？洧之外，洵訏且乐。维士与女，伊其相谑，赠之以勺药。"描述的就是上巳情人节相亲大会。在这一天，来参会的青年男女们齐聚溱水洧水岸边，手里拿着兰草，祈求吉祥，有情人之间互赠芍药以示两情相悦。因此"采兰赠芍"一词除了比喻男女互赠礼物，也表示相爱。

上巳节文雅、浪漫的风俗颇多，由于上巳与清明日期接近，遂逐渐被后者代替，踏青郊游等风俗也被清明节所继承。到了宋代，上巳节就逐渐销声匿迹了。

（三）清明节——古人的生命哲学

寒食节和上巳节逐步与清明节融为一体，清明节的内涵不断丰富起来。究其原因，清明、寒食和上巳这三个节日本身就有相似之处。第一，时间相近，都处于阳春三月；第二，风俗习惯相近，都有对于先人的祭祀以及各种各样的户外游戏。其实，这样的安排不但不矛盾，还非常有科学依据。因为古人讲求不偏不倚、顺应自然。如果只举行祭祀仪式，只吃凉食，谓之过犹不及，与春天的生发之道相违背。因此在祭祀之后，需要来一场痛痛快快的游玩，来疏导扫墓时的悲戚情绪，引导人们保持积极乐观的心态。因此，杜牧在《清明》中"矛盾"的心境，前两句"清明时节雨纷纷，路上行人欲断魂"说的是人们扫墓祭祖，表现出的悲戚心情；后两句"借问酒家何处有，牧童遥指杏花村"则讲的是人们踏青、春游。因为春和景明，万象更新，人们作为大自然的一分子，也要表现出生机和活力来。

三、"牧童"——古诗中的最佳配角

有人说《清明》中最"清明"的不是杜牧，也不是杏花村，而是那个小牧童。他轻轻一指，就把一代代国人引向了尊重生命、充满生机的清明。"牧童"是唐代诗歌中的常客，诗人常常借"牧童"这一形象，或歌咏理想生活，或揭露社会黑暗，或哀叹繁华陨落。

（一）田园乡间生活的化身

成彦雄在《村行》中写道："暖暖村烟暮，牧童出深坞。骑牛不顾人，吹笛寻山去。"短短二十字，道出诗人的理想田园生活状态，诗人也想和牧童一样，在深山乡村自在生活，不管世人如何追名竞利，牧童始终无心无念，无欲无求，只骑着温顺老牛悠然地向前走着，悠悠地吹着短笛，仿佛世间的一切都与他们无关。"谁人得似牧童心"（卢肇《牧童》），即便牧童是诗人们可望而不可即的人生理想，诗人们也毫不掩饰对牧童生活的向往。

（二）揭露社会的代言人

在一些诗人眼中，牧童于田野之间享受简单的生活，是田园悠然生活的化身；在另一些诗人的眼里，牧童是劳苦百姓的缩影，是揭露社会的代言人。张籍的《牧童词》便生动地描写了牧童的辛勤劳动，诗中有云："牛牛食草莫相触，官家截尔头上角。"诗人以牧童天真的口吻，来反映统治者对老百姓的压迫与农民的艰苦生活，揭露了黑暗的社会，极尽讽刺之意味。

（三）昔盛今衰的哀叹

古诗中，还常用牧童来揭示王朝由盛转衰的社会现实。例如，唐代诗人刘沧在《邺都怀古》一诗中写道：

昔时霸业何萧索，古木唯多鸟雀声。
芳草自生宫殿处，牧童谁识帝王城。
残春杨柳长川迥，落日蒹葭远水平。
一望青山便惆怅，西陵无主月空明。

这首诗抒发了对国家残破、今不如昔的哀叹：曾经的宫殿何等巍峨矗立，如今眼前却是芳草萋萋；曾经是帝王将相出入的场所，如今成了无知牧童活动的地盘，往日的繁华与威严荡然无存。诗人用牧童的粗野来反衬昔时霸业的繁华，突出了盛衰的巨大变化，令人怀古伤今，满怀惆怅。

四、诗酒天下第一村——杏花村

古代的诗人喜欢饮酒赋诗，杜牧也不例外，杜诗中仅提到“酒”字的就有上百次，如“千里莺啼绿映红，水村山郭酒旗风”（《江南春》）、“烟笼寒水月笼沙，夜泊秦淮近酒家”（《夜泊秦淮》）、“潇洒江湖十过秋，酒杯无日不迟留”（《自宣城赴官上京》）、“腹中书万卷，身外酒千杯”（《送张判官归兼谒鄂州大夫》）。所以当杜牧来到杏花村前，不问其他只问酒，就不足为奇了。

（一）“杏花村”意象

诗中的“杏花村”留给我们无穷无尽的遐想，除了杜牧之外，还有许多诗人对杏花村情有独钟，这也成就了杏花村“诗酒天下第一村”的美誉。“杏花村”这一意象首先出现于晚唐，在唐诗中总共出现了四次，许浑《下第归蒲城墅居》（“薄烟杨柳路，微雨杏花村”）、薛能《春日北归舟中有怀》（“雨干杨柳渡，山热杏花村”）、温庭筠《与友人别》（“晚风杨叶社，寒食杏花村”）、杜牧《清明》（“借问酒家何处有，牧童遥指杏花村”）这四首诗不约而同地创设了杏花村文学意象，但只有在杜牧的诗中，“杏花村”指的是酒家。宋代也有 20 多首诗词出现杏花村意象，从宋徽宗时周邦彦的词作《满庭芳·忆钱唐》“酒旗渔市，冷落杏花村”之句开始，杏花村意象与杜牧《清明》诗遥相呼应，成为了乡村酒家的代称。

（二）“真假”杏花村

那么杜牧诗中的杏花村到底在哪里呢？自古以来就一直有争议。由于杜牧作此诗时并未标明具体年份、地点，所以人们只好自己寻找杜诗中的“杏花村”。由于全国名叫“杏花村”的地方数量众多，不亚于“高家庄”“李家村”的数量，所以天南地北已有十多个地方宣称自己那里才是正宗的杏花村。其中，以山西汾阳、安徽池州、湖北麻城三地的竞争最为激烈，三方甚至对簿过公堂，试图用当代法律解决历史问题。这当中最有说服力的当属安徽池州杏花村，因为杜牧于唐武宗会昌四年至六年担任过池州刺史，在池州写了不少诗，如《题池州弄水亭》《池州九峰楼寄张祜》等，而且有文献显示，明代初年安徽贵池城西就有一个杏花村，杜牧在清明节时来这里作一首诗岂不是自然而然？而今世俗所知的山西汾阳杏花村是以悠久的酿酒、酒文化著称，杏花村汾酒酿造工艺也已被列为国家非物质文化遗产，汾阳杏花村还被授予了“中华白酒第一村”的称号，但这与杜牧诗中的“杏花村”并无关系。

其实，不管杏花村到底花落谁家，有酒有花有诗，就真可谓是人生一大快事了。

专家教学建议

朱永新：

正如苏静老师在导语中所说，《清明》是一首家喻户晓的名诗，但它的来龙去脉却鲜有机会全方位地展现。苏老师独具一格的解读，为语文老师们提供了多元的教学视角，可供选择的素材极其丰富。老师们可以围绕着一个经典问题，引导孩子展开讨论，即：“上句是‘路上行人欲断魂’的哀伤，下句是‘牧童遥指杏花村’的欢愉，清明节到底是喜是悲？这矛盾的情绪该如何解释？”然后引入寒食、清明和上巳三个节日的风俗与故事，让孩子们体会其中独特的文化韵味。继而老师们可以进行更高层次的引领和解读，让孩子们明白，从本质上说，寒食、清明和上巳，体现的是古人对生命的敬畏，不仅对逝去先人恒持敬畏之心，而且对现世之人充满了生命的关怀。所以这样合乎自然、宜乎大道的生命观，正是体现了华夏文明的大哲学、大智慧。

第 8 讲 《绝句》(迟日江山丽)

——别低估了燕子

导语

杜甫的这首《绝句》，轻灵美妙，写活了整个春天。诗人是在什么心境下写出了这首诗？“迟日”一词从何而来？“江山”与“社稷”有何渊源？哪些花儿是诗词春天中的常客？“鸳鸯”一词隐藏着何其美丽动人的传说？而春天里司空见惯的小燕子，又在中国古典文化里有着怎样非同凡响的地位？

| 绝句 |

（唐）杜甫

迟日江山丽，春风花草香。

泥融飞燕子，沙暖睡鸳鸯。

古诗揭秘

一、《绝句》的诞生地

安史之乱后，京都长安、洛阳都遭到了破坏，而成都因为地处西南，战乱暂时未延续到那里，因而成了战乱时期百姓理想的避难场所。杜甫历尽颠沛流离，只想寻求一个相对稳定的栖身之地，便携带家人前往成都。杜甫到了成都后，看到这里溪水潺潺、鸟语花香，特别适合居住，于是就在浣花溪畔建立了一个草堂，以此来作为自己一家人的安身立命之所，这个草堂就是如今闻名于世的“杜甫草堂”，也是这首《绝句》(迟日江山丽)的诞生地。杜甫前后在草堂居住了近四年，暂时结束了颠沛流离的生活，日子过得安宁闲适，写下了诸如《蜀相》《春夜喜雨》《登高》《江畔独步寻花》等许多脍炙人口的千古名作。

(一) 杜甫草堂的“出资人”

杜甫草堂坐落于成都西郊碧鸡坊外，环境优美、安静恬适。东有清澈透底的浣花溪，南有莲荷举举的百花潭，西有冰雪封顶的西岭，草堂前还有一株历史悠久的楠树。杜甫在草堂过着一种自由闲适的生活，正如他在《绝句漫兴九首》其六中云：

懒慢无堪不出村，呼儿日在掩柴门。
苍苔浊酒林中静，碧水春风野外昏。

可以想象诗人在一个风和日丽的午后，于静静的竹林中吟诵作诗，以苍苔为席，拥浊酒为伴。偶尔拄着藤杖，漫步溪边江畔，看碧水涟涟，听鸟儿欢鸣。生活如此逍遥闲适，难怪当杜甫流离川北时，会深切地怀念在草堂的生活。他在《寄题江外草堂》一诗中表达了对草堂生活状态的适意，全诗如下：

我生性放诞，雅欲逃自然。
嗜酒爱风竹，卜居必林泉。

在杜甫的一众好友中，高适是杜甫的铁杆知己。杜甫曾经盛赞高适的才华：“当代论才子，如公复几人？”后来杜甫颠沛流离，避居成都时，幸得高适时为蜀州刺史，杜甫方得栖身之地。高适慷慨解囊，经常资助杜甫。杜甫在诗中诚恳道谢：“故人供禄米，邻舍与园蔬。”高适不仅在生活上资助杜甫，还作为主要“出资人”，帮助杜甫搭建了草堂，让杜甫终于有了栖身之所。可见高适对于杜甫的帮助，不仅仅是锦上添花之情，更有雪中送炭之恩。

（二）杜甫草堂的“农家宴”

杜甫移居至草堂以后，与往日的朋友也失去了联系，由于和城市集市距离较远，所以社会交往并不多。一次，舅氏崔明府拜访草堂，杜甫有感而发，写下了《客至》一诗，全诗如下：

舍南舍北皆春水，但见群鸥日日来。
花径不曾缘客扫，蓬门今始为君开。
盘飧市远无兼味，樽酒家贫只旧醅。
肯与邻翁相对饮，隔篱呼取尽余杯。

草堂南边的百花潭和北边的万里桥下都涨满了春水，却只看见鸥群日日结队飞来。长满花草的庭院小路，没有因为迎客而打扫，这柴门不曾为客开过，今天为您打开。从这两句可以看出，草堂周围环境清幽僻静，没有人来人往的热闹，只有鸥鸟飞来飞去，表现了他在闲逸的江村中的寂寞心情。杜甫不轻易宴客，家里已经很久没有来过客人了，但是这次来的是舅氏崔明府，是母亲家的亲戚，诗人十分高兴，赶紧开门迎客。下面一句仿佛看到诗人招呼客人吃饭的情景，听到诗人抱歉酒菜简陋的话语：离街上太远买东西太不方便，只有这些简单的菜肴真是对不住。家里买不起高档的酒，只有这些陈年老酒请随便享用。话语间很容易感受到杜甫待客真诚、为人坦荡，极富生活气息。最后一句，更是亲切自然，酒过三巡之后，诗人高声呼喊着，邀隔壁的老翁一起喝两杯，隔着篱笆叫他来把这些酒喝完。可见杜甫的诚挚率真，在草堂的生活虽然简素却充满了人情味。

二、“迟日”与“江山”

（一）春日迟迟

“迟日”这个词，最早出自《诗经·七月》的“春日迟迟，采蘩祁祁”，形容春天来了，光照时间开始越来越长，天气也开始越来越温暖。五代时欧阳炯的《春光好》中“天初暖，日初长，好春光”的词句，就是对“迟日”一词的最好解释。杜甫用“迟日”作为全诗的开头，形象地表现了春天温暖明媚的特点。

（二）江山社稷

江山泛指江河湖泊，大好河山，是国家的代名词。

社稷其实指的是两位古代的神：“社”指土地神，“稷”指五谷神。在古代，人们把土地分为山林、川泽、丘陵、坟衍、原隰，称“五土”，“社”就是五土的总神；人们把稻、黍、稷、麦、菽称为“五谷”，“稷”就是五谷的总神。民以食为天，而土是万物生长之本源，所以“社稷”就是民之根本，国之命脉。因此，国家祭祀的时候，通常会把“社稷”这两位神奉至至高无上的地位，所以社稷合起来代指祭祀。又因为古时祭祀是国家的大事，所以“社稷”一词也渐渐演化为国家的代名词。在《孟子·尽心下》中，便有“民为贵，社稷次之，君为轻”的论述。

1. 社稷的传说

关于土地神太社和五谷神太稷的来历，民间流传着有趣的传说。

相传，太社之神名叫句龙，是神农氏的后裔，他有一种神奇的能力，就是能辨别土壤好坏。他曾任土正官，后来人们就尊他为后土，并视他为掌管土地的神。太稷之神名叫弃，他的出生颇具传奇色彩。相传他的母亲在河边洗衣服的时候，看到一个硕大的脚印，便好奇地用脚踩了一下，结果回家之后就怀孕了，没几天便产下了一个男孩，这个男孩就是弃。弃的母亲害怕受到别人的嘲笑与议论，于是偷偷地将他遗弃在荒野中。弃饥渴的时候，牛羊甜美的乳汁哺育了他；他寒冷的时候，飞鸟蓬松的羽毛为他保暖。于是，他便在荒野之中生存了下来，并长大成人。长大的弃精通农耕，并传授世人种植五谷的方法。因为按照他的方法种植出来的五谷总是获得丰收，于是人们便奉他为掌管谷物的神。

2. 社稷坛

祭祀社神和稷神的地方就叫社稷坛。社稷坛位于北京天安门城楼西侧，也被称为“太社太稷”坛，简称为社稷坛。社稷坛布置得极具象征意味，坛面铺设着黄、青、白、红、黑五种色彩的土壤。黄，象征居于核心地位的黄帝，他统治天下，由手拿绳子掌管四方的土神辅佐。青，在东方，象征太皞，他由手持圆规掌管春天的木神辅佐。红，在南方，象征炎帝，他由手持秤杆掌管夏天的火神铺佐。白，在西方，象征少昊，他由手持曲尺掌管秋天的金神辅佐。黑，在北方，象征颛顼，他由手持秤锤掌管冬天的水神辅佐。东西南北依次为青白红黑，也即黄帝的四方又各有一个统治者辅佐。这种布置方式，是根据道教阴阳五行学说来设计的，坛上五色土，象征全国的土地，即“普天之下莫非王土”。

三、诗词春天里的那些花儿

自古以来，花儿便是春天的象征，也是诗人们吟咏春天的主要对象之一。其实，在诗人的眼里，花儿不仅仅代表着春天，还有着更为丰富的意蕴。

（一）桃花与爱情

古人云：“草之晶在花，桃花于春，菊花于秋，莲花于夏，梅花于冬。”所以，说起春天，人们首先想到的就是桃花。中国诗词中的桃花，常有爱情之意。“桃之夭夭，灼灼其华。之子于归，宜其室家”，《诗经》里的《桃夭》是我国最早的一首桃花诗。《桃夭》借桃花的枝繁花茂，绚丽娇艳，衬托出待嫁女子沉浸在爱情中的娇美容颜。在唐代诗人崔护的《题都城南庄》中，也描写了一位如桃花般动人的女子：

去年今日此门中，人面桃花相映红。
人面不知何处去，桃花依旧笑春风。

关于这首诗，民间流传着一个动人的传说．诗人崔护赴长安参加科举考试，无奈落榜。崔护心情郁闷，于是去往城南郊游。路上口渴，便向一农户讨水喝。送水出来的是这家农户的女儿，少女倚在桃树下，脸色微红，与周围的桃花相互映衬，十分动人。两人一见钟情，无言惜别。一年之后，崔护重访故地，却没有看到那位少女，于是题此诗而去。少女读了这首诗，便抑郁而死。后来崔护在少女床前痛哭，少女听到崔护的呼唤，竟死而复生，此后两人结为了夫妻。后世常用“人面桃花”形容好像桃花一样美丽的女子，也代表一见钟情后不能再见的女子，并因此而产生怅惘心情。

（二）梅花与风骨

如果说桃花是春天的代名词，那么梅花便是春天的信使，当它傲然绽放时，就是在告诉人们，春将至。松竹梅并称为“岁寒三友”，松、竹冬日里依然苍翠挺拔，梅花则可以耐住漫长的寒冬，在早春傲然开放。梅花不但神韵、姿色、香味惹人喜爱，它傲骨凌寒的高洁品质更是使得无数文人墨客为之倾慕。宋代林逋的咏梅名句“疏影横斜水清浅，暗香浮动月黄昏”（《山园小梅》）勾勒出疏淡的梅影，缕缕的清香，梅花的神韵跃然纸上；唐代张谓的“不知近水花先发，疑是经冬雪未消”（《早梅》），巧用比喻，把梅花比作没有消融的冬雪，写出了早梅的洁白；宋代王安石也有诗云：“遥知不是雪，为有暗香来”（《梅花》），也是先疑为雪，只因有暗香袭来，才知是梅而非雪，和《早梅》的意境可谓异曲同工。不仅如此，梅花在古代诗人的笔下更是洁身自好、不随波逐流的高尚人格的象征。南宋诗人陆游在《卜算子·咏梅》中写道：“无意苦争春，一任群芳妒。零落成泥碾作尘，只有香如故。”诗人以梅花自喻，表明虽然历尽艰辛，就算沦落到化为泥尘的地步，也要坚守节操的决心。把早春之梅的品格与风骨写到极致的，当属毛泽东的《卜算子·咏梅》：

风雨送春归，飞雪迎春到。已是悬崖百丈冰，犹有花枝俏。
俏也不争春，只把春来报。待到山花烂漫时，她在丛中笑。

（三）杏花与好运

杏花在早春二月开放，预示着春天即将来临，因此二月又有“杏月”之称。志南有诗云：“古木阴中系短篷，杖藜扶我过桥东。沾衣欲湿杏花雨，吹面不寒杨柳风。”诗人们常常借杏花的繁茂来抒发对春天到来的喜悦，如叶绍翁在《游园不值》中云：“春色满园关不住，一枝红杏出墙来”，运用拟人的手法，美好的春色锁也锁不住，娇艳的红杏势必要钻出墙头，赞颂了春天旺盛的生命力。杏花不仅娇艳多姿，而且在中国文化中，“杏”的谐音是“幸”，因此杏有着“与名俱来”的吉祥寓意功能，更是成为了古代举子们的吉祥花。唐代科举考试放榜一般是在农历二月，这时候正值杏花盛开的季节，中了举的新科进士都要于杏园初会，谓之“探花宴”。因此人们渐渐将杏花与科举相联系，取杏花幸运吉祥的寓意，赋予杏花“及第之花”的称谓，以此寄托人们希望金榜题名的愿望。如郑谷《曲江红杏》诗云：“女郎折得殷勤看，道是春风及第花。”诗人通过女郎折得杏花来暗示自己夫君科举即将高中，及第愿望终将实现。唐代高蟾《下第后上永崇高侍郎》诗云：“天上碧桃和露种，日边红杏倚云栽。芙蓉生在秋江上，不向东风怨未开。”这首诗中的“红杏”也与春风得意的新科及第者有关。

四、别低估了燕子

诗中的一句“泥融飞燕子”，写出了燕子作为春天使者的轻灵可爱。因为它春社来，秋社去，所以也被称为“社燕”。在中国的传统文化里，燕子有其特殊的地位，堪称最早的鸟类图腾崇拜。不仅如此，在中国的古诗词中，燕子深受古人青睐，且寓意颇丰。

（一）玄鸟生商

在远古的黄河之滨，一只“玄鸟”唱着歌儿从空中飞来，带给人们无穷无尽的遐想——它是天的使者，原始部落的人们一个个对它顶礼膜拜。一个叫简狄的女人，吞服“玄鸟”下的蛋后，怀孕生下一个儿子叫契。契，即是阏伯，就是传说中的商之始祖。这便是“玄鸟生商”的美丽传说。《诗经·商颂》里有《玄鸟》一诗，诗云：“天命玄鸟，降而生商。”这里的神秘玄鸟，便是燕子。依照《诗经》的说法，上天派遣的燕子使商王朝的先祖——契得以降生。契长大后，帮助禹治水有功，帝舜封其为司徒，并把商地分封给他，商部族开始形成和发展。

“玄鸟”不仅出现在《诗经》中，还出现在《吕氏春秋 · 古乐》中：“昔葛天氏之乐，三人操牛尾，投足以歌八阙：一曰载民，二曰玄鸟，三曰遂草木，四曰奋五谷，五曰敬天常，六曰建帝功，七曰依地德，八曰总禽兽之极。”意思是说：从前葛天氏部落的乐舞，三个人拿着牛尾巴，踏着脚来唱八首乐曲。其中之一便为《玄鸟》，玄鸟即燕子，可见燕子在远古时期就已经是人类的图腾崇拜。

（二）诗中燕子意何为

1. 惜春之情

因为燕子总在春天的时候飞回，所以它被当作春天的象征，得到许多诗人的美化和歌颂。如：“几处早莺争暖树，谁家新燕啄春泥。”（白居易《钱塘湖春行》）“冥冥花正开，飏飏燕新乳。”（韦应物《长安遇冯著》）“燕子来时新社，梨花落后清明。”（晏殊《破阵子》）“鸟啼芳树丫，燕衔黄柳花。”（张可久《凭栏人 · 暮春即事》）春天灿烂美好，花开缤纷，无奈春光短暂，不久便落英缤纷，韶光将逝，这引发了诗人的无限惆怅感伤，于是他们便把这种对春天的不舍之情寄托在燕子身上，写出了无数动人的诗句。欧阳修有“笙歌散尽游人去，始觉春空。垂下帘栊，双燕归来细雨中”（《采桑子》）的慨叹，戴叔伦则有“燕子不归春事晚，一汀烟雨杏花寒”（《苏溪亭》）的感伤。

2. 凄美爱情

燕子经常出双入对，因此又被古人看作是爱情的象征。借助“双飞燕”来传达情深意切的描述最早出自《诗经》，比如“燕尔新婚，如兄如弟”（《诗经 · 谷风》），“燕燕于飞，差池其羽，之子于归，远送于野”（《诗经 · 燕燕》）。也正因为燕子是爱情的象征，所以在孤单之时，人们赋予了“双飞燕”更多的情思。有了“落花人独立，微雨燕双飞”（晏几道《临江仙》）的惆怅寂寞，有了“槛菊愁烟兰泣露，罗幕轻寒，燕子双飞去”（晏殊《蝶恋花》）的落寞凄冷。

3. 世事沧桑

燕子喜欢在屋檐下结巢，一年年过去了，屋子的主人几经变换，而燕子却依然秋去春回，不忘旧巢，无形之中，道尽世事沧桑。最能表达世事无常、感慨变化沧桑的当属刘禹锡的《乌衣巷》:“朱雀桥边野草花，乌衣巷口夕阳斜。旧时王谢堂前燕，飞入寻常百姓家。”晏殊的“无可奈何花落去，似曾相识燕归来，小园香径独徘徊”(《浣溪沙》)也是委婉惆怅，道尽心事。姜夔的“燕雁无心，太湖西畔，随云去”(《点绛唇》)中，燕子虽无心，却见证了时事的变迁，历尽沧桑，引发诗人的“黍离”之悲。

4. 相思传书

唐代《开元天宝遗事》有《传书燕》，记述了这样一个民间传奇故事：唐代长安富豪郭行先的女儿郭绍兰嫁给了巨商任宗。有一次，任宗外出湘经商，数年未归，音讯全无。妻子绍兰在家望穿秋水，终日思念。一天，她望见双燕在梁间呢喃，更是触景伤怀，便对着梁间双燕述说起自己的相思之苦。神奇的是燕子竟然从梁间飞来她身边，于是她便写了一首诗系在燕足上，让燕子帮忙传给她的丈夫任宗。此时的任宗正在荆州，只见一只燕忽然停在他的肩膀上，任宗大惊，仔细审视，发现燕足上系着一封书信，便将其解下。展开之后发现竟是他的妻子写给他的一首诗，名为《寄夫》:“我婿去重湖，临窗泣血书，殷勤凭燕翼，寄于薄情夫。”这首诗写得情深意切，用燕子的深情反衬丈夫的“薄情”。任宗读罢，非常感动，深感愧疚，很快就回家了。燕子传书的典故便来源于此，后人因此常用燕子传书来传达恋人间的相思之苦。如“伤心燕足留红线，恼人鸾影闲团扇”(张可久《塞鸿秋 · 春情》),“袖中有短书，愿寄双飞燕”(江淹《杂体诗 · 拟李都尉从军》),无不是对燕子传书的动人描述。

(三) 杜诗里的“多面”燕

燕子是杜甫诗中的常客，每每出现，都夹杂了诗人不同的情感。当他送别好友时，会说“悲君随燕雀，薄宦走风尘！”(《赠别何邕》),此时的燕子来去无踪，令人伤感；当天气久旱，终于落雨，杜甫会说“巢燕高飞尽，林花润色分”(《喜雨》)，此时的燕子成了高空飞翔的欢喜之物；当他心情郁闷，会说“清秋燕子故飞飞”(《秋兴八首》)，“故飞飞”就是故意飞来飞去的意思，此时燕子又成了恼人的小东西。当然，在杜甫诗中，燕子更多被赋予了悠然的情调，比如“泥融飞燕子”。或许，这些充满闲情逸致的“燕子”，大多是住在成都草堂的屋檐下吧。

五、古诗中的爱情鸟

诗中的一句“沙暖睡鸳鸯”，写出了鸳鸯享受春天的悠然惬意。后人也多把“鸳鸯”看作夫妻恩爱的象征，形容美好的爱情，表达相思爱慕之意。“初唐四杰”之一卢照邻在《长安古意》一诗中云：“得成比目何辞死，愿作鸳鸯不羡仙。”因此世人用“只羡鸳鸯不羡仙”来表达能与相爱之人像鸳鸯一样携手同老、相伴终生的美好心愿。那么除了鸳鸯，古诗词中代表爱情的鸟儿还有哪些呢？

（一）大雁双飞生死依

雁和鸳鸯一样也是单配制的鸟类，而且雁是一种忠烈的贞鸟，一只雁鸟终生只有一个配偶，假如配偶死亡的话，另一只雁鸟也不会再另寻他偶，甚至会为死去的配偶殉情。金代文学家元好问在《摸鱼儿·雁丘词》的序中叙述了雁鸟殉情的故事：

> 乙丑岁赴试并州。道逢捕雁者云：“今日获一雁，杀之矣。其脱网者悲鸣不能去，竟自投于地而死。”予因买得之，葬之汾水之上，垒石为识，号曰“雁丘”。

作者在进京赶考的路上，听一位捕猎大雁的人说，今天捕杀了一只大雁，而另外一只从网中挣脱的大雁悲鸣盘旋，久久不去，最后竟然撞击地面而死去。大雁的痴情深深打动了元好问，于是他买下了这对大雁，将它们合葬于汾河之上，给这一方小小的坟地起名为“雁丘”，并写下了流传千古的《摸鱼儿·雁丘词》。这首词中有千古名句“问世间，情是何物，直教生死相许”，后来被金庸先生化用在经典武侠爱情小说《神雕侠侣》中，来表现生死相许、至死不渝的爱情。

（二）在天愿作比翼鸟

比翼鸟是中国古代神兽之一，传说这种鸟只有一只翅膀和一只眼睛，必须两只并在一起才能够飞翔。《博物志》云：“南方有比翼鸟，飞止饮啄，不相分离……死而复生，必在一处。”而后世因比翼鸟的特性，常用“比翼双飞”形容夫妻生活和谐美满。古诗词中的“比翼鸟”，也被看作是爱情坚贞的象征。其中最为人所熟知的，便是白居易有感于唐明皇和杨贵妃的爱情故事而作的《长恨歌》。诗中的“在天愿作比翼鸟，在地愿为连理枝”可谓情思深切，表达了诗人对李杨爱情的无限叹惋。

（三）雎鸠合鸣彻千古

《诗经》的首篇《关雎》可谓家喻户晓，也捧红了雎鸠这只爱情鸟。“关关雎鸠，在河之洲。窈窕淑女，君子好逑。”雎鸠是一种水鸟，经常栖息于河湖水边，“关关”是雄鸟和雌鸟的合鸣声。相传这种鸟用情专一，如果其中一只死去，另一只也就忧思不食，最终憔悴而死。宋朝的朱熹用“生有定偶而不相乱，偶常并游而不相狎”来评价雎鸠的忠贞不二。这首诗开头以雎鸟相向合鸣起兴，比喻君子所追求的“窈窕淑女”就是这样一位可生死相随的终身伴侣。关关和鸣的雎鸠，栖息在河中的小洲，那美丽贤淑的女子，正是君子的好配偶。品读全诗，仿佛看见一个隽秀深情的男子向自己爱慕的心仪女子真情而朦胧的告白。雎鸠雌雄和鸣的声音响彻千古，感召着后世无数痴情男女为了真爱勇敢追求，执着争取。

第9讲 《独坐敬亭山》

——李白情深为了谁

导语

在李白一生的山水游历中，敬亭山是他最钟爱的一座山。是什么原因让李白对它“相看两不厌”，情愿“独坐敬亭山”？“众鸟高飞尽，孤云独去闲”的背后，有何不为人知的深意？在敬亭山上究竟留下了李白怎样刻骨铭心的记忆？一位是李白的超级偶像，一位是李白的红颜知己，究竟谁才是李白生命中最重要的神秘人物，让他在此独坐守候？

| 独坐敬亭山 |

（唐）李白

众鸟高飞尽，孤云独去闲。

相看两不厌，只有敬亭山。

古诗揭秘

一、神秘敬亭山——落寞诗仙的灵魂栖息地

敬亭山是中国历史文化名山，位于安徽省宣城市区北郊，系宣城文化魂之所在，原名昭亭山，晋初为避帝讳，易名敬亭山，属黄山支脉，东西绵亘十余里。这首《独坐敬亭山》写于何年，如今已经无法确认，因为在李白留存的诗稿中，并没有注明具体的时间。史界根据推算，普遍认同的说法是作

于唐肃宗上元二年，即 761 年。此时的李白已是岁逾花甲的蹒跚老人，他先后经历了安史之乱后的漂泊流离，蒙冤被囚禁的牢狱之灾，戴罪流放的屈辱之后，终于来到了他朝思暮想的宣城，第七次，也是最后一次登临了他魂牵梦绕的敬亭山。此时的敬亭山，空旷寂寥，再也不复往日迎来送往、高朋满座的喧嚣，再也难觅当年北楼纵酒、敬亭论诗的潇洒。年迈而落寞的诗仙兀自一人，在敬亭山上独坐沉思，触景生情，感慨万千，写下了《独坐敬亭山》这首千古绝唱。

二、相看两不厌——一生低首谢宣城

李白之所以对敬亭山情有独钟，一种说法是因为李白的超级偶像谢朓多次登临敬亭山，留下众多经典名作，令李白倾慕不已。那么谢朓是何许人也？

（一）谢朓与敬亭山

谢朓，字玄晖，南朝齐时著名的山水诗人，出身世家大族，与谢灵运同族，世称“小谢”，“竟陵八友”之一。谢朓曾经担任过安徽宣城的太守，所以史称谢宣城。谢朓非常有才华，他的诗作清新自然，独树一帜，堪称“清水出芙蓉，天然去雕饰”，对盛唐“诗仙”李白、“诗佛”王维、“诗圣”杜甫的影响非常大，是众多诗人心中“神一样的存在”。谢朓因为在宣城任职，所以对敬亭山情有独钟。据史料记载，他曾多次登临敬亭山，而且一上山就文思泉涌，诗兴大发，留下了很多和敬亭山有关的诗作，最有名的一首便是《游敬亭山诗》。在谢朓的眼中，敬亭山充满了神秘感，正所谓“兹山亘百里，合沓与云齐。隐沦既已托，灵异居然栖。上干蔽白日，下属带回溪”。正是因为谢朓的缘故，敬亭山成为后世诗人争相吟咏之地，李白、白居易、杜牧、韩愈、刘禹锡、梅尧臣、汤显祖……历代文人墨客慕名登临，吟诗作赋，绘画写记，吟颂敬亭山的诗、文、画达千数，敬亭山遂被称为“江南诗山”。

（二）李白作诗表崇敬

李白非常崇拜谢朓，曾作《秋登宣城谢朓北楼》，全诗如下：

江城如画里，山晚望晴空。
两水夹明镜，双桥落彩虹。
人烟寒橘柚，秋色老梧桐。
谁念北楼上，临风怀谢公。

一句“谁念北楼上，临风怀谢公”极尽深情。李白毕恭毕敬地称谢朓为“谢公”，可见其敬重之心。而李白写谢朓的众多诗篇中，最有名的当属这首《宣州谢朓楼饯别校书叔云》，全诗如下：

弃我去者，昨日之日不可留；
乱我心者，今日之日多烦忧。
长风万里送秋雁，对此可以酣高楼。
蓬莱文章建安骨，中间小谢又清发。
俱怀逸兴壮思飞，欲上青天览明月。
抽刀断水水更流，举杯消愁愁更愁。
人生在世不称意，明朝散发弄扁舟。

谢朓楼与敬亭山同位于安徽宣城，因为谢朓曾任宣城太守而史称谢宣城，所以，这首诗从题目到内容，本身就可以看作是李白对谢朓的隔空告白。此诗约作于安史之乱前不久的天宝十二载，即753年。天宝元年（公元742年），李白满怀政治理想来到长安，任职于翰林院。天宝三载（公元744年），因受人诬陷而离开朝廷，愤懑不已地重新开始了云游生活。天宝十二载的秋天，李白来到宣州，客居不久，迎来一位故人李云。李云只是经过，很快便要离开，李白便陪他登临谢朓楼，设宴送行，写下这首《宣州谢朓楼饯别校书叔云》。其中有千古名句：“蓬莱文章建安骨，中间小谢又清发。”这两句从字面上不是太容易理解。蓬莱文章，指文章繁复。蓬莱为传说中海上仙山，藏有世间罕见的珍贵典籍。在东汉时，学者称当时皇室著述和藏书处东观为“道家蓬莱山”，形容东观藏书之多。建安骨，则指建安风骨。建安时期以曹操父子和“建安七子”的诗文创作风格为代表，建安为汉献帝的年号。所以，蓬莱文章建安骨，简单理解，就是人才辈出、文学繁盛的时代。但是就在这样文学昌隆的时期，还有一位诗人横空出世，以清新自然的风格独树一帜，独领风骚，他就是“小谢”。这里的“小谢”就是谢朓。为什么在李白的笔下，曾经令其高山仰止的“谢公”转眼之间就变身为“小谢”？原来，这里的“小谢”是为了区别谢灵运。谢灵运是南朝宋人，世称“大谢”，虽然谢朓与谢灵运同宗，但谢朓比谢灵运晚生了近八十年，为齐人，世称“小谢”。从这句诗中，不难看出李白对谢朓的无限崇敬之情。

除此之外，李白还写过许多怀念谢朓的诗句，例如：“谢亭离别处，风景每生愁”，“青山日将暝，寂寞谢公宅”，“解道澄江净如练，令人长忆谢玄晖”，“明发新林浦，空吟谢朓诗”，“我吟谢朓诗上语，朔风飒飒吹飞雨。谢朓已没青山空，后来继之有殷公”，“宅近青山同谢朓，门垂碧柳似陶潜”……正是因为这个缘故，所以李白爱屋及乌，对敬亭山也情有独钟。谢宣城一生登临敬亭山无数次，李白有记载的登临至少也有七次。如此看来，李白真的极有可能是为偶像而来。在敬亭山之上，李白可以与谢朓进行跨越时空的心灵晤对，敬亭山上有谢宣城的诗文，更有谢宣城的风骨。所以，敬亭山成为落寞李白寄托情感的地方，他情愿“一生低首谢宣城”，“相看两不厌，只有敬亭山”。

三、公主独守候——敬亭山上的凄美传说

李白之所以独爱敬亭山，除了谢朓之外，宣城当地还流传着一个美丽的民间传说，李白是因为她的红颜知己玉真公主而“独坐敬亭山”。

（一）玉真公主其人

玉真公主是唐玄宗的胞妹，她心慈貌美，才华横溢，曾有诗这样描写玉

真公主："知有持盈玉叶冠，剪云裁月照人寒。"但是她命运多舛，从小便失去生母，由姑姑太平公主抚养长大。她从小受到父皇和姑姑的影响，对道家文化很感兴趣，在豆蔻年华就进入道观，做了一名道姑。"玉真"是她的道号，"持盈"是她的字号。

（二）一见如故，大展才华

相传玉真公主不仅很有才华，而且善于结交朋友，由于机缘巧合，她与李白成为道友。道家文化在唐朝非常盛行，李白曾做过道士。玉真公主与李白一见如故，相见恨晚。李白还曾为玉真公主填写了一首《玉真仙人词》："玉真之仙人，时往太华峰。清晨鸣天鼓，飙欻腾双龙。弄电不辍手，行云本无踪。几时入少室，王母应相逢。"这首词中将玉真公主比作高贵的九天玄女。公主十分欣赏李白的才华，便把他推荐给了自己的哥哥唐玄宗。受到公主引荐的时候，李白表现得气度不凡，有诗为证。他说："仰天大笑出门去，我辈岂是蓬蒿人。"李白的这首诗表现了他春风得意、志得意满之情。相传李白刚进宫之时，玄宗"降辇步迎"，受到极高的礼遇。

（三）李白落魄走江湖，公主痴情守敬亭

但是好景不长，李白因为生性狂傲，得罪了权贵。因为小人的谗言，他被逐出宫门。当时唐玄宗为了顾及妹妹玉真公主的面子，美其名曰"赐金放还"。玉真公主听说这个事情后非常伤感，愤然上书，要求去掉公主的名号。但玄宗皇帝置之不理。于是，李白的心情从"我辈岂是蓬蒿人"的得意和"降辇步迎"的荣耀，最终落得被"赐金放还"的无奈与感伤。李白的内心郁闷愁苦，引用唐代诗人杜牧的一句诗，就是"落魄江湖载酒行"。李白曾作诗"我本不弃世，世人自弃我"，失意落魄，溢于言表。从此以后，李白开始浪迹天涯。但是他却不知道，他的红颜知己玉真公主为了寻找他，不辞辛苦，用尽了各种办法。无奈李白行踪不定，游历甚广。玉真公主找了李白很久都没有找到，而她的身体却越来越差，于是最终决定守候在他们曾经谈诗论道之地——敬亭山，静静等候李白的归来。这一等，传说竟等了整整七年。后来，

玉真公主抱病而终，至死与李白不得相见。相传，在守候的日子里，她每天都在流泪，她的泪水在她死后化作一眼清泉，后人称之为“珍珠泉”，而她的坟墓也建在了敬亭山之上，后人称之为“皇姑坟”。直到今天，敬亭山上还流传着这个美丽的民间传说，保留着这两个著名的景点。

到这里，传说故事并没有结束，就在玉真公主深情守候的日子里，李白也经历了人生的大起大落。在永王李璘的叛乱中，李白一路逃亡，后来在被流放的过程中遇上大赦，辗转回到了安徽宣城，来到了敬亭山。而此时，公主早已香消玉殒。当听说玉真公主在此守候了他七年之久，李白非常伤感，于是写下了《独坐敬亭山》这首千古绝唱。

后来，有学者认为，李白的《长相思》也极有可能是为玉真公主所作，全文如下：

长相思，在长安。
络纬秋啼金井阑，微霜凄凄簟色寒。
孤灯不明思欲绝，卷帷望月空长叹。
美人如花隔云端！
上有青冥之长天，下有渌水之波澜。
天长路远魂飞苦，梦魂不到关山难。
长相思，摧心肝！

一句“美人如花隔云端”写尽李白的怅然若失，而“天长路远魂飞苦，梦魂不到关山难。长相思，摧心肝！”更是读之令人动容感伤。虽然在正史中，并没有记载李白与玉真公主在敬亭山的这一段过往，但李白与玉真公主的确是有交集的，正是两人为彼此的才华惺惺相惜，才会演绎出这段寄托了民间情感的凄美的传说故事。

四、别有深意的“众鸟”与“孤云”

诗的前两句“众鸟高飞尽，孤云独去闲”往往被看作是单纯的写景，以衬托李白的孤独感。从字面上理解，是这样的，天上众多的鸟儿高飞远去，无影无踪，连仅有的一片孤云也不肯稍驻片刻，独自远远地飘走了，山中显得格外幽静。但是，结合李白当时所处的经历和背景来看，这里的“众鸟”和“孤云”别有深意，可以看作是他人生得意时围绕身边的各色人等。那时的李白，用他自己的话说就是“曾令龙巾拭吐，御手调羹，贵妃捧砚，力士脱靴”，何等的风光，身边自然也是宾客如云，高朋满座。而如今，诗人早已不复当年风光，诚如他自己所言“我本不弃世，世人自弃我”。曾经簇拥在身边的宾朋如众鸟般散尽，不见踪影，连那些曾经如“孤云”般自视清高的朋友也一一离他而去。此时的李白，大有世间万物皆厌之弃之的悲凉与孤独感。

正是承接着前两句，三、四两句“相看两不厌，只有敬亭山”更显现出诗人独有的浪漫精神。寥寥两句，就将敬亭山生动地人格化、个性化了。尽管鸟飞云去，敬亭山却还是一如既往地秀美宁静，与诗人久久凝望，含情脉脉。此时此刻，李白面对敬亭山无需言语，心里已经舒缓顺畅。“两不厌”，表现了诗人与敬亭山感情上的默契。“只有”，并不意味着太少，相反恰恰体现出李白“人生得一知己足矣”的骄傲与满足，这也正是此诗的绝妙之处。

五、人杰地灵的宣城

敬亭山位于安徽宣城。宣城山清水秀，人杰地灵，因地处江南，自古便有“南宣北合”一说。自西汉设郡以来，已有2000多年的历史。宣城自西汉起就是名副其实的江东大郡，晋永嘉年间，首开文化昌盛之风，历经六朝，文脉延绵不绝。文房四宝文化、徽文化、诗词文化、宗氏文化等并存共荣，素有“宣城自古诗人地”“上江人文之盛首宣城”之称。敬亭山更被誉为“江南第一诗山”，不仅谢灵运、谢朓多次登临作诗，诗仙李白更是情有独钟，七次登临，写诗吟咏。而宣城更是李白人生游历中的重要坐标，李白留存的诗作中，有五十多首诗提到了宣城，可见对其影响之深。此外，杜牧、王安石、文天祥等文人墨客也曾游历宣城。宣城还是中国四大名笔之一宣笔和文房四宝之一宣纸的发源地。其著名景点还有因李白《赠汪伦》一诗而驰名天下的桃花潭。

（一）流淌着贵族血统的宣笔

中国毛笔的使用历史悠久，毛笔不仅是一种书写工具，也是一种艺术收藏品。自唐宋以来，人们逐渐推选出四大名笔，分别为：宣笔、湖笔、水笔、散卓笔。其中宣笔即出产自宣州泾县。关于宣笔的由来，自古就有蒙恬造笔的说法。唐代韩愈在其著作中曾有记载，公元前 223 年，秦国大将蒙恬率军南征伐楚，行军至中山地区（即宣城境内）时发现此地的兔子毛质优良，毛长柔韧，特别适合制作毛笔，于是蒙恬便以竹管为笔杆，以兔毛（又称紫毫）为笔头制作毛笔，这便是宣笔的鼻祖，史称“蒙恬笔”。

唐宋时期，是宣笔发展的鼎盛时期，宣州城成为了毛笔的制作中心。宣笔的制作一向以选料严格、精工细作著称。据考证，制作上乘的宣笔所用之兔毛，应为秋天所捕获的成年雄性毛兔之毛，而且只能选其脊背上一小撮黑色弹性极强的双箭毛。这种雄性毛兔长年在山涧野外，专吃野竹之叶、专饮山泉之水。只有这样的兔毛所制成的毛笔才能达到尖、齐、圆、锐的要求，也才能被书画大家视为“掌上明珠”，称为“珍宝”。用来做宣笔的兔毛又称为紫毫，紫毫之珍贵，有唐代大诗人白居易《紫毫笔》诗为证：“江南石上有老兔，吃竹饮泉生紫毫，宣州之人采为笔，千万毫中拣一毫，每年宣城进笔时，紫毫之价如金贵。”不仅如此，兔毛（紫毫）之珍贵更有唐律为证。唐律中把“宣笔”列为“贡品”，并作出“岁贡青毫六两、紫毫三两”之明确数量规定。用两为计量单位，且只有六两和三两在唐律所列出的“贡品”中堪称极致。所以，唐宋时期，宣笔能作为“贡品”，为皇帝的御用之物，就不足为怪了。

（二）千金难买的宣纸

文房四宝中的“纸”，特指宣纸。宣纸是中国独特的手工艺品，具有质地绵韧、光洁如玉、不蛀不腐、墨韵万变之特色，享有“千年寿纸”的美誉，被誉为“国宝”。用宣纸题字作画，墨韵清晰，层次分明，骨气兼蓄，气势溢秀，浓而不浑，淡而不灰，其字其画，跃然纸上，神采飞扬，飞目生辉。宣纸是中国传统的古典书画用纸，“始于唐代，产于泾县”，因为泾县在唐代时隶属于宣州，所以称宣纸，已有1500余年历史。

宣纸与宣笔一样，也是皇帝御用的贡品。据《旧唐书》记载，唐代天宝年间，江西、四川、皖南、浙东都产纸进贡，而宣城郡的宣纸尤为精美。据《新唐书·地理志》和《唐六典》记载，可以推断出，唐朝时，宣州所产的宣笔和宣纸都是当朝贡品，而且冠名全国。南唐后主李煜曾亲自监制的“澄心堂”纸，“肤如卵膜，坚洁如玉，细薄光润，冠于一时”，是宣纸中的珍品。

（三）桃花潭边有故事

《赠汪伦》是李白著名的赠别诗，全诗如下：

李白乘舟将欲行，忽闻岸上踏歌声。
桃花潭水深千尺，不及汪伦送我情。

作为送别地点的桃花潭，正是位于宣城泾县境内。汪伦是唐朝宣州（今安徽省宣城）人，相传此人生性豪爽，是个喜欢结交名士、仗义疏财的雅士。汪伦曾经做过县令，与当时的大诗人王维、李白等都有书信往来，其中与李白更为交好。除《赠汪伦》外，李白还曾经作《过汪氏别业二首》，其中“别业”就是别墅的意思。在诗中，李白不仅描写了汪伦的别墅环境优雅，而且描写了汪伦对自己的盛情款待，以及汪伦的风情雅趣，可见李白对其之情意深厚。

关于《赠汪伦》一诗的由来，有个有趣的民间传说。汪伦爱慕风雅，对李白非常钦慕，一次偶然的机会得知李白将要游历安徽的消息。于是他决定邀李白前来游玩。可是，自己是个无名之辈，怎么才能请来大诗人李白呢？那时，所有知晓李白的人，都知道他有两大爱好——喝酒和游历，只要有好酒，有美景，李白就会欣然前往。于是，汪伦便写了这样一封邀请信：“先生好游乎？此地有十里桃花。先生好饮乎？此地有万家酒店。”李白收到信后，激动不已，真是踏破铁鞋无觅处，得来全不费功夫，十里桃花万家酒店，这不就是自己心心念念的地方吗？于是，李白十分兴奋地改变原来的行进计划，直奔泾县而来。汪伦听说李白来了，自然是激动万分，立刻前去迎接，盛情款待。酒席间，当李白谈到信中的绝美风景时，汪伦不好意思地对李白说：“先生，我想告诉您一个秘密。我说的十里桃花，其实是我们这里潭水的名字，叫桃花潭，方圆十里，但并没有桃花。而我说的万家酒店，是我们村老万家开的酒店，并不是真的有一万家酒店。我不是存心要骗先生，之所以这么说，是因为仰慕先生的诗名和人品，但又担心先生嫌我粗鄙，不肯前来，还请先生原谅。”李白听罢，哈哈大笑，对汪伦更是刮目相看。此后二人吟诗作对，成为挚友。临行前，汪伦赠予李白马匹和丝绸等很多珍贵礼物，还用宣城当地特殊的送别方式——踏歌为李白送行。李白上船后，望着岸上为自己踏歌送行的汪伦，非常感动，于是为这样一位风雅真诚、仗义疏财的好朋友写下了千古名作——《赠汪伦》。

第10讲 《送元二使安西》

——为什么是阳关

导语

这是一首送别诗里的千古名作，里面暗含玄机。人称“诗佛”的王维，如何开启了自己的佛性人生？送别好友之际，春回渭城，万物复苏，诗人为何独写柳树？一杯送别酒，蕴含着何等深情？一首诗中的三个地名，今天可安在？诗人为何要说“西出阳关无故人”？这首经典名诗又如何成就了一首经典名曲？

| 送元二使安西 |

（唐）王维

渭城朝雨浥轻尘，客舍青青柳色新。

劝君更尽一杯酒，西出阳关无故人。

古诗揭秘

一、王维的佛性人生

（一）“诗佛”因何而来

王维，字摩诘，这个字的来历与其他人有所不同。众所周知，古人的名和字是相辅相成的，比如李白，字太白，太白是为了说明“白”的来历；杜甫，字子美，子美是为了说明“甫”是个美男子，而且有才华。那王维的字

"摩诘"作何解释呢？这要从王维的家庭说起。王维的母亲是个信佛之人，最崇拜的是佛教中的维摩诘菩萨，维摩诘是菩萨的法号，因此王维的母亲就用"偶像"的名字给孩子起了名。后来，少年丧父的王维在母亲的影响下，对佛教产生了浓厚的兴趣，钻研至深，有"诗佛"之称。

（二）系出名门，幸遇伯乐

王维出身于太原王氏，不仅是王氏家族中最有名的一支，更是唐代"五姓七家"之一。他的母亲则出身于当时的另一大望族——博陵崔氏。因此，我们说王维家庭背景显赫也并不为过。并且，王维的家人颇具修养，在音乐、诗文、绘画方面皆有不俗的表现。王维的祖父曾任朝廷乐官，王维从小便极具音乐天赋，一手琵琶更是远近闻名；王维的父亲在诗文创作方面有所建树，王维自小便在父亲的教导下写诗创作；而王维的母亲擅长绘画，其艺术修养之深在王维的水墨画中可见一斑，这种艺术的熏陶，同样影响了王维的诗文创作，苏东坡曾用"诗中有画，画中有诗"来形容王维的诗。

年轻的王维才华横溢，十五岁时就在京城小有名气，二十岁时进士及第，更是名噪一时。薛用弱《集异记》中记载："王维右丞，年未弱冠，文章得名，性闲音律，妙能琵琶，游历诸贵之间，尤为岐王之所眷重。"在众多达官贵人中，王维尤其受到唐玄宗弟弟岐王的赏识。开元九年（公元 721 年），岐王欲将王维引荐给当时权势倾天的玉真公主。一日，岐王让王维身着华服，带着琵琶来为公主奉宴。起先，公主被王维的俊朗姿容所吸引，后来，待到王维一曲动人的《郁轮袍》弹罢，公主不禁感叹："此人甚懂音律！"于是岐王趁热打铁，将王维的诗文献给玉真公主，想要一展王维的才华。果然，公主看罢，对王维的才学倍加称赞，对王维说："倘若你要应举，我当全力举荐。"于是，王维一举登第，成为当年的解头。

（三）仕途波折，终归山水

进士及第后，王维步入官场，担任太乐丞一职。与王公贵族交往甚密且自身颇具才干的王维，仕途却走得并不顺利。很快，因"黄狮子舞"事件，唐玄宗大怒，将王维从太乐丞贬为济州司仓参军，但王维似乎并不在意，索性辞去官职，漫游吴越去了。这是王维波澜起伏的人生中第一次比较大的波折。

漫游吴越期间，王维的结发妻子突然因难产去世，给了他极大的打击。悲痛之余，王维意识到生命无常，高官厚禄乃身外之物，人生真正的意义并非在此。过了几年，张九龄官任宰相，提拔王维做了右拾遗，王维的政治生命似乎又有了转机。然而，一场由安禄山、史思明主导的"安史之乱"的爆发，致使唐朝国运由盛转衰，乱局之中，王维先后做了两次俘虏。虽然最后战乱平定，王维也得以再次回到官场，但经历了数次波折的王维更加清醒地认识到宦海浮沉，并非人所能掌控，对功名利禄看得更加淡薄。虽在朝为官，但心开始修行，过上了半官半隐的生活。

到了晚年，王维听从内心的呼唤，隐居在辋川别业，每日弹琴、吟诗，日子过得简单而快乐，这种宁静、淡然的心境在《竹里馆》《山居秋暝》《鹿柴》《鸟鸣涧》等诗中体现得淋漓尽致。

二、为何以柳送别?

在古代的送别诗中，经常会出现"柳"这种植物，"柳"是送别诗中常见且典型的意象，《送元二使安西》中就有"客舍青青柳色新"一句。柳是春天的象征，韩愈《早春》诗中有"最是一年春好处，绝胜烟柳满皇都"的千古名句，将柳树作为春日美景的代表，有了柳树，才有了皇城的生机勃勃。志南《绝句》中的"沾衣欲湿杏花雨，吹面不寒杨柳风"，则借杨柳来表达自己对春天的爱恋。正是基于此，古代诗人对"柳"情有独钟。而送别诗中的"柳"，不仅点明了季节，而且另有深意。从音律的角度看，"柳"与"留"发音相似，故古人常借"柳"来表达对即将分别的人的依依不舍之情，它象征戚戚离愁，渲染悠悠别韵。孟郊《古离别》中的"杨柳织别愁，千条万条丝"，柳永《雨霖铃》中的"杨柳岸，晓风残月"都是古代带有"柳"的经典送别诗句。

"折柳赠别"是颇具格调的中国古代传统送别形式。每至亲友远离，送行者往往折柳相送，以表惜别之情和祝福之意，这种独特的送别方式在众多文人墨客的作品中颇为多见。从柳树本身来说，作为中国古老的原产树种之一，柳树生命力极强，插土即活，民间就有“无心插柳柳成荫”的说法。《太平御览·木部》记载柳：“断植之更生，倒之亦生，横之亦生，生之易者，莫若斯木。”所以，古人送别时，从路边生机盎然的柳树上折一枝柳条相送，就是希望远行人能像柳树一样，尽快适应新环境，随遇而安。此外，生命力极强的柳树还被当成中国人的“护身符”。在古人眼中，桃枝、柳枝皆具驱鬼功能，插柳戴柳可以消灾辟邪。北魏贾思勰《齐民要术·种柳》曰：“正月旦，取柳枝著户上，百鬼不入家。”可见，分别时折柳相送，就是祈祷远行人一路平安。

先秦时，柳树已与出行有了文学上的关联，被赋予了一种感情。《诗经》中“昔我往矣，杨柳依依；今我来思，雨雪霏霏”算是以柳诉别的鼻祖。到了汉代，“折柳赠别”逐渐流行起来。据古籍《三辅黄图》记载：“灞桥在长安城东，跨水作桥，汉人送客至此桥，折柳赠别。”灞桥作为当时有名的送别地点，常常可见令人肝肠寸断之景，李白《忆秦娥》中就有“年年柳色，灞桥伤别”的句子。所以《开元天宝遗事》中有这样的说法：“长安东灞陵有桥，来迎去送，皆至此桥，为离别之地。故人呼之为‘销魂桥’。”“折柳赠别”的风俗在隋唐时期达到鼎盛。含“柳”的送别诗也层出不穷。除了王维《送元二使安西》这样的千古名作外，还有一位无名氏诗人的《送别诗》也别有韵味：“杨柳青青着地垂，杨花漫漫搅天飞。柳条折尽花飞尽，借问行人归不归？”将折柳送别的场面与离人心绪写得跃然纸上，生动淋漓。

三、劝君更尽一杯酒

酒文化是中华民族传统文化中的重要组成部分，从历朝历代的作品中，我们可以看到酒被赋予了诗人丰富的情感，具有独特的意蕴。有传递感情之酒，有烘托气氛之酒，也有消除忧愁之酒，更有离别饯行之酒。《送元二使安西》中“劝君更尽一杯酒，西出阳关无故人”一句，诗人寄情于酒，表面写诗人频频举杯劝酒，主客酒过多巡，但仍想劝客人再饮一杯，实则在杯中蕴含了千言万语，既有诗人对朋友即将西出阳关、备尝艰辛的深情体贴，也有欲借酒挽留好友多留片刻之意，更有分手后两人不知何时才能相见之痛。

除了王维，李白也有把盏送别的豪情。他最有名的“酒别诗”当属《金陵酒肆留别》，全诗如下：

风吹柳花满店香，吴姬压酒唤客尝。
金陵子弟来相送，欲行不行各尽觞。
请君试问东流水，别意与之谁短长。

李白年轻时，广泛结交，仗义疏财，豪放洒脱，气吞如虎，这种“千金散尽还复来”的气势，使得他在金陵的送别会犹如英雄会。所以，这首送别诗没有过多地渲染离愁别绪，更多的是借酒抒怀，表现了一场意气风发的少年壮行。

四、为什么是“阳关”？

（一）三个有故事的地名

在《送元二使安西》中，出现了三个古代的地名，分别是安西、渭城和阳关。这三个地名分别指的是哪里？为何诗人会说“西出阳关无故人”？

诗中，王维送别的好友要离开京城，出使安西。这位好友姓元，因在家中排行老二，于是被称为“元二”。安西是唐代为统治西域地区而设立的安西都护府，在今天新疆的库车境内（龟兹城）。从长安到安西，路途遥远，条件艰苦，并且中原人与西域人在生活习惯、文化风俗上皆有很大的差异。所以，王维深知元二此行充满了未知与挑战，于是在渭城即咸阳古城为好友摆酒送行，希望好友一路顺风，安全抵达。王维频频举杯，劝元二多喝几杯故乡的离别酒，因为西出阳关，就再也看不到老朋友了。那么，阳关究竟是何地，能让王维发出如此感慨？原来，阳关地处河西走廊的尽头，在今天的甘肃敦煌。在古代，阳关是通往西域的必经之地。据史书记载，“阳关”最早是作为地理坐标而出现。《汉书·西域传》云：“西域孝武时始通，本三十六国，其后稍分至五十余，皆匈奴之西、乌孙之南，南北有大山，中央有河，东西六千余里，南北千余里，东则接汉，阸以玉门、阳关，西则限以葱岭，其南山东出金城，与汉南山属焉。”可见，作为自然地理的标识，“阳关”设立于汉朝，并成为分界汉土与西域的一个方位符号。所以，“西出阳关”意味着走向茫茫大漠，走向穷荒绝域，意味着从此再也听不到熟悉的乡音，看不到熟悉的朋友。这一切，对于远行者而言，既有一种征服西域的豪壮之情，也不乏前路茫茫的恐惧与孤独；对于送行者而言，则既有对朋友远行困苦的担忧，也满含着希望朋友前路珍重的美好愿望。

（二）唐诗中的“阳关”

从敦煌西行，出玉门关、阳关便进入西域。对于中原地区来说，玉门关、阳关是通向西域的两个关卡。两关地理位置独特，在军事战争和对外交往中发挥着关键作用，因此在唐人心目中颇具地位。唐诗中对于阳关的描写多有其特殊意义，大多与丝绸之路、边塞战争以及对外交往等内容相关。唐朝的著名诗人岑参、钱起和杜甫，皆有描写阳关的诗作存世。

岑参在《寄宇文判官》中，先言在阳关的蹉跎岁月及艰苦、单调的工作环境，再以头发斑白来表明对友人，亦是对家乡的思念，诗中有云“二年领公事，两度过阳关”。钱起在《送张将军征西》中，借张将军西征来想象其边境地区的激战，阳关成为战场。最后祝将军杀敌立功，早日凯旋，诗中有云“战处黑云霾瀚海，愁中明月度阳关”。杜甫则以一首《送人从军》勉励朋友建功立业，阳关成为沙场征战、赤胆豪情的代名词，诗中有云“弱水应无地，阳关已近天”。可见阳关在诗人心中的独特地位。

（三）一首名诗成就一首名曲

“和乐而作，入乐而唱”是中国古代诗歌的特色之一。因此，《送元二使安西》一经传唱，迅速成为唐代最为流行的送别曲。因为送别之地在渭城，所以又称《渭城曲》。在传唱的过程中，因“西出阳关无故人”一句撼人心魄，所以歌者反复吟唱，充分表达出千回百转的惜别之情，于是，这首曲子又被命名为《阳关三叠》，成为中国古典乐曲中的经典之作。

在唐朝，吟唱“渭城”“阳关”几乎成为一种时尚。时至今日，我们仍可以从许多诗人的作品中略见一斑。刘禹锡在《与歌者何戡》中写道“旧人唯有何戡在，更与殷勤唱渭城”，白居易在《对酒》中说“相逢且莫推辞醉，听唱阳关第四声”，李商隐在《赠歌妓》中写道“红绽樱桃含白雪，断肠声里唱阳关”，等等。在这些唱诵“阳关”的诗歌里，既有承自王维诗歌的离别之伤，也有感慨自己怀才不遇的落寞之情，更有为国赴边成就梦想的豪情壮志。

第 11 讲 《马诗》

——盘点古时“明星马”

导语

有着皇室血统、少年成名的李贺，不到二十七岁就溘然长逝。他经历了怎样短暂而动荡的人生？一首《马诗》，暗喻着作者怎样的人生理想？年纪轻轻的李贺缘何被称作“诗鬼”？“燕山”指的是哪座山？古人为何偏爱马？“金络脑”又是何等神器？中国古代有哪些青史留名的“明星马”？

| 马诗 |

（唐）李贺

大漠沙如雪，燕山月似钩。

何当金络脑，快走踏清秋。

古诗揭秘

一、血统高贵的短命诗人

（一）宗室子孙

李贺生于唐德宗贞元六年（公元 790 年），是唐宗室郑王的后裔，属于唐宗室的远支。武则天执政时大量杀戮高祖子孙，到李贺父亲李晋肃时，早已家道中落，门庭衰败。虽然家道衰落至此，与郑王的血缘关系也被各种因素稀释得所剩无几，但李贺对自己有皇室血统这一点仍十分自豪。他经常自称

“唐诸王孙李长吉”“宗孙不调为谁怜”“为谒皇孙请曹植”等，彰显自己的皇室血统。

（二）呕心沥血

李贺自小就是令人羡慕的“别人家的孩子”，聪明且努力。小小年纪就聪颖过人，七岁能诗，八岁能文，是远近闻名的神童。不仅如此，李贺还极其刻苦。李商隐在《小传》中写道：“恒从小奚奴，骑距驴，背一古破锦囊，遇有所得，即书投囊中，及暮归，太夫人使婢受囊出之，所见书多，辄曰：‘是儿要当呕出心乃已耳！’”李商隐的这段话翻译成白话文就是：李贺每天早上骑着毛驴，出门寻找写诗的素材和灵感，将路上的所观所感用笔记录下来，投到书童的背囊中，作为日后写诗的素材，到了晚上才回家。因为李贺自小体弱多病，所以晚上一回家，母亲就会让奴婢将他书囊中的纸片倒出来，看见纸片太多，母亲担心李贺的身体，便嗔怪：“你这孩子，这是要把心呕出来才肯罢休吗！”而这就是“呕心沥血”这个成语中“呕心”一词的由来。

由于聪明又努力，李贺在十五岁时就已经誉满京城了。

（三）贵人相助

唐朝安史之乱后，由于藩镇割据，国家动荡不安。在文学方面，这时的文风极度浮夸，只追求词藻的堆砌，文章内容空洞。于是韩愈、柳宗元等人发起了一场“古文运动”，要求效仿先秦和汉朝的散文。此时韩愈在文坛和政坛的地位都甚高，每天都有络绎不绝的人拿着诗文前来拜访，希望得到他的赏识和提拔，每天应付这些人让韩愈疲惫不堪。这一天，韩愈刚刚会见完前来拜谒的人，正准备休息，又有一位年轻人拿着作品前来拜访。韩愈有点不耐烦，这样的作品集他每天看的不计其数，真正能让他眼前一亮的寥寥无几。他随手将诗卷往桌上一搁，本不抱什么期待，但出于责任感和诗人敏锐的直觉，他又用余光扫了一眼。这一扫不要紧，他睡意全无，立即将这位年轻人请了进来。而这位让大文豪韩愈击节叹赏的年轻诗人，正是李贺。这首令韩愈惊叹不已的诗篇便是李贺的代表作之一——《雁门太守行》，全诗如下：

黑云压城城欲摧，甲光向日金鳞开。
角声满天秋色里，塞上燕脂凝夜紫。
半卷红旗临易水，霜重鼓寒声不起。
报君黄金台上意，提携玉龙为君死。

从此，韩愈对李贺刮目相看，大加赞赏。凭借韩愈的鼎力支持，李贺信心大增，准备在仕途上一展身手。

（四）仕途失意

就在李贺准备趁热打铁，抓住时机考取进士之时，一场意外打破了他的计划——他的父亲病故，他必须回老家服丧三年。命运弄人，就这样，李贺第一次入仕失败。元和五年（公元 810 年），服丧期满，踌躇满志的李贺参加河南府试，一举中第，准备年底赴长安应进士举，此时的他仅二十一岁。可是李贺的入仕之途再次遭到重创，嫉妒他才华的竞争者散播流言，说李贺父名“晋肃”，“晋”与“进”犯“嫌名”。这显然是荒唐的谣言，韩愈深知李贺极有才华，又目睹李贺被人陷害，十分愤怒，立即作《讳辩》为李贺鸣冤：“父名晋肃，子不得举进士；若父名‘仁’，子不得为人乎？”意思是：父亲的名叫“晋肃”，儿子不能考取进士；那如果父亲名叫“仁”，儿子还不能当人了吗？虽然得到韩愈的声援，但结局并没有任何改变，李贺不得不离开试院。未能参加进士考试，对李贺来说，无疑是一次沉重的打击。

元和六年（公元 811 年）五月，李贺又返回长安，经宗人推荐、考核后，承蒙父荫，谋得了一个九品的“奉礼郎”职位。话说“九品芝麻官”，李贺谋得的官职地位极低，并没有真正得到一个施展自己抱负的政治舞台。为官三年间，李贺亲身经历、耳闻目睹了许多事情，同时也结交了一批志同道合的朋友，对社会现实也有了更深刻的认识。在这段时期，他增长了见识，在诗歌领域也收获颇丰，创作了一系列反映现实、鞭挞黑暗的诗篇。姚文燮在《昌谷诗注序》中评价李贺的诗文“深刺当世之弊，切中当世之隐”。

(五）英年早逝

二十六岁那年，仕途不顺的李贺进行了最后一次努力——参军。那时的唐朝正处于藩镇割据、国家动荡的时期。政坛没有李贺的一席之地，于是他来到潞州，投奔韩愈的侄女婿张彻，准备一起平叛乱贼，在沙场上一展抱负。但由于朝廷软弱，藩镇跋扈，他所在的部队由于种种原因一直遭受种种冷遇和排挤，三年之后，将帅请辞，张彻也返回了长安，行伍解体，李贺的最后一点幻想也破灭了。

一向体弱多病的李贺经过这几年的奔波，身体已经严重吃不消。之后他一直高烧不退，经常出现幻觉，在他的诗里也频频出现鬼灯、秋坟、冷烛等物象。元和十二年（公元 817 年），李贺因病重回昌谷，开始整理所存诗作，交由自己的好友沈子明，不久便病卒，年仅二十七岁。

二、“诗鬼”李贺“鬼”在哪?

李贺的一生极其坎坷，仕途的失意、多病之身以及内心的苦闷无法得到排解，只能将憋屈与不甘寄托在诗里。李贺的诗文题材多样，既有反映社会现实的借古讽今题材，又有不甘沉沦、积极进取的发愤抒情题材，还有极尽诡谲绮丽的浪漫主义题材，如《李凭箜篌引》，全诗语言奇峭浪漫、清丽璀璨，想象奇特，极尽奇丽谲幻之观，全诗如下：

吴丝蜀桐张高秋，空山凝云颓不流。
江娥啼竹素女愁，李凭中国弹箜篌。
昆山玉碎凤凰叫，芙蓉泣露香兰笑。
十二门前融冷光，二十三丝动紫皇。
女娲炼石补天处，石破天惊逗秋雨。
梦入神山教神妪，老鱼跳波瘦蛟舞。
吴质不眠倚桂树，露脚斜飞湿寒兔。

当然他的神仙鬼魅题材更是为后世所称道。他的诗中多神仙鬼怪，语言奇特、阴冷、诡异，如《南山田中行》“鬼灯如漆点松花”，《秋来》“秋坟鬼唱鲍家诗，恨血千年土中碧”，《神弦曲》“百年老鸮成木魅，笑声碧火巢中起”等，诗中多用到鬼、坟、泣、恨、死等字，读来令人心惊胆落，毛骨悚然。由于其语言多阴冷、鬼魅之调，因此李贺被后世尊称为“诗鬼”，与李白、李商隐并称“唐代三李”。

三、古人为何偏爱“马”？

在中国文化里，“马”是个重要的文化符号。在古代，马是行旅代步、农牧生产、交通运输、邮驿传递和战争博弈等的重要工具，同时，马也对中华文明的形成和发展发挥了重要作用。

（一）伯乐与千里马

传说中，天上管理马匹的神仙叫伯乐。在人间，人们便也把善于鉴别马匹优劣的人称为伯乐。第一个被称作伯乐的人本名孙阳，是春秋时期的相马高手。

有一次，伯乐受楚王之托，去寻找能日行千里的骏马。伯乐苦苦找寻，可在素以盛产名马闻名的燕赵一带也一无所获，毕竟要找到一匹日行千里的骏马实在不易。一天，伯乐从齐国返回，在路上偶遇一匹拉着盐车的马，很吃力地在陡坡上行进。骨瘦如柴的马一见到伯乐就突然大声嘶鸣，似乎有话要对伯乐诉说。伯乐上前仔细观察，认出了这是一匹千里马，于是将这匹马从驾车人手上买下来，牵马来到楚王宫。楚王一见这匹马，不由得勃然大怒，认为伯乐在愚弄他。伯乐立即上前解释说，这确实是一匹千里马，只不过先前在农人手上没有得到精心饲养，只要好好喂养，一定会恢复体力，驰骋沙场。楚王听完便命马夫尽心尽力把马喂好，果然，不出半月，马变得精壮神骏。楚王策马扬鞭，但觉两耳生风，一会儿马已跑出百里之外。后来千里马为楚王驰骋沙场立下赫赫功劳。

韩愈在《马说》中感慨："世有伯乐，然后有千里马。千里马常有，而伯乐不常有。" 正是如此，在中国的古典诗词中，处于人生低谷的诗人，常以千里马自喻，以表己哀，感叹生不逢时，空有一身本领抱负却无人赏识。

（二）谁人识我千里马？

李贺是中国古代写"咏马诗"最多的诗人之一，一生写过八十多首马诗，这与他坎坷的仕途经历不无关系。所以，他常以千里马自喻，渴望能遇上伯乐，一展雄姿，建功立业，实现自己的抱负。其中最为世人称道的，便是《马诗》（其五）：

大漠沙如雪，燕山月似钩。
何当金络脑，快走踏清秋。

大漠边疆自古以来就是将士征战的地方，也是骏马得以施展才能的场所。只有真正的千里马才能驰骋沙场，辅助君主建立伟业。诗中之马，显然是一匹在大漠中摩拳擦掌，时刻准备出征的骏马。前两句写景，连绵的沙漠在月光的映照下就像铺撒了一层皑皑的白雪；连绵的燕山山岭上，一弯明月当空，似是辅助将士杀敌的得力武器。诗的前两句写出了边疆战场对于将士无限的吸引力，就连夜空悬挂的月亮都像是征战沙场的武器。

后两句"何当金络脑，快走踏清秋"，李贺运用反问，表达了千里马想要征战沙场、英勇杀敌的急切心情。"何当"二字以及"快""踏"形象地传达出千里马的渴望与自信，表现出骏马的豪壮英勇之姿。很显然，此处李贺是借马抒情，借马言志，热切地表达了自己的人生理想，即希望自己有朝一日能像战马那样清秋快走，万里疾行，驰骋沙场，建功立业。

所以，《马诗》可以看作是诗人复杂心灵世界的集中呈现，寄寓着诗人的政治追求与人生理想。李贺以马自喻，渴望实现自己壮丽的梦想，也抒发了怀才不遇的感叹和愤慨。正如清代诗评家王琦的评价——"言马也而初意不在马也"。

（三）何谓“金络脑”？

李贺在第三句时发问“何当金络脑”，金络脑又是何物呢？其实络脑就是马笼头，金络脑就是用黄金做成的马笼头。只有真正有实力，受到主人重用的好马才会被戴上金络脑，驰骋沙场。同样的表达还出现在李贺《马诗》（其一）中：

龙脊贴连钱，银蹄白踏烟。
无人织锦韂，谁为铸金鞭。

“锦韂”“金鞭”也同“金络脑”一样，都是贵重鞍具，象征着马受到重用。诗人借马之名，写马佩戴上名贵的鞍具，在战场上飞驰，实际上是希望自己能得到明君重用，身披盔甲，脚踏骏马，建功立业。

四、神秘燕山

李贺在诗中描绘了沙场的景致：“大漠沙如雪，燕山月似钩。”在中国的很多边塞诗词中，都提到“燕山”或“燕然山”。那么，燕山究竟在何处？吴企明先生在《李贺集》中认为，燕然山是现在蒙古国的杭爱山。汉代起杭爱山在中国称为燕然山，位于蒙古高原的西北，离雁门关大约1800公里。杭爱山以北，中国人称为“极北”，基本上被视为蛮荒地带。《李贺诗选译》中注释：“燕山，此指燕然山，在今蒙古人民共和国境内。”《唐诗选》中也是如此注释：“燕山，这里指燕然山。我国西北是产马地区，‘大漠’、‘燕山’本是马的故乡。”唐代王维《使至塞上》中的“萧关逢候骑，都护在燕然”，宋代范仲淹《渔家傲》中的“燕然未勒归无计”，指的都是杭爱山。燕然山是古战场，曾在此爆发大规模军事冲突。封石燕然也一直是历代文人武将的英雄情结，李贺可能是借此典故表明心迹。

另外一种说法则认为其为燕山山脉。燕山是中国北部著名山脉之一，西起张家口万全和怀安境内的洋河，东至山海关，北接坝上高原、七老图山、努鲁儿虎山，西南以关沟与太行山相隔。在军事中也很有地位，古代与近代战争中，常常是兵家必争之地。燕山山脉是华北平原北部的重要屏障，是内蒙古高原和东北地区进入华北平原的必经之地。成吉思汗曾三次围攻金中都（北京），主力都是翻越燕山山脉。作者所处的贞元、元和之际，正是藩镇极为跋扈的时代，因此诗中的“燕山”极有可能暗示的是藩镇肆虐为时最久、为祸最烈的幽州蓟门一带。

连绵不断的燕山山岭之上，一弯明月当头朗照；月光之下，无边的沙漠就像铺了一层白皑皑的雪。这样的场面，放在一般的军士眼里是悲凉、悲壮、肃杀的，但对于战场有梦想的李贺，却有着异乎寻常的吸引力。在长期报国无门的李贺心里，沙场才是男儿应当去的地方，只有那里，才是英雄的用武之地。无论是蒙古国的杭爱山，还是在河北省的燕山，都是古时的兵家重地，无论是哪座山都表达出诗人渴望得到赏识，辅助君王建功立业的决心。

五、盘点古时“明星马”

谈到骏马对于行军作战的巨大作用，《后汉书·马援列传》有云：“行天莫如龙，行地莫如马。马者，甲兵之本，国之大用。”古往今来，多少骏马辅佐将士驰骋沙场，纵横杀敌，赤胆忠心，青史留名，今天我们就来盘点一下古时的“明星马”。

（一）赤兔

在古代名马中，排名第一的就是赤兔马。赤兔本名“赤菟”，能日行千里，夜走八百，是马中极品。赤兔马只在三国时期登场，是吕布的坐骑。从吕布出山便一直跟随在侧。吕布死后，赤兔马成了曹操的战利品，曹操又将它送给关羽，关羽死后，赤兔也绝食而死，是一匹义马。《三国演义》中有一首赞赤兔诗：

奔腾千里荡尘埃，渡水登山紫雾开。
掣断丝缰摇玉辔，火龙飞下九天来。

李贺也在《马诗》（其八）中描写了这匹天下第一马：

赤兔无人用，当须吕布骑。
吾闻果下马，羁策任蛮儿。

（二）的卢

的卢马为刘备的坐骑，能日行千里，是一匹不可多得的好马。然而好马还需伯乐识，刘备从张武手中夺下此马，准备献给刘表，然而刘表手下说"此马眼下有泪槽，额边生白点，名为'的卢'，骑则妨主"，吓得刘表立即将马退还给刘备。不过刘备仍对此马赏识有加，的卢也不负主人的赏识，在关键时刻背负刘备跳过宽数丈的檀溪，摆脱了后面的追兵，救了刘备一命，正是这一跳奠定了其三国名马的地位。

宋朝的辛弃疾曾在《破阵子·为陈同甫赋壮词以寄之》中赞美的卢马，进一步扩大了此马的名声，全词如下：

醉里挑灯看剑，梦回吹角连营。八百里分麾下炙，五十弦翻塞外声，沙场秋点兵。

马作的卢飞快，弓如霹雳弦惊。了却君王天下事，赢得生前身后名。可怜白发生！

（三）乌骓

"乌骓"出自《西汉演义》，在项羽时期号称"天下第一骏马"，是西楚霸王项羽的坐骑，此马背长腰短，四肢壮硕，通体乌黑，唯有四蹄雪白，因此也被称为"踢雪乌骓"，曾辅助项羽建立无数功勋。

相传楚汉战争时，项羽被韩信围困在垓下，夜晚韩信命将士高唱楚国的歌曲，致使项羽部下斗志全无，军心涣散。等到第二天逃到乌江边时，项羽部下仅剩二十余人。项羽自觉无颜见江东父老，于是自刎于乌江边。临死前，他把爱马乌骓送给了亭长，亭长带着它过江，但是忠于主人的乌骓自跳乌江而死。项羽败北之时，创作了这首《垓下歌》，抒发了无可奈何的悲愤心情：

力拔山兮气盖世，

时不利兮骓不逝。

骓不逝兮可奈何，

虞兮虞兮奈若何！

李贺《马诗》(其十)中也借乌骓表达出渴望明主赏识、为君所用的愿望：

催榜渡乌江，神骓泣向风。

君王今解剑，何处逐英雄？

(四) 绝影

绝影是曹操的坐骑，因其奔跑时速度极快，连影子都跟不上，所以取名“绝影”。曹操讨伐张绣时，张绣献城投降曹操，谁料其中有诈，曹操被打得措手不及，损失了儿子曹昂，侄子曹安民，大将典韦，还有这匹良驹绝影。当时绝影身上中了三箭竟仍能疾驰，最后被流矢射中眼睛才倒了下去。绝影在这一战中完成了它所有的使命。《三国志通俗演义》(即嘉靖本)卷4“曹操兴兵击张绣”这一回，就记载了这匹千里马，“却说曹操得典韦当住前门，乃得大宛马匹”，正文旁有小字注解：“此马即为‘绝影’，日行千里。”

第 12 讲 《芙蓉楼送辛渐》

——诗家天子的冰心一片

导语

被称为“诗家天子”的王昌龄，经历了怎样跌宕起伏的人生？他是在什么境遇下写出这首传唱千古的名作的？诗中的芙蓉楼今在何处？“一片冰心在玉壶”又有何深意？王昌龄仕途失意，却诗名远播，他的这首《芙蓉楼送辛渐》又与“圈内好友”的经典之作，演绎出怎样奇妙的诗坛佳话？

芙蓉楼送辛渐

（唐）王昌龄

寒雨连江夜入吴，平明送客楚山孤。
洛阳亲友如相问，一片冰心在玉壶。

古诗揭秘

一、仕途悲歌

作为唐朝边塞诗人的代表，王昌龄的前半生经历了深耕细作、嵩山学道、西北漫游和归隐田园。年近而立，王昌龄决意入仕为官，实现自己治国平天下的政治理想。始料未及的是，迎接王昌龄的竟是长达三十年的蹉跎岁月。他的后半生历尽坎坷，在官场中饱受非议，于乱世中屡次左迁。

王昌龄二十九岁进士及第，被授予秘书省校书郎的官职。在此无关紧要的职位上消磨了六七年的时光后，王昌龄不甘于此，三十四岁时参加博学宏词科考试，再次登第。本以为官运会出现转折，不料两次登第之后的王昌龄，仅被封为正九品下的汜水尉，三年后迁任江宁丞。

王昌龄虽热衷功名，但生性高洁，不随波逐流。他曾在《梨花赋》中托梨花的洁白言自己清正廉明之志。在鱼龙混杂、尔虞我诈的官场中，王昌龄难以适应，屡遭诽谤。公元 739 年，王昌龄因遭陷害而被贬岭南。次年，适逢朝廷大赦，王昌龄由岭南返回长安，随后被指派续任江宁丞。《芙蓉楼送辛渐》就是王昌龄出任江宁丞时期所作。

在江宁出任四年已是人生低谷，没想到竟灾祸接踵。《詹才子传》中记载，王昌龄"晚途不谨小节，谤议沸腾，两窜遐荒"。公元 748 年，王昌龄因事犯上，被贬至龙标，这对于官场失意的他来说无疑是雪上加霜。听闻王昌龄被贬，好友李白赋诗相赠，表达牵挂之情。此诗便是李白的名作《闻王昌龄左迁龙标遥有此寄》：

杨花落尽子规啼，闻道龙标过五溪。
我寄愁心与明月，随君直到夜郎西。

带着友人的担忧和牵挂，在距离长安千里之外的"遐荒"之地，王昌龄一驻留就是六年之久。《旧唐书》中如是评价："不护细行，屡见贬斥"。入仕之后两次被贬，王昌龄的后半生在希望与绝望中煎熬，就连生命最后的结局也令世人怅然。

《唐才子传》载：王昌龄"以刀火之际归乡里，为刺史闾丘晓所忌而杀。后张镐按军河南，晓衍期，将戮之，辞以亲老，乞恕，镐曰：'王昌龄之亲欲与谁养乎？'晓大惭沮"。这段文字以出其不意的方式，记录了王昌龄之死。公元 755 年，唐朝安史之乱爆发后，年将六十岁的王昌龄欲叶落归根，人归故里。没承想，在他路经亳州时，竟被亳州刺史闾丘晓杀害。史学家推断，闾丘晓杀害王昌龄，多半是因为嫉妒其旷世才华。闾丘晓在一年之后，因延误军机被张镐杖杀。临死之前，闾丘晓还以赡养父母为由向张镐求情，想借机免除一死。不料被张镐一言驳回，"王昌龄之亲欲与谁养乎？"间接道出闾丘晓的卑鄙无耻。闾丘晓万分沮丧，无言以对。张镐以一介武将的神勇和率直，惩奸除恶，告慰了王昌龄的在天之灵。

二、谁是“正品”芙蓉楼

芙蓉楼因为王昌龄的名作《芙蓉楼送辛渐》而名扬天下，至今仍是当代人缅怀王昌龄的去处。王昌龄饯别辛渐的这座“芙蓉楼”，其真正的地址一直以来都饱受争议。一说为江苏镇江芙蓉楼，一说为湖南洪江芙蓉楼。其实《芙蓉楼送辛渐》诗有两首，王昌龄采用倒叙的形式，此为其一，先写第二天早晨，作者在江边送别辛渐的情景；而第二首则写第一天晚上，作者在芙蓉楼为辛渐饯行，二人登楼酌酒，通宵畅谈的情景。将两首情节相连，芙蓉楼古迹的正解便一目了然。第二首全诗如下：

丹阳城南秋海阴，丹阳城北楚云深。
高楼送客不能醉，寂寂寒江明月心。

其一，《芙蓉楼送辛渐》作于唐朝开元二十九年（公元 741 年）前后，王昌龄当时出任江宁县丞，江宁正是如今南京、镇江一带。

其二，通过“吴”与“楚”两词可见一斑，诗人诉说身在三国吴地，天明可以望见楚山，而江苏镇江区域就曾是三国时期的吴国领地，可以推断出诗人当时应该是在今江苏镇江一带，回想起这曾是当年的吴国领地。《元和郡县图志》曾有记载：“其城吴初筑也，晋王恭为刺史，改创西南楼名万岁楼，西北楼名芙蓉楼。”直接验证了王昌龄于镇江芙蓉楼送别辛渐的猜想。

其三，第二首中，“丹阳城北楚云深”，丹阳指润州的丹阳郡，当时辛渐准备由润州渡江，取道扬州，北上洛阳为官，王昌龄送他到润州后分别，再次印证了王昌龄作此诗时是在今江苏镇江一带。

诗内诗外的历史线索自然而然地对应了起来，那么，王昌龄与辛渐作别的芙蓉楼无疑是今天登临可以俯瞰长江、遥望江北的江南芙蓉楼。而另一处芙蓉楼呢？它坐落在王昌龄曾被贬谪的湖南怀化洪江县，唐天宝十二年，王昌龄被贬为龙标尉后，另外修葺了一座芙蓉楼，作为饮酒赋诗、宴宾送客之地。

三、凄冷雨夜的送别日记

（一）诗中有画不诉离殇

诗作开篇便以一句“寒雨连江夜入吴”，将读者带入极具现场感的画面之中：夜幕降临，浩瀚的长江笼罩在烟雾之中，秋雨中裹挟着阵阵寒意，雨水洒落江面，在江中激起涟漪，远看像是和江水连在一起。

像是一篇送别日记，王昌龄开篇便交代完毕事件的时间、地点等。送别的时间——“夜”，当时的天气——“雨”，又以一个“寒”字点衬，那萧瑟寒意不仅弥漫在满江烟雨之中，更沁透在两位饯别友人的心头，荡气回肠。

诗中有画，王昌龄由诗人变身画家，妙就妙在第一句虽为写景叙事，却将听觉、视觉和想象联结起来，将一幅水天相连、浩渺迷茫的吴江夜雨图呈现于我们眼前。唐诗宋词中常见诗人们用“云”“雨”作为心境的写照，表达恨意和愁绪，句中的江雨夜色正是如此。字里行间，王昌龄对儿女情长只字未提，开篇的满纸烟雨却已不甚哀愁，于清冷中反衬出一种高远壮阔的境界。诗情画意，未诉离殇，却渲染出了离别时无尽的黯淡与凄凉。就算饯别也不失精神，这便是王昌龄自成高格的风骨与气度。

（二）楚山之下茕茕孑立

诗作的第二句“平明送客楚山孤”点明了送别主题：清晨时分送别友人，楚山形单影只，在烟雾中若隐若现。友人渐行渐远，只剩下诗人自己与楚山相对，越发感觉清冷寂寞。

楚山千百年来都立在此地，哪有什么喜怒哀乐？此句是王昌龄面山抒怀，望着辛渐远去的背影，感觉自己如楚山般孤独守望。于是，他运用拟人的手法，叙说楚山独自屹立，孤独寂寞，实际是将自己的心情投射于楚山，脑海中想象的是自己形单影只的样子，倾诉的是自己孤独无奈的心境。

（三）清流人生冰心一片

“洛阳亲友如相问，一片冰心在玉壶”，体现出了诗人不随波逐流永葆初心的铮铮傲骨。创作《芙蓉楼送辛渐》时，王昌龄正遭谤议，仕途陷入窘境。远离了年少时种田学道的生活，褪去了年轻时边塞诗人的荣光，王昌龄在当时唯一坚守的，就是入仕的理想，没想到竟一波三折，久不得志。因为好友辛渐要去洛阳为官，借着临别送行的机会，王昌龄嘱托辛渐见到自己的亲朋好友时，如若他们问起自己，请告诉他们：我的心像玉壶里的冰一样纯洁！面对生活的磨砺和仕途的坎坷，王昌龄作出“一片冰心在玉壶”的心灵独白，在当时纷繁浮华的人世间，可谓是一股清流。

除表面意义外，“冰心”与“玉壶”寓意颇深。王昌龄年少时曾学道，在道教的概念中，“冰心”即自然无为之心。引用到现实中的“冰心”，并非冷冰冰的心，而是寓意纯洁之心，古代人常把冰看作冰清玉洁的象征。比如，在《代白头吟》中，鲍照以“直如朱丝绳，清如玉壶冰”坦露清白之志；在《宋书·陆徽传·荐朱万嗣表》中，也以冰心赞扬奉公尽诚的良吏陆徽“年暨知命，廉尚愈高，冰心与贪流争激，霜情与晚节弥茂”。当代著名女作家谢婉莹也颇为欣赏王昌龄此句，为自己取笔名“冰心”。而“玉壶”也是道教的概念，同样指代自然无为的清净之心。唐人姚崇在《冰壶诫序》中写道：“夫洞澈无瑕，澄空见底，当官明白者，有类是乎。故内怀冰清，外涵玉润，此君子冰壶之德也。”

“一片冰心在玉壶”，临别托意，可谓一语双关。其一层意思，王昌龄经受诽谤，颠沛流离，离开洛阳很多年之后，此时此刻还能从清澈无瑕、澄空见底的玉壶中捧出一颗晶莹透亮的冰心告慰亲友，这不比任何报平安的口信都更能表达他对洛阳亲友的深情吗？其二层意思，面对不尽如人意的仕途生涯，王昌龄置以一片冰心来自明高志，以此自勉官位可降，初心不改，同时也是对那些诽谤他的小人的有力抨击，宣称自己一片冰心天地可鉴。

半生风雨，一生飘摇，王昌龄还如此笃定心志，将冰心玉壶的引喻用在这里，他那励志廉洁，不愿与世俗同流合污的纯洁心境便可想而知了。古往今来，其他表颂冰心玉壶之德的诗句还有：

金钗合有重逢日，留取冰心镇玉壶。——郁达夫《留别梅浓》

四、“边塞三子”的诗坛趣事

王昌龄有“诗家天子”“七绝圣手”的美誉，其七绝创作之功力非一般人所能及。这首《芙蓉楼送辛渐》颇具盛名，堪称王昌龄的送别诗之最。而与此诗有关的“旗亭画壁”的典故，也一直被后人津津乐道。

《集异记》中记载：“开元中，诗人王昌龄、高适、王之涣齐名。时风尘未偶，而游处略同。一日天寒微雪，三诗人共诣旗亭。贳酒小饮，忽有梨园伶官十数人登楼会宴。三人因避席偎映，拥炉火以观焉。因见诸姬歌诗，暗中定赛诗，若诗人歌词之多者，则为优矣。初，王昌龄已画壁二次，高适亦得一次。后王之涣终因《凉州词》黄河远上白云间博得头筹，遂皆欢喜。”

唐朝开元年间，王昌龄、高适和王之涣三位边塞诗人名望不相上下，三人常一同出游。一日，三人来到“旗亭”游玩，外面下起了小雪，天气很冷，便置备了酒菜打算小酌一番。恰巧有十多名梨园弟子在设宴歌唱，于是三人就在一旁边饮酒边观看。不一会儿，四位风姿绰约的歌姬来了，她们在演奏时下最流行的词曲，三人顿生兴致，秘密约定比赛，诗被选唱次数最多者为优胜。开始时，歌妓首选王昌龄的“寒雨连江夜入吴，平明送客楚山孤。洛阳亲友如相问，一片冰心在玉壶”。紧接着是高适的《哭单父梁九少府》，第三位歌姬则唱了王昌龄的《长信秋词五首》。王昌龄暂居首位，高适也被选中一次。最为年长且成名最早的王之涣很没有面子，便打趣道：“刚才的歌姬实乃无名之辈，唱的不过是泛泛之作。我的诗作如阳春白雪般高雅，岂是一般人唱得了的呢！”之后便指着样貌最为动人的一位歌姬说：“她唱之时，如若不是我的诗，我此生便不再与小弟同争！但要是唱了我的诗，恐怕二位小弟就要拜我为师了。”最终，那位歌姬一张口，果然是“黄河远上白云间，一片孤城万仞山。羌笛何须怨杨柳，春风不度玉门关”，这正是王之涣的《凉州词》。这场比赛落得一个皆大欢喜，王昌龄、高适二人对《凉州词》玩味一番，称赞“季凌兄一首《凉州词》为压轴之作，真真当之无愧”。三人开怀大笑。旁桌听闻笑声后甚是惊讶，便问“先生何故而笑？”三人将事情原委告知伶官们，伶官们惊恐有眼不识泰山，邀请三位诗人一同入座，三人爽快应下，于是大家开怀畅饮，欢聚一堂。

王昌龄、高适、王之涣三位诗人在下雪天围炉畅饮，聆唱赛诗，其乐融融，欢喜之至。此番逸闻被旁人叙之听之，口耳相传，诗与故事相映成趣，便有了“旗亭画壁”这一典故。无论王昌龄的《芙蓉楼送辛渐》，还是王之涣的《凉州词》，在当时都是炙手可热的诗作，可见诗人影响力之大。

第13讲 《咏柳》

——浙江首位状元的开挂人生

导语

《咏柳》的作者贺知章，不仅是唐朝著名诗人，还是浙江历史上有记载的首位状元。贺知章的人生堪称完美，从学业到职场，一路开挂，风光无限。那么，他是如何一步步走向事业巅峰又功成身退的？他又缘何收获圈内一众知己好友的集体高赞？为何他对柳树“情有独钟”？纤纤柳条在哪些诗人的笔下摇曳生姿？诗中的“春风”“柳树”在古诗词中又有何丰富意蕴？

| 咏柳 |

（唐）贺知章

碧玉妆成一树高，万条垂下绿丝绦。

不知细叶谁裁出，二月春风似剪刀。

古诗揭秘

一、贺知章的开挂人生

贺知章，字季真，初唐诗人，书法家。他为人旷达不羁，晚年自号“四明狂客”，世人对其亦有“诗狂”之誉。纵览其一生经历，堪称功成名就的典范。

（一）职场赢家

贺知章年少时即以诗文知名，可谓是年少成名。唐武后证圣元年（公元695年），贺知章状元及第，入朝为官，初授国子四门博士，后迁太常博士。他也是浙江史上第一位有记载的状元。

单凭状元的头衔，便足以看出贺知章才华出众。但中年入仕的他对功名利禄的追求少了几分急切，多了几分淡然。也许正因如此，贺知章虽一路稳步晋升，从礼部侍郎做到了太子宾客，但一直远离权力中心。就这样，贺知章在宦海沉浮中安稳度过了五十年。

天宝三载，八十五岁高龄的贺知章决定辞官回乡，这时他已经离开老家绍兴五十年了。唐玄宗听闻后，虽十分不舍，但考虑到贺知章时过年迈，便下诏应允。送别之际，唐玄宗亲自赋诗为其饯行："遗荣期入道，辞老竟抽簪。岂不惜贤达，其如高尚心。寰中得秘要，方外散幽襟。独有青门饯，群僚怅别深。"并且，专门为贺知章修建了一座"千秋观"供他居住。太子李亨则亲自率领文武百官，十里相送。这可谓贺知章一生中的巅峰时刻。后来，李亨即位，还追封贺知章为"礼部尚书"，可见对其评价之高。

（二）风流潇洒

贺知章风流潇洒，喜好饮酒。他还有个习惯，就是喜欢酒后骑马，类似于今天的"酒后驾车"。一次，贺知章酒醉后头晕眼花，骑在马上摇摇晃晃，一不小心掉进了枯井之中。这可吓坏了附近的路人，大家连忙上前查看贺知章怎么样了，结果围着井口却听见鼾声如雷。这可惊呆了众人，摔成这样还能睡着，怕不是酒仙下凡？一时间，此事在坊间迅速传开，传着传着就传到了杜甫的耳朵里，为此他还专门作诗来记述这件事："知章骑马似乘船，眼花落井水底眠。"大醉后居然在井底也能呼呼大睡，可见其潇洒之风。

（三）忘年挚交

贺知章交友广泛，朋友圈里皆是大咖，且不说诗仙李白，像张若虚、王维、孟浩然及陈子昂，随便一个就足以令人膜拜。贺知章还是初唐江浙一带四大才子“吴中四士”中的一员，也是“仙宗十友”中的老大哥，在杜甫所列的“饮中八仙”中亦有一席之地，可见贺知章人缘极好，颇受有才之士的倚赖。其中，最令人称羡的便是他与李白的忘年之交。

李白与贺知章相识之时，李白四十一岁，贺知章八十岁，两人相差近四十岁，可谓是实打实的忘年交。当时，贺知章在诗文、书法上皆有造诣，而且在朝廷中身居高位，而李白还只是个初出茅庐的无名之辈。因此，不论是在年龄上还是成就上，贺知章都可以说是李白的老前辈。

天宝初年，李白独自一人来到长安，二人在长安城的紫极宫相遇。对于贺知章的才学，李白早有耳闻，且对其十分崇敬。于是，李白连忙上前拜见，恭敬地将自己的诗呈给贺知章，希望能得其赏识，其中便有李白的千古名作《蜀道难》。贺知章读罢，惊叹不已，当即激动地称赞道：“你就是天上贬谪下来的仙人啊！”自此，李白有了“谪仙”的称号。

之后，贺知章又邀请李白至酒肆饮酒论诗，可到了酒馆才发现身上居然没带钱。情急之下，贺知章便掏出金龟，要用其换钱买酒。这金龟是当时朝廷官员佩戴在身上彰显身份的物件，其珍贵程度不言而喻。贺知章此举，让刚到京城不久尚无名气的李白大为感动，心里对贺知章更为感激，两人结为忘年之交。后来，贺知章四处宣传李白的才情，还“言于玄宗，召见金銮殿”，李白在京城中名声大噪。多年后，贺知章年老离世，李白怅然若失，回忆往昔间写下《对酒忆贺监二首》，借以纪念他与贺知章的深情厚谊，其一全诗如下：

四明有狂客，风流贺季真。
长安一相见，呼我谪仙人。
昔好杯中物，翻为松下尘。
金龟换酒处，却忆泪沾巾。

四百多年后的南宋，诗人楼钥在欣赏一幅贺知章的画像时，感慨于贺知章的慧眼以及贺李二人的友谊，于是提笔在画像上作了一首《题驾临李谪仙二像》。全诗如下：

不有风流贺季真，更谁能识谪仙人。
金龟换酒今何在，相对画图如有神。

（四）回乡偶书

在古代，素有“三十而立，四十不惑，五十知天命，六十花甲，七十古稀，八十耄，九十耋，一百期颐”的说法。细数唐朝诗人的寿命，王勃、李贺英年早逝，李白活到六十二岁，杜甫活到五十九岁……所以贺知章活到八十五岁，可谓古代数一数二的长寿诗人了。因此，不论是才名地位还是寿命，贺知章都是个不折不扣的人生赢家。如果要说他的一生有何遗憾的话，当是离家多年，晚年归乡之时，却发现早已物是人非，无人知晓。这一遗憾在两首《回乡偶书》诗中得以表达：

少小离家老大回，乡音无改鬓毛衰。
儿童相见不相识，笑问客从何处来。

离别家乡岁月多，近来人事半销磨。
唯有门前镜湖水，春风不改旧时波。

离别故乡五十载，声名显赫的贺知章回来了。在故乡面前，他没有夸耀京城的繁华、自己的成就，有的只是对故乡的深深眷恋。而就在写完这两首诗后不久，贺知章便在故乡的青山绿水中与世长辞。

二、为何咏柳？

唐天宝三载，贺知章坐船经南京、杭州回故乡。先到达萧山县城，然后再坐船去南门外潘水河边的旧宅。其时正是二月早春，春风拂面，柳芽初发，一片春意盎然。回到家乡的贺知章，心情十分高兴。他见到了一株高大的杨柳，伫立于河岸边，英姿勃发，一时兴起，提笔写下《咏柳》一诗，千古传诵。

（一）柳树之美

“碧玉妆成一树高，万条垂下绿丝绦。”诗中开篇第一句便将柳树拟人化，把柳枝比作一条条绿丝带，淋漓尽致地展现了柳树的柔美动人，仿佛一个梳妆打扮后亭亭玉立的少女伫立眼前。

那这“碧玉”是指什么呢？提起碧玉，我们首先想到的是水灵灵的绿，感受到生命的活力，因而这里的“碧玉”有表现柳树鲜嫩翠绿的意思。此外，“碧玉”还有另一层含义。南朝萧绎《采莲赋》中曾有“碧玉小家女”一说，后来，小家碧玉也用来形容女子温婉、含蓄、美丽。在这里，诗人将柳树与美丽的少女相联系，身着绿衣的少女，青春稚嫩，岂不美丽？而这绿丝绦制成的长裙则让这美丽的“少女”更显风韵。

（二）春风巧妙

“不知细叶谁裁出，二月春风似剪刀。”第三句诗人以设问的方式提出“不知道这纤细的柳叶是谁裁剪出的呢”，生动地刻画出诗人看到新叶时的欣喜之情。“原来是这二月的春风啊，它像一把剪刀，将大地装饰得生机勃勃。”诗人把春风拟人化，显示了春风的灵巧，独具匠心。正是因为有了春风的辛勤劳动，才有了春天的生机与美好。

其实对于贺知章而言，这里的春风不仅是春天的象征，同时也是他对皇恩浩荡的一种感激。贺知章一生仕途亨通，从国子监四门博士、太常少卿、礼部侍郎、工部侍郎到三品太子宾客，他稳步晋升，在宦海沉浮中长盛不衰，这与唐玄宗对他的恩宠密不可分。因此，一句“二月春风似剪刀”暗含了他对唐玄宗的感激之情。

（三）咏柳之人

贺知章的《咏柳》是历代咏柳诗中的名篇，但历朝历代，众多诗人皆钟爱咏柳。白居易便是其中一个，他曾写过《东溪种柳》《青门柳》《苏州柳》《杨柳枝词》等多首咏柳诗，对柳树可谓爱得深沉。其中最有名的当属《杨柳枝词》，全诗如下：

一树春风千万枝，嫩于金色软于丝。
永丰西角荒园里，尽日无人属阿谁。

这首诗看似在写柳树之美，但话锋一转却有一股凄凉之意。白居易生活在唐朝晚期，当时社会动荡不安，朋党斗争十分激烈。很多有才之人备受排挤，白居易便在其列。因此，诗人通过前后强烈的对比表达了内心的不满与愤懑。

与贺知章不同，北宋诗人曾巩则通过咏柳来讽刺那些猖狂得势的势利小人。他通过描写狂风吹拂下随风飘摇的柳树，展现了一个得志便猖狂的形象。全诗如下：

乱条犹未变初黄，倚得东风势便狂。
解把飞花蒙日月，不知天地有清霜。

还有很多诗词，虽然不是专门的咏柳诗，但也暗含着对柳树的喜爱与赞颂：

渭城朝雨浥轻尘，客舍青青柳色新。——王维《送元二使安西》
春城无处不飞花，寒食东风御柳斜。——韩翃《寒食》
山重水复疑无路，柳暗花明又一村。——陆游《游山西村》
沾衣欲湿杏花雨，吹面不寒杨柳风。——释志南《绝句》

三、杨柳依依春风吹

（一）杨柳之蕴

1.“柳”即“留”

柳的谐音是“留”，古人经常折柳送别故人以表示自己对朋友的依依不舍。唐宋时期，折柳送别之风最为盛行。古人总是含蓄的，他们以月寄托思乡之情，以桃花流水表达对美好生活的向往，也借柳来表达挽留之意。比如《诗经·采薇》中的“昔我往矣，杨柳依依”，唐代雍裕之《江边柳》中的“袅袅古堤边，青青一树烟。若为丝不断，留取系郎船”，皆是古代带有“柳”的经典送别诗句。

2. 以柳言愁

在古代社会，多少雄心壮志由于门第之别无法实现，多少自由爱恋由于父母之命、媒妁之言而夭折，又有多少让人不得不面对的离别和伤感。此时，柳便成了诗人情感的寄托。

婉约派词人柳永当属以柳言愁的代表人物，《雨霖铃》中一句“今宵酒醒何处？杨柳岸，晓风残月”堪称愁景写愁情的千古佳句。残月当空，晓风轻拂，河岸边杨柳依依，一幅哀愁的画面顿时浮现在眼前。王昌龄一首《闺怨》，将少妇心中的凄凉孤独尽书纸上。“忽见陌头杨柳色，悔教夫婿觅封侯。”闺阁中的少妇登上翠楼，看见眼前杨柳青青，一片春意，不禁后悔当初让丈夫从军，建功封爵。贺铸的“试问闲愁都几许？一川烟草，满城风絮，梅子黄时雨”（《青玉案》）借满城飘飞的柳絮、绵绵不尽的梅雨表达了失意、凄苦的内心世界。

3. 以柳写柔

从形象上看，柳树枝条柔软，随风飘荡时婀娜多姿、楚楚动人，与风情万种的美貌女子极其相似。因而我们常用“柳”代表女子柔美的姿态，正所谓弱柳扶风就是极言女子柔美的形体。张先的“细看诸好处，人人道，柳腰身”（《醉垂柳》），刻画了一个形体柔美、腰身纤细的美女。李清照的“暖雨晴风初破冻，柳眼梅腮，已觉春心动”（《蝶恋花》），柳叶细长微弯，与美女的眉毛相似，故用“柳眉”来描写女子的秀眉。

4. 以柳摩春

阳春三月，万物复苏，处处是生机。柳树开始抽出嫩绿的新芽，在诗人眼中，象征着春日的无限美好。韩愈《早春》中的“最是一年春好处，绝胜烟柳满皇都”便将柳树作为早春的象征，描写了柳絮纷飞之景。宋祁的“绿杨烟外晓寒轻，红杏枝头春意闹”（《玉楼春》），借绿柳和红杏将春天的色彩之美描述得活灵活现，热闹非常。

（二）春风之蕴

1. 象征旺盛的生命力

提起春风，自然想到白居易《赋得古原草送别》中的千古名句“野火烧不尽，春风吹又生”。春风是神奇的，野草被野火烧过后，被春风一吹，便又生长起来，生命力极其旺盛。方岳的一首《春思》更是通过对春天景物的描写，赞美了富有生机的春风。全诗如下：

春风多可太忙生，长共花边柳外行。
与燕作泥蜂酿蜜，才吹小雨又须晴。

2. 象征皇恩浩荡

在古代，春风也是皇恩的象征。诗人们常用春风含蓄地表达自己在官场上沐浴皇恩，春风得意。其中最具代表性的作品当属唐代诗人孟郊的《登科后》，全诗如下：

昔日龌龊不足夸，今朝放荡思无涯。
春风得意马蹄疾，一日看尽长安花。

四十六岁那年，两次落第的孟郊终于高中，他按捺不住心中的得意欣喜，提笔写下这首《登科后》。诗的开篇便将心中的狂喜倾泻而出，说曾经生活的困顿和思想的焦灼已经不值一提，此时金榜题名，今后前途无可限量。“春风得意马蹄疾，一日看尽长安花。”诗人迎着春风，策马奔驰在长安街上，看尽了繁华。这春风，既是自然界的春风，也是皇恩的象征。

而在刘长卿的笔下，一句“春风只到穆陵西”则表达了自己对国破家亡的无奈与惋惜。原来，唐肃宗、唐代宗时期，江淮地区已有刘展的叛乱，穆陵以东的广大地区，深受叛军兵扰之苦，百姓一日不得安生，而在穆陵以西则比较安宁。诗人用“春风”一词，一语双关，既指自然气候，又指政治气候，暗喻朝廷的恩泽只及穆陵以西，展现了安史之乱致使社会逐渐衰败的现实。

第14讲 《凉州词》

——酒神的慷慨战歌

导语

《凉州词》是边塞诗中的经典之作，而对于作者王翰，一般人知之甚少。王翰究竟何许人也？在这首充满着东方“酒神精神”的慷慨战歌里，究竟有什么丰富的内涵？诗中的“葡萄美酒”“夜光杯”“琵琶”展现了何种别样文化？一句“醉卧沙场君莫笑，古来征战几人回”蕴含的究竟是“悲情”还是“豪情”？而东西方文学作品中崇尚的“酒神精神”，又有何独特的渊源和发展历程？

| 凉州词 |

（唐）王翰

葡萄美酒夜光杯，欲饮琵琶马上催。

醉卧沙场君莫笑，古来征战几人回。

古诗揭秘

一、生于名门，死于无声

（一）出身名门，志向高远

王翰，字子羽，唐并州晋阳（今山西太原市）人，出身于声名显赫的河东王氏，是唐朝“五姓七家”之一。王姓家族人才辈出，纵览前后百余年，前有居“初唐四杰”之首的王勃和儒学大家王通，后有人称“诗佛”的王维。论家境，王翰可以说赢在了起跑线上。

王翰自小受到良好的教育，不仅擅长诗词歌赋，而且精通音律，是个典型的“学霸”。杜华亦为当时学士，其母崔氏云：“吾闻孟母三迁。吾今欲卜居，使汝与王翰为邻，足矣！”于此可见王翰当时才名。王翰不仅学富五车，才华横溢，而且性情豪放不羁，喜交英雄豪杰。自小便志向高远，胸怀天下，渴望在一片更为广阔的天地施展才华，干一番惊天动地的大事，为江山社稷贡献力量。

（二）名相赏识，入仕为官

唐睿宗景云元年（公元 710 年），王翰进士及第，但并未被授予官职，只好赋闲在家，终日饮酒作诗。此时，张嘉贞任并州长史，他敬爱贤才，十分赏识王翰。《旧唐书》本传记载：“并州长史张嘉贞奇其才，礼接甚厚，翰感之，撰乐词以叙情，于席上自唱自舞，神气豪迈。”意思是，张嘉贞经常邀请王翰到自己的府第，两人举杯畅饮，高谈阔论，王翰还将自己创作的歌舞表演给张嘉贞看，二人豪饮赋诗，相当投缘。

后来，张嘉贞入朝，张说继任并州长史。张说能文能武，不仅是名满天下的诗人，而且是礼贤下士的仁厚长者。他对王翰这位青年才俊赏识有加，夸赞王翰的文采，就像琼杯玉斝，灿烂夺目。开元九年，突厥降将康待宾诱使诸降户反叛，张说率兵讨伐，在平叛中立下赫赫战功，被唐玄宗拜为兵部尚书、同中书门下平章事，即唐朝的宰相。张说入朝为官，自然就把逸群之才王翰提拔到了京城。王翰先是被授秘书正字一职，三年后又摇身一变任驾部员外郎，掌管皇帝御辇出行等事务，从九品芝麻官变成五品大员。也正是在此期间，王翰以驾部员外郎的身份数次前往西北前线，其间写下了《凉州词》这一千古佳作，成为王翰为数不多的保留至今的作品。

（三）天性不羁，三次被贬

王翰出身名门，少年得志又有知己提携，本就心性颇高、恃才傲物、目中无人，引来朝中一片妒恨。公元726年，张说遭同僚弹劾，被免官职，被他提携的王翰自然也受到这场政治斗争的波及，先是被贬到汝州做汝州长史，又被贬到仙州当了仙州别驾。然而，对于天性不羁的王翰来说，接连被贬似乎并无太大影响，他甚至未曾体会或不屑体会当中的微妙。到任后，王翰仍旧呼朋引伴，时而饮酒作诗，时而骑射打猎，日子过得甚是潇洒。但好景不长，即使被贬仙州，依旧有人妒其潇洒，从中作梗，于是王翰再度被贬。《新唐书》本传称王翰："日与才士豪侠饮乐游畋，伐鼓穷欢，坐贬道州司马。"道州背倚南岭、地接粤桂，算是蛮荒之地。如果之前的贬谪是小施惩戒，那么这一回就是真正意义上的流放了，此后，不再会有"日聚英豪，从禽击鼓，恣为欢赏"的悠然自得。而关于王翰生平的记载，基本也到此为止。一代风流诗人，就这样悄无声息地离开了人世间。

二、《凉州词》的"双子星"

《凉州词》虽然名为《凉州词》，但它却不是词牌，而是盛唐时流行的一种曲牌，所以又称《凉州曲》。该曲调名中的凉州是古西北的首府，六朝古都，凉国故地，亦是雍凉文化的发源地。据《乐苑》记载："凉州宫词曲，开元中，西凉都督郭知运所进。"开元年间，郭知运搜集了一批西域的曲谱，进献给唐玄宗，《凉州曲》便是其中之一。唐玄宗将其交给教坊翻成中国曲谱，并配上新的歌词演唱，以这些曲谱的地名为曲调名。

后来，《凉州曲》为众多唐朝诗人所钟爱，他们纷纷为《凉州曲》填词，其中最有名的是王之涣和王翰所作。王之涣的《凉州词》全诗如下：

黄河远上白云间，一片孤城万仞山。
羌笛何须怨杨柳，春风不度玉门关。

这首诗起于写山川的雄阔苍凉，以独特的视角写澎湃的黄河飞上云端，承以边境地势险要，戍守者处境的孤危。第三句忽而一转，引入羌笛之声，自然勾起征夫的无尽的离愁别恨，但诗人却说"何须怨"，将哀愁的思乡之情化为悲壮，体现出诗人卫国戍边的博大胸襟和慷慨气概。

王翰在京为官期间，曾多次前往千里之外的西北军营，也正是在这条光华璀璨的丝绸之路上，王翰将自己的光芒尽数绽放。西域边塞向来是渴望建功立业之人的向往之处，也是文人墨客挥毫泼墨的理想选择。王昌龄、高适、岑参都曾在这丝路长卷上留下自己浓墨重彩的一笔，而王翰仅凭借一首《凉州词》就摘得“孤篇边塞诗人”的美誉，被推上了盛唐诗人的高峰。

无论是王之涣还是王翰的《凉州词》，都以其对边塞风物的独特描写和对战争的个性化感受，共同占据着《凉州词》这一盛唐曲牌的至高点。

三、独特的西域风情

“葡萄美酒夜光杯，欲饮琵琶马上催。”英勇的将士们即将奔赴沙场，出发之际，再优美的语言都显得苍白无力，唯有畅饮一杯以壮士气。香醇醉人的葡萄酒缓缓倒入华丽的夜光杯，将士们正要举杯畅饮，忽然传来悠扬的琵琶声，这声音一声比一声急促，既像是在催促将士们出征在即，又仿佛是在为将士们的痛饮助兴。一二句中把“葡萄美酒”“夜光杯”“琵琶”三个来自西域的意象组合在一起，营造出浓郁的边塞氛围，同时将一种独特的西域风情淋漓尽致地展现在了读者面前。

（一）葡萄美酒惹人醉

“葡萄酒”是盛产于西域的一种酒，用“美”字来形容，尽显出酒的香醇口感。在当时的凉州，在将士们征战的沙场，又是否会有葡萄酒呢？葡萄本非中原之物，汉代张骞出使西域时，将这一水果品种引入，但由于其极为珍贵，所以只在宫廷内种植。到了唐代，随着唐王朝势力渐盛，不少边域国家逐渐被征服，这其中就有盛产葡萄的高昌国（今吐鲁番附近）。所以高昌国的葡萄、葡萄酒、酿酒技术就渐渐传到了内地。凉州是边关要塞、军事重地，也是葡萄运输的必经之地。行军作战的将士们在大战之前喝上一杯葡萄美酒壮行，既体现了边境的风俗，又预示着战事的惨烈。

（二）是否真用夜光杯？

“夜光杯”是西域少数民族用白玉制成的，杯身精雕细琢，十分华丽，据说在月光下还会闪闪发光，是个罕见之物。如此美酒配上精致的器具，足以彰显宴会的豪华。但将士们真的会用上这么豪华的酒具吗？其实不然。边塞战士，行军作战时自然是身无长物，估计就是拿着瓦盆、大碗来饮酒。那么王翰又为何要写这个不可能出现在沙场上的夜光杯呢？只因为这酒太珍贵，这场战争太重要。好酒需用好酒杯，杯子越好，酒自然显得越好。若写成“葡萄美酒大瓦盆”，岂不是太煞风景。如此场面、如此氛围，兴之所至，自然要用夜光杯来烘托。浓烈的美酒、精美的酒杯、豪饮的将士，都在烘托即将到来的战争。这一夜是欢乐的，自然也是悲壮的。

（三）了不起的琵琶

“琵琶”也是来自西域的乐器，每逢将士们出征，慷慨激越的琵琶声便可以鼓舞士气，让将士们心怀壮志与豪情奔赴战场，奋勇杀敌。在唐代的边塞诗中，琵琶这一意象以其慷慨激昂的腔调，成为表情达意的重要手法。如在岑参的《白雪歌送武判官归京》中，诗人就以琵琶声烘托送别时的热烈场面，表达了送别友人的依依不舍之情和战士戍边的豪迈之情，堪称盛唐边塞诗的压卷之作，全诗如下：

北风卷地白草折，胡天八月即飞雪。
忽如一夜春风来，千树万树梨花开。
散入珠帘湿罗幕，狐裘不暖锦衾薄。
将军角弓不得控，都护铁衣冷难着。
瀚海阑干百丈冰，愁云惨淡万里凝。
中军置酒饮归客，胡琴琵琶与羌笛。
纷纷暮雪下辕门，风掣红旗冻不翻。
轮台东门送君去，去时雪满天山路。
山回路转不见君，雪上空留马行处。

四、“催”字是何意？

这首诗中，关于“催”字的解释，一直以来备受争议。众多学者围绕是“催征”还是“催饮”展开讨论，这里我们就最主流的一种说法即“催征说”阐明理由。

汉代刘熙《释名·释乐器》中记载：“批把本出于胡中，马上所鼓也。”（“批把”即“琵琶”）这似乎就是在马上弹奏琵琶的根据。但琵琶是否一定要在马上才能弹奏呢？我想并非如此，这一点我们可以从岑参的边塞诗《白雪歌送武判官归京》中略窥一二，诗中写道：“中军置酒饮归客，胡琴琵琶与羌笛。”在这两句诗中，琵琶弹奏的场景依然是送别将士们的宴会，但并未提到在马上弹奏琵琶，由此认为如果在宴会上演奏琵琶，没有爬上马背的必要。而《凉州词》中说“马上催”，必然是出征时间已到，将士们大部分已经整军待发，此时奏响琵琶是为了催促还未准备就绪的将士尽快上马，这是把“催”字译为“催征”的第一个原因。其次，我们结合诗的后两句“醉卧沙场君莫笑，古来征战几人回”来看，正是因为诗人知道这一去可能再也没有归程，所以才要拼却一醉，才有了其他人的说笑和劝阻，才有了“古来征战几人回”的辩驳与感喟。因此，基于以上两个原因，这里认为“催”字应是“催征”之意。

五、悲情？豪情？

《凉州词》后两句“醉卧沙场君莫笑，古来征战几人回”，意思是：来来来，再饮一杯，明日就要征战沙场，若是我醉倒了躺在沙场上，你也莫要取笑！战场残酷，自古以来活着回来的就是少数，既然如此，何不放手一战？

在这两句中，“古来征战几人回”体现的是无可回避的残酷现实，也是“醉卧沙场”的唯一理由，由此看来这两句中既有悲情，又有豪情。如果再联系当时的时代背景来看，则豪情应为主导。盛唐时期，统治者十分重视功臣，社会风气由看重贵族门第转向看重军功，人们纷纷希望能在战场上纵横驰骋，建功立业。因此，对于生活在这样一个充满激情的时代，性格又豪放不羁的王翰来说，这首诗抒发的定是大唐将士们视死如归，渴望建功立业、保家卫国的豪情壮志。它反映的不仅是王翰个人的不羁个性，更是大唐盛世的慷慨之音。

六、“酒神精神”的中西渊源

王翰的《凉州词》，是一次将士出征前的悲壮践行，也是一曲充满中国式酒神精神的慷慨战歌。纵观中国的文学艺术史，我们不难发现，这是一部酒神精神舞蹈的历史。历朝历代的诗人和艺术家中，爱酒者大有人在，王翰也不例外。诗人们爱酒的滋味，更爱它所带来的精神慰藉。醉酒时，饮者身心皆可以处于无上的自由与放松之中，摆脱一切外在条件的束缚，这就是酒的魅力所在。在东西方，“酒神精神”以其特有的方式存在和发展，形成了独特的文化现象。

（一）西方的“酒神精神”

在西方，酒神精神起源于古希腊人对酒神狄奥尼索斯的祭祀活动。在古希腊人的心目中，是狄奥尼索斯为世人带来了葡萄的种植和酿酒技术。于是，人们为了表达对狄奥尼索斯的尊敬和感谢，将狄奥尼索斯奉为葡萄种植业和酿酒业之神，每逢葡萄酒产出之时，都会演唱“酒神赞歌”。

后来，随着社会的发展和进步，酒神精神逐渐形成理论，在德国哲学家尼采的哲学中，这种精神得以进一步升华。尼采首次提出了“酒神精神”的概念，认为它象征着放纵，在沉醉中纵情狂欢，打破一切禁忌，忘掉自己的个体与世俗的追求，重新与自然合一，在令人痛苦甚至毁掉自己的迷狂中求得欢乐。在古希腊的悲剧作品中，酒神精神得以充分展现，比如《被缚的普罗米修斯》《美狄亚》以及人们所熟知的《俄狄浦斯王》等。

（二）中国的“酒神精神”

在中国，酒神精神以道家思想为源头。在庄子看来，天人之间、物我之间、生死之间乃至万物，只存在着无条件的同一，即绝对的“齐”。他主张齐物我、齐生死、齐贵贱，幻想一种“天地与我并生，万物与我一切为一”的主观精神境界。庄子爱酒，更爱自由。他宁愿在虚无的梦境中与蝴蝶自在蹁跹，也不愿为尘世所扰，做一匹头戴笼头的千里马。追求自由，不为功名荣辱所羁绊，是中国酒神精神之所在。

东汉时期，曹操平定北方，继而率百万雄师与孙权决战。一日夜里，月光皎洁，曹操在大江之上宴请诸位将士，酒酣之际，他站在船头，吟诵一首《短歌行》。诗中著名的诗句“何以解忧，唯有杜康”开创了中国酒神精神的先河。

魏晋名士、“醉侯”刘伶在《酒德颂》中慨叹“有大人先生，以天地为一朝，万期为须臾，日月为扃牖，八荒为庭衢”“幕天席地，纵意所如”“兀然而醉，豁然而醒，静听不闻雷霆之声，孰视不睹山岳之形。不觉寒暑之切肌，利欲之感情。俯观万物，扰扰焉如江汉之载浮萍”。寥寥几句话，将一种“至人”的境界体现得淋漓尽致，可谓中国酒神精神的典型。

到了唐朝，社会政治、经济、文化等方面繁荣发展，尤其在唐玄宗即位后，唐朝国力空前强盛，逐渐步入盛世，社会风气雍容大度，反映在诗坛上，就表现为诗歌普遍呈现出阳刚健美的风格。王翰便是那个时代酒神精神的典型代表，他豪放不羁的性格与悲壮的边塞生活发生强烈的化学反应，催生出“醉卧沙场君莫笑，古来征战几人回”的旷达与慷慨，这是酒神精神的极致绽放。“诗仙”李白的诗亦是那个时代精神的真实写照，他是“诗仙”也是“酒仙”。《将进酒》中诗人豪饮高歌，在酒中找寻属于自己的天地，在酒中实现自己的人生价值，“天生我材必有用，千金散尽还复来”体现的是一种绝对的自信。全诗如下：

君不见，黄河之水天上来，奔流到海不复回。君不见，高堂明镜悲白发，朝如青丝暮成雪！人生得意须尽欢，莫使金樽空对月。天生我材必有用，千金散尽还复来。烹羊宰牛且为乐，会须一饮三百杯。岑夫子，丹丘生，将进酒，杯莫停。与君歌一曲，请君为我倾耳听。钟鼓馔玉不足贵，但愿长醉不复醒。古来圣贤皆寂寞，惟有饮者留其名。陈王昔时宴平乐，斗酒十千恣欢谑。主人何为言少钱，径须沽取对君酌。五花马，千金裘，呼儿将出换美酒，与尔同销万古愁！

李白的《月下独酌》也是饮酒诗的经典之作。诗人寄情于山水，与一轮明月为伴，在花丛间自斟自饮，“醒时同交欢，醉后各分散。永结无情游，相期邈云汉”四句集中体现了李白的道教思想，他忘情于山水，试图在畅游山水中寻找自由与理想，将酒神精神体现得淋漓尽致。全诗如下：

花间一壶酒，独酌无相亲。
举杯邀明月，对影成三人。
月既不解饮，影徒随我身。
暂伴月将影，行乐须及春。
我歌月徘徊，我舞影零乱。
醒时同交欢，醉后各分散。
永结无情游，相期邈云汉。

北宋著名文学家苏轼一生宦海浮沉，游历四方，对人生产生了深刻的思考。在他的诗中，自然现象已上升为哲理，人生的感受也已转化为理性的反思，身处逆境中，除了痛苦和消沉，他更多地表现出对苦难的傲视和对痛苦的超越。在《和陶渊明饮酒》一诗中，苏轼写道：“俯仰各有志，得酒诗自成。”面对理想与现实的矛盾，这似乎是他在酒醉后的自我宽解，一种乐观和旷达自然蕴含其中。南宋诗人张元年说：“雨后飞花知底数，醉来赢得自由身。”酒醉后，他终于可以丢掉面具，直面最真实的自我，这种境界又何尝不是一种酒神精神？

千百年来，独具意蕴的酒神精神已经成为中华文明的重要组成部分。与西方相比，受儒家文化“中庸之道”的影响，中国人讲求不偏不倚、折衷调和的处世态度，因而中国的酒神文化表现得没有那么极致和张扬。但是，这种精神在其不断的发展过程中，与中国的社会和文化相作用，带有了一种独特的中国式的浪漫主义色彩，成为中华文化的瑰宝。

第15讲 《风》与《画》

——谜语诗的“双子星座”

导语

谜语诗是中国古诗中最有趣的一类,《风》与《画》堪称谜语诗中的“双子星座”。神奇的是,两位作者人如其诗,竟与谜底有着天然的契合,这是怎么回事?《风》与《画》凭什么能成为谜语诗教科书般的存在?谜语诗和谜语有什么区别?在中国浩如烟海的诗歌中,有哪些好玩儿的谜语诗历经千载流传至今?

| 风 |

(唐)李峤

解落三秋叶,能开二月花。
过江千尺浪,入竹万竿斜。

| 画 |

(唐)王维

远看山有色,近听水无声。
春去花还在,人来鸟不惊。

一、《风》与《画》：谜底即人生

《风》与《画》是两首经典的谜语诗，诗的题目便是谜底。巧合的是，两首诗的谜底，竟也契合了诗人李峤和王维的真实人生。李峤的一生，凭借好“风”——才华和谋略，直上青云；“诗佛”王维则一生与诗画为伍，“诗中有画，画中有诗”。

（一）李峤：会写诗，更会做官

李峤，字巨山，初唐诗人，与杜审言、苏味道和崔融并称“文章四友”。李峤的诗作以咏物诗成就最高，有一百二十首，讲究用典，辞采华美。相传，唐玄宗晚年曾夜登勤政楼，命梨园子弟唱曲，伶人唱了一首李峤的旧作《汾阴行》：“山川满目泪沾衣，富贵荣华能几时？不见只今汾水上，惟有年年秋雁飞。”唐玄宗听得百感交集，不禁潸然泪下，连连赞叹道：“李峤真才子也。”后来安史之乱爆发，唐玄宗逃奔蜀地，途中登白卫岭，回望山川，心潮起伏，不由得又吟起这四句诗，再次赞叹道：“李峤真才子也。”

“好风凭借力，送我上青云。”李峤不仅才华纵横，精于诗作，更是善于借力，把官做到了极致。所谓“三十老明经，五十少进士”，别人五十岁还不一定能中的进士，学霸李峤在二十岁时就中了，并且一路做到了宰相，还被封为赵国公。李峤的宰相也做得与众不同，他三度为相，历经坎坷，先后仕于唐高宗、武则天、唐中宗、唐睿宗、唐玄宗五朝皇帝。可以想见，能在不同的皇帝之间周旋并且保全自身，李峤自有他的“为官之道”。武则天在位时，李峤两次为相，投靠得宠的张易之、张昌宗兄弟。后来唐中宗复辟，诛杀张易之兄弟，李峤被贬为外州刺史，他又转去投靠唐中宗的韦皇后，极力讨好当时掌权的太平公主。第三次拜相后，他为了明哲保身，不敢得罪佞臣武三思，在武三思死后还称赞他“忠贤良可惜，图画入丹青”。如此看来，李峤的“为官之道”，似乎有趋炎附势、见风使舵之嫌，为君子所不齿。但是细想也不尽然，几度处于政治漩涡中的李峤，毕竟身居高位，要想安身立命，作出适当的妥协也是人之常情。更何况，李峤也有正直果敢的一面。相传武则天执政时，曾命李峤和另外两个大臣核查狄仁杰一案有无冤屈。其余二人因惧怕栽赃狄仁杰的酷吏来俊臣报复，明知狄仁杰冤枉却谎报有罪。唯独李峤秉持公道，据理为狄洗冤，结果被降了一级，贬为润州司马。后来武则天幡然醒悟，让李峤复职，回到正五品凤阁舍人的位置。不仅如此，武则天还对李峤的文采大加赏识，常常委以重任，所以“朝廷每有大手笔，皆特令峤为之”。

（二）王维：无诗画，不人生

明代文人徐增在《而庵诗话》中，提出了诗歌的“才气说”。他将诗人的才气分为三种：天才、地才和人才。徐增认为，“吾于天才得李太白，于地才得杜子美，于人才得王摩诘”。在徐增眼里，李白是天才，杜甫是地才，王维是人才。人才便是人中才俊，王维可谓实至名归。他是山水田园诗的代表，与孟浩然合称“王孟”，有“诗佛”之称。书画音乐他无不精通，其书画特臻其妙，被后人推为南宗山水画之祖。不仅如此，明代书画家董其昌在《画旨》中指出“文人之画，自右丞（王维）始”，肯定了王维文人画鼻祖之位。

由此可见，王维的艺术造诣极高。而其山水诗创作之所以有卓越的成就，与其对诗画的独特鉴赏力密不可分。正是因为王维能兼得诗画之美，将画的技法巧妙融入诗的创作，他的诗作才具有了其他诗人难以企及的艺术之美。如“大漠孤烟直，长河落日圆”（《使至塞上》）一句，写出了大漠的辽远无边，视角广，景深长，给人以开阔、广袤、深邃的感官冲击。“孤烟直”三字，更增加了画面的立体感。一个“孤”字，凸显出人烟的稀少，一个“直”字，表现了诗人初见边塞奇景的惊叹之感。“长河”的形象横亘在画面之中，把画面分为两段，增加了构图的活泼感。而“落日圆”又为分割的画面涂上统一的色调，显出浑然一体的气势。在《红楼梦》的第四十八回中，有香菱跟黛玉学诗的桥段，谈到王维的这首《使至塞上》，香菱说：“想来烟如何直？白日自然是圆的。这‘直’字似无理，‘圆’字太俗。合上书一想，倒象是见了这景似的。要说再找两个字换这两个，竟再也找不出两个字来。”香菱的这番感受，恰恰体现了王维以画入诗的高妙之处。王维还在山水诗中大量运用绘画技巧中色彩调配的手法，如"漠漠水田飞白鹭，阴阴夏木啭黄鹂"（《积雨辋川庄作》），"雨中草色绿堪染，水上桃花红欲燃"（《辋川别业》），"白水明田外，碧峰出山后"（《新晴野望》）……不管是色彩浓艳还是明丽清淡，都给人一种视觉上的舒适感，这与王维高超的绘画能力和卓越的审美能力密不可分。所以宋代大诗人苏轼在《东坡志林·书摩诘蓝田烟雨图》中说"味摩诘之诗，诗中有画；观摩诘之画，画中有诗"，深刻地揭示了王维诗歌创作的突出特色。在诗与画的巧妙结合之中，一首首脍炙人口、满含画意的诗篇新鲜出炉，开创了盛唐山水诗歌的新气象。

二、谜语诗：究竟是谜语还是诗？

《风》与《画》不仅是咏物诗，还是谜语诗。那么，什么是谜语诗？它和我们平时说的谜语有什么区别？

（一）谜语

谜语，是一种带有游戏性的语言艺术，通常说的谜语包括谜面和谜底。它通过隐喻和暗示去表现事物，让人们据其提供的线索（谜面）去猜测，寻求答案（谜底），从而得到娱乐，启发想象，锻炼智力，增长知识，受到教益。

谜语最初起源于民间口头文学，是先民在长期生产劳动和生活实践中创造出来的，体现了劳动人民的智慧。春秋战国时期谜语就有了雏形。如原始歌谣中的《弹歌》："断竹，续竹，飞土，逐宍。"从表达方式上来看，这是一首描述生产活动的谜歌，其谜底是做弹弓。"断竹，续竹"暗指制作弹弓的过程，"飞土，逐宍"影射使用弹弓的过程。这与我们现在所了解的谜语形式十分相似。

谜语在发展演变过程中形成了两类：一种是民间谜语，通过比喻、夸张等表现手法来描述事物的特征，主要是事物谜，其谜底大都是一些我们生活中常见常用的"事"和"物"。比如动物、植物、器具、用品、人体器官、自然现象、宇宙天体……它常常采用朗朗上口的民谣或者短诗歌的形式，例如："有丝没有蚕，有洞没有虫，有伞没有人，有巢没有蜂。"（谜底：莲藕）另一种是灯谜，在形式上指节日期间张挂于花灯之上的谜语，在内容上指由文人创作的谜语。灯谜的谜底一般不是事物，而是汉字或汉字所代表的词语，因此又叫“文义谜”。因为灯谜的语言迷炫闪烁，不易猜中，猜灯谜就像射杀老虎一般，因此灯谜又被称作“文虎”或“灯虎”。

（二）谜语诗

“谜语诗”是“谜语”和“诗”嫁接的美妙结晶，它既有诗歌的特征，音韵和谐，对仗工整，朗朗上口，又具备谜语的情趣，启人心智，意趣盎然。其实，很多咏物诗都是以“谜语”入诗，诗的内容是谜面，诗题便是谜底。除了《风》和《画》之外，我们耳熟能详的还有《咏柳》，全诗如下：

碧玉妆成一树高，万条垂下绿丝绦。
不知细叶谁裁出，二月春风似剪刀。

全诗四句，都是在描绘这个事物，再读诗题《咏柳》，恍然大悟，原来句句都是在描绘“柳”，而又全然不提一个“柳”字，真是别具韵味，耐人咀嚼。

像这样有意地避开诗题的写法，叫作不犯题，不犯题的诗就被称为“避题诗”。避题诗是谜语诗的一种，诗可看作谜面，题目可看作谜底，而且这种诗在咏物的时候，诗面上绝不能提及本物，近似隐语，所以又可视为诗谜。《风》与《画》这两首诗既是谜语诗，也是避题诗，那么这两首诗是如何咏物而不言物的呢？

1. 诗中有谜

两首诗均是以谜底为诗题，一首的谜底是“风”，另一首的谜底是“画”，所以这两首诗的谜面是围绕“风”和“画”展开的。

首先看《风》。这首诗是说，有一样东西，它能使晚秋的树叶脱落，能催开早春二月的花朵，它经过江河时能掀起千尺巨浪，刮进竹林时可把茂密的翠竹吹得歪歪斜斜。是什么东西有如此大的“法力”呢？再读诗题，就明白了，原来是“风”。风，本来是看不见摸不着的，只能用身心去感受或通过外物的变化知晓。“解落三秋叶，能开二月花”，是就“风”的季节功能而言：萧瑟的秋风能使万木凋零，温暖的春风却又能令百花绽放；“过江千尺浪，入竹万竿斜”则就“风”的力量在不同场景中的表现来写：狂风掠过江面时，波浪滔滔；调皮的风钻入竹林时，只见千万竹竿一起倾斜。诗人通过描写“叶”“花”“浪”“竹”四种自然物象在风下的不同变化，间接地表现了“风”在不同季节、不同场景下的千姿百态。因此，全诗没有出现一个“风”字，却能传“风”之神韵，真是令人拍案叫绝！

赏完了《风》再来赏《画》。如果说李峤的《风》处处描写自然中的规律现象，那王维的《画》读起来则似乎句句违反自然规律，不符合我们日常的生活经验。开篇就是“远看山有色，近听水无声”，远看高山色彩明亮，这是显而易见的，也是符合我们日常体验的。但是后一句就令人不解，“近听水无声”，按照我们的常识，离得越近，就越能听到河水流淌的声音，但是到了这首诗中，走近一听，水却没有声音。“春去花还在”同样不合常理，为何春天已经远去，花朵还在，莫非是荷花？再看最后，“人来鸟不惊”，这个也很奇怪，鸟儿通常都是怕人的，尤其是山林中的鸟，人走近，鸟儿本来应当飞走，可是它却毫不惊慌。这些奇特的反常现象，构成了一首谜面颇有情致的谜语诗。再看看诗题，也就是谜底——“画”，一切都有了合理的解释。真可谓谜面精致，谜底精彩。

2. 谜不掩诗

谜语诗虽然有谜语的特征，但又与谜语不同。它具有诗歌独有的特征，如语言凝练形象，节奏鲜明，韵律和谐，经常使用“赋、比、兴”等表现手法来反映生活、抒情言志。

《风》这首诗就运用了对偶的修辞手法。对偶俗称对子，在诗词曲赋等韵文中称为对仗，两个对偶句的字数相等、结构相同、意义对称。例如“解落”对“能开”，“三秋叶”对“二月花”，工整有序。“过江千尺浪，入竹万竿斜”，“过江”对“入竹”，分别表示不同地点风的不同形态，“千尺浪”对“万竿斜”，表现了风的不同威力，把自然界物象在风的作用下所产生的变幻，鲜活而传神地表现出来。

《画》这首诗同样运用了对偶的修辞手法。前后四句就是两幅工整的对联："远看山有色"对"近听水无声"，"春去花还在"对"人来鸟不惊"，可谓妙语天成。不仅如此，《画》还为我们营造了一个虚实结合、似真非真的画中世界。诗的前两句，主要描绘了一幅有山有水的画卷。在这幅画里，山是远景，水是近景，远近结合。一个远一个近，一个看一个听，非常形象生动。王维更是通过"无声"二字，把原本水流的"动"变成了"静"，顿时意境全开。后两句"春去花还在，人来鸟不惊"，则运用了虚实结合的手法。其中，"春"和"人"是现实生活中的实物，而"花"和"鸟"则是画中的虚拟物。虚实相结合，可谓是恰到好处。在王维的《画》中，"天地人"浑然一体，化作一个虚实相映的禅意世界。

因此，读谜语诗，不仅仅要赏玩谜面，更要用诗意的眼光去发现去感受，细细体会作者的巧妙构思，用心品味诗中的独特意境。

三、"烧脑"的谜语诗

由于谜语诗新颖别致、耐人寻味，受到了古往今来无数文人墨客的偏爱。而流传至今的谜语诗，大多为"烧脑"之作。

（一）药谜诗

相传曹操有一次生病，请名医华佗为他医治。他想要试一试华佗的才华，便写了一首药名谜语诗，让华佗来猜："胸中荷花兮，西湖秋英；夜空无云兮，初入其境；长生不老兮，永世康宁；黑发未白兮，函悉母病；芒种降雪兮，大鹏凌空。"华佗知识渊博，精通医术药理，一看此诗，就猜出谜底是十味中草药，随后便挥笔写下药名：穿心莲、杭菊、满天星、生地、万年青、千年健、首乌、当归、麦冬、远志。谜被猜中，曹操大大称赞华佗的才华，并欣然就医。

（二）字谜诗

字谜诗，就是以字为谜底的诗。相传宋代诗人王安石便是字谜高手。有一次，王安石与好友王吉甫聚会，王安石说："我昨夜睡不着，作了一首谜语诗，你猜是个什么字。"随即说出谜面："画时圆，写时方；冬时短，夏时长。"王吉甫一下就猜中了，却不直接说出谜底，也以谜语诗作答："东海有条鱼，无头也无尾；更除脊梁骨，便是你的谜。"王安石哈哈大笑道："你猜对了。"原来，他们的谜底是个"日"字。

有的字谜诗将字形分解，而将谜底隐藏其中。王安石任宰相时，一位老木匠为他设计了一套宅院。老木匠拿来模型请王安石过目。王安石看后频频点头，但又在模型后花园的墙壁正中央写了一首诗："倚阑干柬君去也，霎时间红日西沉。灯闪闪人儿不见，闷悠悠少个知心。"老木匠思忖片刻，恍然大悟，立刻改了模型。原来这是一首谜语诗，"阑"字"柬"去，"间"字"日"沉，"闪"字"人"不见，"闷"字少个"心"，每句的谜底都是"门"字，意思是请老木匠在后花园开个门。

（三）名谜诗

王安石有一首著名的取诗家姓名为谜底的诗谜，全诗如下：

佳人佯醉索人扶，露出胸前白雪肤。
走入绣帏寻不见，任他风雨满江湖。

这首诗谜起初没人能解，后由著名学者郑子瑜先生破解，郑子瑜先生在《中国修辞学史稿》一书中，给出了答案：首句"佳人佯醉索人扶"，即佳人假装醉倒，意思是"假倒"，谐音为"贾岛"；第二句是"露出胸前白雪肤"，说的是佳人胸前肋白，"肋白"谐音"李白"；第三句是"走入绣帏寻不见"，"绣帏"与"罗幕"相联系，"寻不见"即为"隐"，这句诗可以衍义成"罗隐"；第四句是"任他风雨满江湖"，"水满江湖"，又有风，那么就会起浪，再加上"潘"字有"满"之意，得"潘（水溢貌）浪"，谐音"潘阆"。因此，这首诗的谜底便是贾岛、李白、罗隐、潘阆，其中，李白、贾岛、罗隐为唐代诗人，潘阆为宋代诗人。

第 16 讲 《寻隐者不遇》

——因为不遇，所以美好

导语

《寻隐者不遇》是苦吟派诗人贾岛的著名诗作。何谓苦吟派？贾岛经历了怎样不可思议的人生际遇？全诗短短四句，蕴含了哪些不为人知的文化符码？在神秘的隐士文化中，又有哪些令人叹为观止的奇闻逸事？

| 寻隐者不遇 |

（唐）贾岛

松下问童子，言师采药去。
只在此山中，云深不知处。

古诗揭秘

一、苦吟派诗人

“苦吟派”是中唐时期以贾岛、孟郊为代表的诗歌流派。他们继承了杜甫“语不惊人死不休”的创作风尚，着意于文词的锤炼推敲。孟郊曾以“夜学晓未休，苦吟神鬼愁”来形容苦吟的情形。

（一）郊寒岛瘦

苏轼在《祭柳子玉文》中以“郊寒岛瘦”四个字形容孟郊和贾岛的诗歌

风格。“寒”是清寒冷峭，“瘦”是枯槁瘦硬。这是说孟郊的诗寒气逼人，贾岛的诗非常凄苦。因二人诗风非常相近，再加上他们都讲究苦吟推敲，锤字炼句，所以后人常常以“郊寒岛瘦”将二者相提并论。再后来，“郊寒岛瘦”逐渐演变成一个成语，形容诗文风格清冷孤峭。

（二）两句三年得

贾岛的《题诗后》一诗，能够非常形象地表达“苦吟派”诗人作诗的艰辛，全诗如下：

两句三年得，一吟双泪流。
知音如不赏，归卧故山丘。

贾岛为了两句诗的创作，要付出三年的心血，一读一吟，眼泪便止不住地流下来。这里运用夸张的手法，借以证明诗人创作的辛苦，每写一句都要绞尽脑汁，冥思苦想。而后两句“知音如不赏，归卧故山丘”更为夸张，如果自己耗尽心血写出来的诗连知音都不欣赏的话，那作者只能回到故乡，跳进坟坑，自我了断。这就是“苦吟派”诗人的特点——对诗句有着近乎完美的异常执着。

二、都是迷诗惹的祸

贾岛酷爱作诗，嗜诗如命。他跌宕起伏的人生经历与他对诗的过度痴迷不无关系。

（一）作诗入迷，冲撞权臣

有一次，贾岛骑着他的小毛驴，一边在路上慢悠悠地晃着，一边闭着眼睛苦思冥想“落叶满长安”的上句，百思不得其解。这时一阵清凉的秋风袭来，他灵光一现，顿时脱口而出“秋风吹渭水”，还有另一个版本说是“秋风生渭水”。想出了上句的贾岛心情大好，沉醉其中。正在他如梦似幻之时，小毛驴撞上了当时的京兆尹刘栖楚的马队，刘栖楚为人狂傲，上下等级意识非常强烈，最厌恶自己的权威受到挑战。看到贾岛竟然如此无礼地冲撞自己，不问青红皂白，便差手下将贾岛捉了起来，贾岛为此在牢房里被关了一晚上。

（二）改诗纠结，喜遇伯乐

有一天，贾岛前去拜访当时一位名叫李凝的隐士，从他家出来以后心绪难平，便写了《题李凝幽居》来表达心中的感慨。在思考这首诗的时候，贾岛有两句拿不准，即后世著名的“鸟宿池边树，僧敲月下门”。关于诗中采用“推”还是“敲”字的问题，他反复酌量，闭着眼睛，摇头晃脑，忘记了此时的自己正骑着毛驴走在大路上，结果撞上了迎面而来的一队人马。坐在轿子里的，正是大文豪韩愈。此时的韩愈位高权重，见有人挡路，起先生气地问道来者何人，侍从说是一个瘦弱的和尚正在旁若无人地吟诗。韩愈自己本是诗人，才华纵横，又十分爱惜人才，一听说是吟诗之人，怒气顿消。他马上问贾岛吟的是什么诗，表示愿闻其详。贾岛如实道来，说自己不知道该用“敲”字还是“推”字。韩愈一听说“鸟宿池边树，僧敲月下门”这两句，马上说“敲”字好，因为能显示出夜的幽静来。这便是流传千古的典故——“推敲”的由来。

韩愈和贾岛，一个是爱惜人才的高官，一个是才华纵横的贫僧，两人因此事而成了莫逆之交。也正因这次相遇，韩愈劝说贾岛：“你这么有才华，何苦伴着青灯古佛一辈子，心中有佛就可以了，何不还俗呢？”后来，贾岛听从了韩愈还俗的建议。对于贾岛来说，韩愈不仅是慧眼识英雄的伯乐，更是自己难得的知音。

（三）护诗心切，得罪天子

有一天，宣宗微服私访来到贾岛所在的寺中，听闻楼上有吟诗之声，遂移步上楼，见案上有诗便展卷流览。贾岛不认识皇上，他素来爱惜自己的诗作，相传他每年除夕都会把自己的诗作摆到案桌上，点上清香，拜上几拜，足见其对自己诗作的珍爱。所以看到有人竟然不经自己同意，贸然拿走自己的诗作，他顿时火冒三丈，全然不顾文人的含蓄文雅，劈手将诗卷夺过来，声色俱厉，冷言嘲讽道："郎君鲜食美服，哪懂这个？"幸亏皇上有风度，自己下楼一走了之。后来，贾岛才发觉事情不对，大惊失色，忙跑到宫前请罪。朝廷给他一个长江县主簿的小官，将他贬出长安。唐代有两位诗人的作品谈及此事。安奇诗云："骑驴冲大尹，夺卷忤宣宗。"李克恭诗云："宣宗谪去为闲事，韩愈知来已振名。"

三、因为不遇，所以美好

贾岛的一首《寻隐者不遇》，短小精悍，虽寥寥数语，仔细读来却别有洞天。它囊括了中国隐士文化中的众多经典意象，意味悠长又飘逸空灵。

（一）为何是"松"？

"松下问童子"，这里的松是有特殊含义的。在中国植物门类中，松、梅、竹并誉"岁寒三友"，历来为文人所青睐。因为在天寒地冻、别的植物都已凋零的时候，这三种植物却格外茂盛挺拔，而且只有在严寒天气中，才更彰显它们的高洁，因而古语有云："岁寒，然后知松柏之后凋也。""岁寒"亦指人生的困境，松树象征高洁，这与文人雅士所追求的高尚品格不谋而合。"松下问童子"中的松树正是隐士风度和气度的象征。所以说"松下"的意象颇有深意，诗人实际是借松树来显示隐者高洁的情操。

（二）采的什么"药"？

"言师采药去"，这里有一个神奇的字——"药"。药一般有两种功效，一是祛除病痛，用来治病救人；二是养生保健，以求长生不老。诗中对"药"的不同定义，可以反映出诗人不同的思想主张。如果是治病救人的药，可看作儒家的思想主张，因为儒家主张积极进取，改良社会；如果是长生不老的药，则可看作道家的思想主张，因为道家主张清静无为。而隐士中的多数诗人，都崇尚道家思想，推崇潇洒随性、与世无争的桃源生活。所以这里的"药"，可以看成是道家思想，体现了作者对悠游洒脱的隐士生活的向往。

（三）绕不开的“山”

“只在此山中”，说起隐士，必然离不开“山”。中国独特的隐士文化最重要的源头是道家，“道隐无名”是道教的思想核心。“仙”是道教的一种追求，仙的最初意义与隐逸相关。汉代许慎的《说文解字》解释“仙”曰：“人在山上貌”，表示人在山上与世俗隔离，即有隐逸的意思。所以一般隐士的隐居之所多半选择幽静的山林，在大自然中，追求天人合一。山中有白云、流水、落花，有四季，还有最难得的清静，最适合想要遁世之人居住。许多想要隐居的诗人也多选择“山”这一意象来表达自己的心境，如陶渊明的“采菊东篱下，悠然见南山”，王维的“空山不见人，但闻人语响”，李白的“相看两不厌，只有敬亭山”，都是此中佳作。

（四）不简单的“云”

末句“云深不知处”最为经典。这里有一个特殊的意象——“云”，云总让人感到洁白无瑕，神秘飘逸。在道家和隐士文化里，有八个字最能概括隐士的形象——“闲云野鹤，仙风道骨”。一云一鹤是道家和隐士最经典最浪漫的意象，而且闲云野鹤最能体现出隐者的仙风道骨与飘逸清俊。明朝洪应明编著的《菜根谭》中有一副对联非常有名，上联“宠辱不惊，闲看庭前花开花落”，下联“去留无意，漫随天外云卷云舒”。整副对联将宠辱不惊、去留无意的情致表达得淋漓尽致，正是隐士品格高尚、淡泊洒脱的形象写照。

“云”是隐者文化中最常出现的文化符号，除了它本身洁白轻盈、引人遐思以外，还与一个隐士故事有关：南朝有位隐士名曰陶弘景，他隐居山中，怡然自得。当时的皇帝梁武帝非常欣赏陶弘景的才华，多次派人请他出来做官。然而陶弘景数次婉拒皇帝的美意，称自己非常满意当下的隐居生活，不愿出来做官。梁武帝感到诧异，于是“诏问山中何所有”，亲自下诏询问陶弘景，山中究竟有何物令他如此留恋，竟不肯出山为官。于是陶弘景作下一首《诏问山中何所有赋诗以答》来回答皇帝，全诗如下：

山中何所有，岭上多白云。

只可自怡悦，不堪持寄君。

前两句是一问一答，后两句“只可自怡悦，不堪持寄君”中，陶弘景言说岭上的白云非常美妙，可是没有办法寄给皇上，只能自己欣赏，表明自己对隐居生活的喜爱和眷恋。皇帝看后，既羡慕又无奈，便成全了陶弘景隐居世外的心愿。从此白云便与隐者结下了不解之缘，白云自由不羁，洁白无瑕，是隐者清雅风度、脱俗品格的最好象征。

四、真隐？假隐？

隐士有“真隐”与“假隐”之分，并非所有居于乡野山林不入仕途者都可称为隐士。首先，隐士的前提是名士，必须是饱读诗书才华纵横之人，那些居于山野、目不识丁的鲁莽渔樵农夫，不能称为隐士。其次，隐士必须是不慕名利、见识独特、人格独立之人，是真正的安贫乐道之人，他们发自内心地喜欢自由随性的生活。因此那些因为没有机会做官，将隐居作为权宜之计的人，并非真正意义上的隐士。“真隐士”真正淡泊名利，归隐山林；“假隐士”只为欲擒故纵，伺机而动。中国民间流传着许多有关“真隐士”与“假隐士”的故事。

（一）淡泊洒脱真隐士

1. 许由洗耳

许由被称为中国隐士的鼻祖。据《高士传·许由》记载，许由是炎帝神农氏的后裔，他博学多才，智慧过人，却淡泊名利，不肯做官。相传当时的尧帝已经在位多年，年事已高。爱民如子的他决定沿袭先祖立下的规矩，王位传贤不传子。尧帝听说许由德才兼备，认为他是王位的最佳人选。但每次尧帝派人前去邀请许由出山时，许由总是“闻风而逃”，避而不见，后来干脆悄悄离开故乡，到沛泽（今山东与江苏交界处）的山野湖泊之间隐居起来。如此这般，尧帝深感无奈。

后来为了表示诚意，尧帝亲自前往许由隐居的地方请他继承王位，但是无论尧帝如何请求，许由都不肯答应，尧帝只好无奈地离开了。看到许由如此不为名利所动，尧帝越发坚定了内心的想法。许由意识到沛泽已经无法继续隐居，于是又悄无声息地回到了家乡，在箕山下的颍水河南岸（位于今河南登封市）寻得一处不为人知的地方。《琴操·稷山操》中记载道："夏则巢居，冬则穴处，饥则依山而食，渴则依河而饮。"许由这段时间的生活非常艰苦，夏天像鸟儿一样在树上结巢而居，冬天则到洞穴中躲风避寒，如果饿了，就到山上找吃的，找到什么吃什么，渴了就到溪边去找水喝。虽然如此隐蔽，但尧帝终究还是找到了许由，再次派使者请他出山。许由为了让尧帝死心，在使者说得正起劲的时候，突然蹲下身捧起清冽的河水，不停地清洗自己的耳朵，表示使者说的话玷污了他的耳朵，他不想再听下去了。使者见此，只好悻悻地离开了。尧帝知道后也只好作罢。

此后，许由便一直在山林中隐居，过着虽然艰苦但却快乐的生活。许由死后葬于箕山，后人为了纪念他，便将箕山称为许由山，其故事就这样流传了下来。

2. 不为五斗米折腰

说到隐士，不得不提东晋大诗人陶渊明。陶渊明生平最后一次做官，是出任彭泽县令。彭泽县令的俸禄很低，只够买五斗米。一次，太守派出一名督邮到彭泽县视察，督邮虽然官位很低，但因县令的业绩要靠他汇报给太守，说好说坏全凭他心情，因而也掌握着一定的权力。这次派来的督邮是个仗势欺人、粗俗傲慢之徒，人还没到彭泽县，就已提前差人去给陶渊明捎口信让他准备迎接。陶渊明为人正直，不肯趋炎附势，对这种假借上司名义发号施令的人更是厌恶至极，但碍于官职在身，不得不极力忍耐。正当他打算动身时，县吏急忙拦下他，说道："大人且慢，您这一身随意的打扮是不可以的。参拜督邮要穿官服，并且束上大带，不然有失体统，督邮会乘机大做文章，大人要因此受牵累的！"闻知此言，陶渊明忍无可忍，长叹道："吾不能为五斗米折腰，拳拳事乡里小人邪。"意指自己不能为区区五斗米而降低人格去侍奉这种乡间小人。说罢，便取出官印，将其封好，写下一封辞职信，离开了上任不足八十天的彭泽，从此过上了虽然清贫却自由自在的隐居生活。陶渊明“不为五斗米折腰”的高洁精神成为千秋佳话，而他隐居后写下的大量隐逸诗，更是被后人传唱千年。如最有名的《饮酒》(其五):

结庐在人境，而无车马喧。
问君何能尔？心远地自偏。
采菊东篱下，悠然见南山。
山气日夕佳，飞鸟相与还。
此中有真意，欲辨已忘言。

(二) 沽名钓誉假隐士

1. 终南捷径

唐朝的卢藏用是一个高明的假隐士。他先是考中进士，后隐居在长安附近的终南山中，等待别人来请他出去做官。皇上听闻其有才，于是派遣人请他出来做官。卢藏用一开始就很会摆架子，不愿出山，说道:“在下不才，恕在下不能赴任。”其实他并非不愿做官，而是嫌弃官职卑微。人们便开始揣测，认为卢藏用的确是个人才，做官都不能吸引他。于是皇上就不断给他加官，终于加到他满意的官职，他便从山中出来，做了一个高官。做了高官没多久，有一位叫司马承祯的人，与他同样考取了功名有了归隐之心，他准备隐居到天台山，卢藏用知道了，便建议他隐居到终南山，还说“此中大有嘉处”。司马承祯讽刺他:“终南山的确是通向官场的便捷之道啊！”卢藏用感到很羞愧。后以“终南捷径”比喻追求名利的最近门路，也比喻达到目的的便捷途径。

2. 飞来飞去宰相家

明代有一位名为陈继儒的隐士，与寻常所见的隐士不同，他并非常年隐匿于山林，而是经常前往达官贵人府中，并时不时地邀请达官贵人来做客，还与当时的宰相交往甚密。所以，陈继儒表面看来是个山中高人，实际上他希望这些达官贵人有朝一日能为他牵线搭桥，告诉皇上山中有高人，如此一来，说不定皇上就能请他出来做官。他的故事被人们熟知，民间便流传一首讽刺他“假隐”的诗，其中有两句最为贴切：“翩翩一只云间鹤，飞来飞去宰相家。”

专家教学建议

朱永新：

中国的隐士文化博大精深，贾岛的《寻隐者不遇》堪称经典。苏静老师用“因为不遇，所以美好”来概括这首诗，本身就有一种诗意与禅意。细品苏老师的内容解读，老师们不难发现，这首诗丰富的文化内涵，集中沉淀在每句诗的经典意象里，四个小标题已经足以串联起这首诗拓展教学的基本思路，即：“松下问童子”——为何是“松”；“言师采药去”——采的什么“药”；“只在此山中”——绕不开的“山”；“云深不知处”——不简单的“云”。而贾岛曲折离奇的人生经历，一定会让孩子们叹为观止。老师们还可以补充历史上“真假隐士”的小故事，让孩子们更真切地触摸隐士文化，理解“真隐”的高洁与“假隐”的虚伪，感受诗中“不遇”的美好之境。

第 17 讲 《池上》与《小儿垂钓》

——我是小孩儿我怕谁

导语

这是两首天真烂漫、清新自然的儿童诗。看到一个偷采白莲的小娃娃，白居易作何感想？路遇认真垂钓的新手小孩儿，胡令能又有何表现？两位诗人缘何有此心境，对小孩儿的世界感同身受？古时的小孩儿们除了采莲和垂钓，还有哪些好玩的游戏？

| 池上 |

（唐）白居易

小娃撑小艇，偷采白莲回。
不解藏踪迹，浮萍一道开。

| 小儿垂钓 |

（唐）胡令能

蓬头稚子学垂纶，侧坐莓苔草映身。
路人借问遥招手，怕得鱼惊不应人。

古诗揭秘

一、白居易的“中隐”情结

白居易（772—846 年），字乐天，号香山居士，又号醉吟先生。他自小聪慧过人，十岁通诗书，十五岁能成文，而且勤奋刻苦，常因读书磨得口生疮、手起茧。又因生于乱世，常为躲避战乱而跟随家人流离奔波，因此阅历比许多同龄人更为丰富，文笔与学识都显得十分老练。

公元 787 年，白居易时年十六，少年才子初露头角，凭借一首《赋得古原草送别》得到了当时著作佐郎顾况的赏识。公元 803 年春，白居易科考登第，释褐为秘书省校书郎，正式开启他“兼济天下”的为官生涯。此后，白居易还担任过校书郎、县尉、翰林学士、左拾遗等官职，步步高升，可谓如鱼得水。为官期间，白居易亲力亲为，在不同的地域体察民情，对社会也有了更深刻的认识，他常在诗作中讽刺社会不公，抨击官员腐败，揭露宦官弄权，因而得罪了一众权贵。公元 815 年，宰相武元衡遇刺身亡，白居易上书皇帝，主张缉拿真凶，却被弹劾为越职言事。其后又因母亲看花坠井去世，自己却著有“赏花”“新井”诗此等子虚乌有之事，被诽谤为有害名教，因此被贬谪江州。后来白居易复又被调任回朝，官职一变再变。公元 824 年，白居易出任太子左庶子分司东都时，在洛阳履道里购置了一套宅院，在此处度过了他“独善其身”的晚年生活。这所白居易颐养天年的府宅十分雅致，住宅与园林融为一体，湖光山色相映成趣，在其所作的《池上篇》中有详细记载：“十亩之宅，五亩之园。有水一池，有竹千竿。勿谓土狭，勿谓地偏。足以容膝，足以息肩。有堂有庭，有桥有船。有书有酒，有歌有弦。有叟在中，白须飘然。识分知足，外无求焉。”

公元 835 年，白居易再被调任为苏州刺史，但一年后复又回到洛阳。经历了半生的仕途跌宕，此时白居易已然看淡俗世，心境超脱。他平和的心态在其所作的《中隐》中可见一斑：“大隐住朝市，小隐入丘樊。丘樊太冷落，朝市太嚣喧。不如作中隐，隐在留司官。似出复似处，非忙亦非闲。不劳心与力，又免饥与寒。”

白居易一生在“兼济天下”与“独善其身”之间徘徊，晚年时因厌倦了官场沉浮，最终选择了“不如作中隐，隐在留司官”的生活。公元835年，晚年的白居易被任命为同州刺史，他辞不赴任，后改任为太子少傅分司东都，得以留在洛阳。《池上》正是作于此时期。

二、胡令能的“真隐”人生

胡令能（785—826年），唐朝贞元、元和时期人。胡令能非常勤奋好学，然而家境十分贫困，年轻时凭借修补锅碗盆缸的手艺求得温饱，因此人称“胡钉铰”。

胡令能隐居于圃田（今河南中牟县）。圃田是列子之乡，胡令能十分崇拜列子，时常祭祀列子，因此深受列子的影响，成就了一身道家风骨。他向往心灵的自由，宁可像列子一样逍遥于世，也不愿意劳心劳力，为仕途功名去奔走。藏身于民众间的胡令能又不失高雅志趣和生活情趣，返朴归真，算得上是真正的隐士。

有这样一个关于胡令能的传说：他在晚上睡觉时梦见一位白衣白发的仙人，仙人来到他的床前，将他的肚子剖开，放进去一卷书，从此以后，他便能出口成章，口吐珠玑。胡令能的诗作语言浅显，卓立尘凡，富有生活情趣，颇有仙家闲逸风范，现仅存七绝诗四首，全部收录于《全唐诗》。

三、我是小孩儿我怕谁

(一) 偷采白莲不会藏

晚年的白居易在东都洛阳过起闲适的生活，与挚友刘禹锡唱和，时常游历于龙门一带。一日，白居易在池边游玩，碰巧遇见小娃娃撑船采莲归来，觉得颇有情趣，不胜欣喜，有感而作《池上》一诗。

一个莲花盛开的夏日，在家待不住的小娃娃趁着家人不注意，撑起小船，划着船桨偷偷去采摘白莲。如愿摘到莲花后，兴高采烈地撑船而归。但小娃娃只顾着高兴，却不知道要隐藏自己的行踪，大摇大摆划着小船回来，绿绿的浮萍被经过的小船划开，留下了一道长长的痕迹，小娃娃的行踪暴露无遗。

诗中有景有色，有“撑”“采”等行动描写，加之心理刻画，仅仅二十字，一个天真活泼、淘气可爱的儿童形象就跃然纸上。尤其是末句“不解藏踪迹，浮萍一道开”，语言虽直白浅显，却入木三分，把一个天真可爱，不会隐藏又“自作聪明”的小娃娃写得活灵活现。

刘永济曾在《唐人绝句精华》中表示赞赏：“此二十字写小娃天真如在眼前，有画笔所不到者。”徐增也在《而庵说唐诗》中指出：“‘不解藏踪迹’，‘不解’妙。乐天心中正喜其不解，若解则不采莲，浮萍中又安得有此一道天光哉！此种诗，着不得一些拟议，犹之西子面上着不得一些脂粉。今人胸中不干净，那有此好诗作出来？”

（二）醉心垂钓不应人

《小儿垂钓》是诗人胡令能到农村去找寻朋友时，向钓鱼儿童问路后所作。作者从形与神两方面刻画了一个孩童在水边钓鱼的情景，语言清新自然，寥寥数语便描绘出一幅童趣盎然的图画。

诗人在开头仅用“蓬头稚子”四个字就全然交代了孩童的外貌甚至身份，没有过多的笔墨渲染，写出了山野孩子的纯真面貌，“蓬头”并非指责小孩子不修边幅，而是为衬托小孩子的天真淘气。这个年龄的小孩本就自由自在，更何况出生在山野人家，无拘无束地生活在大自然中，直写出山野孩子头发蓬乱的本来面目，使人觉得自然可爱与真实可信。

“学”是这首诗的诗眼，仅此一个字就交待出这是一个钓鱼新手的身份。为何说这个小孩子是新手，我们从“侧坐莓苔草映身”可窥知一二。孩童侧着身子坐在青苔上，旁边的绿草掩映着他小小的身躯。有经验的垂钓者一般都是正襟危坐，一动不动，与“稳坐钓鱼台”的形象相对比，孩童侧着身子随意地坐在“莓苔”上，如此不拘形迹，更显得真实可爱。

"莓苔"，泛指贴着地面生长在阴湿地方的低等植物，从这里可以看出孩童是在阳光罕见、人迹罕至的地方钓鱼，可谓一个鱼不受惊、人不暴晒的僻静地方，为后文"怕得鱼惊不应人"作铺垫。

末尾叙写当路人看见掩映在草丛里的孩童想要问路时，孩童怕把鱼惊散而不回答，于是隔着很远就摆手。这是从动作和心理方面来刻画孩童，传神凝练，表现出孩童机智机警、聪敏伶俐的性格特点。

四、古代小孩儿都玩儿啥

虽然古代小孩儿没有今天的物质条件和高新科技，但有大把的时间和自然的陪伴。纵观古代小孩儿的玩法，可谓花样百出，创意无限。自然中的万事万物，都可以变成小孩儿的玩具和游戏，让后人望尘莫及，羡慕不已。这一点，在诗人们妙趣横生的儿童诗中可见一斑。

（一）放风筝——忙趁东风放纸鸢

高鼎生活在鸦片战争之后的咸丰年间，一生无仕途之累，历史上有关他的生平及创作情况记载很少。一生不得志的高鼎晚年归隐于上饶农村，在远离战争硝烟的村庄过着宁静安逸的生活。恰逢初春，万物更新，诗人心情大好，观景抒怀，写下充满童真童趣的名作《村居》：

草长莺飞二月天，拂堤杨柳醉春烟。
儿童散学归来早，忙趁东风放纸鸢。

第一句"草长莺飞二月天"，化用了梁朝文学家丘迟《与陈伯之书》中的"暮春三月，江南草长，杂花生树，群莺乱飞"，呈现出早春时节万物复苏、欣欣向荣的景象。二月天里莺飞草长，既不失原句的兴致神韵，又贴合眼前风景。更妙的是一个"醉"字，使人浮想联翩，既是在写柳枝随风舞弄的纤柔状态，也指代诗人沉醉于浓郁春意的心情。

第三句中，"早"活灵活现地展现了儿童在美好春光的撩动下，早早放学归来，急忙约着好友外出放风筝的急切心态，衬托出乡野儿童的天真烂漫，自由可爱。现代作家、诗人孙朝成在《三千年选解三百首：中国传统诗词摘珍解妙》中评价此诗："这首诗，以轻快的笔调写出儿童放风筝的自由与快乐的情景，诗人的快乐与儿童的快乐在诗里交融，让人读来十分轻松。"

（二）捉知了——意欲捕鸣蝉

《所见》是清代文学家袁枚创作的一首五言绝句。在诗中，作者通过动作、神态描写，记录下牧童骑牛唱歌想捕捉知了这样一件生活趣事，表现出牧童天真活泼可爱的特点，也表现出诗人对于乡野悠闲生活的喜爱之情，全诗如下：

牧童骑黄牛，歌声振林樾。
意欲捕鸣蝉，忽然闭口立。

首句中，一个动词"骑"写出牧童当时的状态；第二句的"振"字则间接点出牧童的心情——因为内心欢乐，自由自在，不禁在马背上引吭高歌，声振林木，响彻云霄。这两个动词，将牧童悠闲自在、无忧无虑的心情展现得淋漓尽致。

诗的下半部分叙写牧童忽然想要捕捉正在树上鸣叫的知了，于是马上停止唱歌，一声不响地站立在树旁。"忽然"一词，将牧童闭口注目鸣蝉的瞬间神态描写得韵味十足，刻画出了牧童惊喜的心情和机警的性格，栩栩如生。

全诗语言活泼、浅显明了，直接抒发出诗人对和平宁静、优美如画的田园风光的向往和喜爱之情，对天真无邪、率性自然的牧童的羡慕之情。袁枚曾经说过："诗人者，不失其赤子之心也。"所以，诗所描绘、所刻画的正是诗人毕生追求的境界，也正是他一再强调的"真性情"。

（三）追蝴蝶——儿童急走追黄蝶

《宿新市徐公店》创作于宋光宗绍熙三年（公元 1192 年），诗人杨万里正任江东转运副使，任所位于建康（今江苏南京）。而新市位于临安与建康之间，这里水陆交通便利，是作者任职的必经之地。途经此处，略作停留，见景生情，于是有感而发，写下此诗：

篱落疏疏一径深，树头新绿未成阴。
儿童急走追黄蝶，飞入菜花无处寻。

诗的前两句写景，描绘出一幅春意盎然、清新自然的暮春乡野图：在乡野田间，篱笆稀疏散落，有一条幽深小径通往田野深处，枝头的春花已经掉落，新出的绿芽没有长得很茂密，还不能连成一片树荫。后两句描绘的则是儿童捕蝶的欢乐场面。“急走”“追”两个动词形象贴切，将儿童天真活泼的神态、好奇好胜的心理刻画得惟妙惟肖。

上下文动静结合，语言清新自然，内容生动有趣。中国社会科学院文学研究所副研究员陈才智评价此诗：“四句皆可入画者，则尤忌呆板平列。由景而人，由静而动，由远而近，使得杨万里这首《宿新市徐公店》避免了画面的呆板平列。”

(四) 敲打冰——稚子金盆脱晓冰

杨万里曾经以一首《稚子弄冰》，记载下淘气的孩子们以冰当钲拿来敲击，因为丝线不够牢固而碎作一地的好笑场景，全诗如下：

稚子金盆脱晓冰，彩丝穿取当银钲。
敲成玉磬穿林响，忽作玻璃碎地声。

清晨时分，小孩将昨夜冻在金盆中的冰块取下，做成各种“打击乐器”，用彩线将冰块穿起来当作钲，又做成玉磬，轻轻敲打，冰块发出穿林而过的清脆响声。正醉心聆听时，忽然哗啦一声，冰块落地，发出像玻璃破碎时的清脆之声。

全诗突出一个“稚”字。南宋周益公题《诚斋集》时写道：“写人情意，则铺叙纤悉，曲尽其妙，笔端有口，句中有眼。”孩童此般的“弄冰行动”在成人眼中有着盎然的情趣，作者笔下的孩童有着幼年阶段特有的稚气和天马行空的想象力，读来令人忍俊不禁。

第 18 讲 《梅花》

——居然是为自己点赞

导语

一首《梅花》诗，向来被认为是作者对梅花高洁品格的赞美。殊不知，它的背后隐藏着作者传奇的人生故事。这首诗居然是作者写给自己的！其中看似平淡的几个词——“墙角”“数枝”“凌寒”“雪”“暗香”……其实字字皆学问，词词蕴故事。更让人拍案称奇的是，在这首诗中，你将重新认识一代名相王安石，并且与众多意想不到的诗人大家不期而遇，彻底颠覆你之前对王安石的印象。你相信吗？

| 梅花 |

（宋）王安石

墙角数枝梅，凌寒独自开。
遥知不是雪，为有暗香来。

古诗揭秘

一、从少年天才到铁腕宰相

（一）风雨送介甫

相传王安石年少时就表现出过人的天赋，连上天都格外眷顾他。《铁围山丛谈》中记载了一个跟王安石有关的充满神秘色彩的故事：“长安西去蜀道有梓橦神祠者，素号异甚。士大夫过之，得风雨送，必至宰相；进士过之，得风雨则必殿魁，自古传无一失者。有王提刑者过焉，适大风雨，王心因自负，然独不验。时介甫丞相年八九岁矣，侍其父行，后乃知风雨送介甫也。”这个故事中提到的王提刑官，正是王安石的父亲，提刑官是他当时的官职。而介甫正是王安石，王安石字介甫。王安石的父亲一生辗转各地，做过几任州县官，王安石少年时期就跟随父亲游历四方。而故事中提到的梓橦神祠，是位于四川山里的一座庙祠。这个庙祠因其“风雨”而远近闻名，风是官运风，雨是金钱雨，可谓异常神奇：做官的人经过时，如果有风雨相伴，则预示着此人将会位至宰相；假如有读书人从这里经过，得风雨相送，则预示着此人必将榜首夺魁，自古以来都是极其灵验的，无一例外。而当时，恰恰王安石父子二人一起经过庙祠。进去之前还是晴空万里，进去之后瞬间风雨大作。走出庙祠，王安石的父亲狂喜不已，自负地认为自己终于盼得出头之日，很快就可以官至宰相。可是直到去世，他的梦想也没有实现。而当时与他同行的儿子王安石，不过八九岁，却一路平步青云，最终官至宰相。这时大家才明白，原来这风雨是为王安石而来，他才是真正的富贵之人，于是便有了“风雨送介甫”的传奇故事。

（二）面馆巧赢大师傅

相传王安石从小机智过人，是远近闻名的小神童。他小时候住在临川城内的盐埠岭，离他家不远的街口有一家面馆。因为经常去吃面，所以和面馆的伙计师傅们非常熟悉。大家都很喜欢这个聪明伶俐的小男孩儿，也喜欢出难题逗他开心。

一天早上，小王安石像往常一样来到面馆吃面，可是左等右等，都不见有人给自己上面，这时店伙计跟他说，做面大师傅特意给他做了一碗面，而且是请他白吃，让他自己去厨房端。来到厨房，小王安石看到大师傅面前放着一碗面，满满当当，就差一点汤汁就要溢出来了。大师傅望着小王安石，笑着说：“这是特意给你准备的一碗上好的面，不收钱，但前提是，你得把面滴汤不洒地端到前面的桌子上，能做到吗？”小王安石听后，不动声色，找来一双筷子，把面高高挑起来，这样剩下的汤汁便连半碗都不到了，他就这样一手在上挑着面，一手在下端着碗，把面稳稳妥妥地端到了前堂桌子上，然后美美地吃了起来。面馆的伙计们啧啧称赞，大师傅笑着说：“果然是考不倒的小神童啊！”

（三）特立独行的“拗相公”

长大后的王安石坚持原则，特立独行，一旦认定一件事，九牛二虎之力都拉不回来。他的这种执拗与坚持，在他极力推行变法，即使被两次罢相仍不屈服上展现得淋漓尽致，因此他又有“拗相公”之称。其实，说到王安石的执拗，不仅体现在变法这件大事上，同样体现在他日常生活中的许多轶事上。

跟王安石同一时期的还有两个重要人物，一个是大名鼎鼎的史学家司马光，一个是名垂青史的断案高手包拯，就是大家熟知的包青天。相传有一次包拯宴请宾客，王安石和司马光都在被邀请之列，而且跟包拯同席。王安石和司马光都不善于饮酒，所以二人在席间都没有举杯。这时，作为主人且生性豪爽的包拯一再邀请，碍于情面，司马光饮了一杯。但是王安石却不一样，无论包拯怎么劝，他就是不肯沾一口，并没有因为包拯是自己的上级而曲意违背自己的原则。面对软硬不吃、执拗至极的王安石，纵然是铁面包拯也无可奈何，只好作罢。这就是王安石，不会曲意逢迎，也不会逢场作戏。

另一个故事讲的是王安石“退妾”。相传王安石任知制诰时，他的妻子没有跟他商量，直接给他纳了一房小妾。结果，当小妾去侍奉王安石时，王安石大惊，劈头就问：“你是谁？”小妾怯生生地说出了自己的身世。原来这个小妾之前是有丈夫的，只是因为“家欠官债、被迫卖身”，所以才无奈来到王安石家。王安石听罢，二话不说，掏出银两就把她送回了家，而且还帮助她还清官债，使其夫妇破镜重圆。

后来，王安石做了宰相，性格依然执拗。有一次，儿媳妇家的亲戚萧公子到了京城，专门去拜访王安石。王安石邀请他吃饭。第二天，萧公子盛装前往，料想王安石也定会盛宴款待。不料一直过了中午，王安石都没有要开饭的意思，萧公子饿得难耐，又不敢贸然起身告辞。又过了很久，王安石终于下令入座，但是仍然没有什么像样的菜肴，只有两块胡饼和四份切成块的肉，外加一点菜羹。萧公子平日山珍海味吃惯了，哪里吃得下这么简素的东西。再加上他平日娇生惯养，养成了傲慢自我的习惯，所以只吃了胡饼中间的一小部分，把四边都留下了。没想到，王安石见状，二话不说，就把萧公子剩下散碎的饼全拿过来吃了。萧公子见状，很是尴尬惭愧，只能灰溜溜地起身告辞了。

(四) 厚积薄发的铁腕宰相

王安石青年时便显露出一种凛然的大气。他不像一般人，做官是为了功名利禄，巴不得年年加官晋爵。他做官是真正心怀天下，为民造福。年轻的王安石认为自己做地方官可以最大限度地发挥自己的作用，为民办事，造福百姓。因此即使多次有人推荐他进京做官，他都婉言拒绝了。他做地方官的时候，兴修水利，大力办学，推行各种为民减负增收的新政策，他为官的地方，百姓都富足安康，因此他深得百姓爱戴。由于他政绩突出，朝廷多次嘉奖他，要提拔他进京为官，但他都以各种理由推辞。他每推辞一次，在朝廷中的名望与声誉便更高一些，逐渐地他这个小小的地方官也在朝野中名声大震了。但王安石所在意的并不是个人声誉，而是天下百姓的福祉。他在地方为官一干就是十八年，这期间，他有足够的机会与时间来考察社会积弊，了解民间疾苦，对北宋现存的社会问题也有了深刻的体会和思考，他不断地探索着治国的良策。他所做的一切不是为了给朝廷看，而是真心实意地想要为百姓谋福利，为国家谋强盛。于是在他认为时机成熟，自己可以为国家、为百姓谋更多福利的时候，他接受了朝廷的任命，进京为官，开始了自己的改革大计。

王安石进京之后，踌躇满志，立志改革变法，要面临的阻力当然非常大。但是他生性耿介正直，立场坚定，不畏人言。在他改革变法的过程中，他给自己立下了三条基本原则，听上去条条石破天惊，令一些人听后大惊失色。这三条原则也被称为“三不”原则：第一条，天变不足畏；第二条，人言不足恤；第三条，祖宗不足法。意思是说：如果因为变法，老天爷不高兴了，那也没有什么好害怕的；如果有人对变法有异议，说话坏，我不会去理会的；如果变法触犯了祖宗立下的规矩，那也没有什么关系，祖宗立下的法律，不必非要效仿。此话一出，石破天惊，朝野之上反对声一片。

当时的皇帝宋神宗，励精图治，想要革新变法，非常信任、欣赏王安石，因此力排众议，大力支持王安石变法。但即使有皇帝的亲力支持，王安石的变法也并不是一帆风顺的，而是困难重重。当时朝中有许多人反对王安石的变法，其中不乏重量级的人物，比如苏门三子、司马光等人。因为极力推行变法，王安石曾被两次罢相，而新政也因为神宗皇帝的去世，缺少支持，再加上保守派势力的强力阻挠而最终失败。虽然改革失败了，但王安石变法还是对北宋的社会发展产生了积极影响。

二、凌寒独自开

（一）变法遇阻，被迫还乡

王安石变法一波三折，遭到了很多人的反对，幸有神宗皇帝的大力支持，才得以继续。神宗和王安石顶住压力，颁布新法。熙宁七年（公元 1074 年）春，天降大旱，久久不下雨，百姓流离失所，难民食不果腹。朝内外守旧势力以“天变”为借口，大做文章，又一次掀起对变法的围攻，将所有过错都算到王安石的头上，给新政罗列出许多条罪过，给神宗施加很大的压力。一时间，群情汹汹，民心不稳，神宗终日忧思，寝食难安。特别是看了大臣呈上的东北告急的《流民图》后，宋神宗更是夜不能寐，也认为“天变”非同小可，是上天对人事不为、变法不当的惩罚。再加上司马光又上《应诏言朝廷阙失状》，令变法最大的支持者宋神宗发生了动摇。同年四月，神宗的祖母曹太后和母亲高太后也出面阻挠新法，向神宗哭诉“王安石乱天下”。这个时候的神宗皇帝是腹背受敌，面对群臣和太后的请求，无奈之下，他只好罢免了王安石的宰相之位，让他提前告老还乡了。

（二）寒梅傲雪，以诗自勉

冬天来了，漫天飘着鹅毛大雪，被罢官的王安石孤独地在自己的小院里散步，满腹无奈。突然间，他看到院里的墙角有几枝梅花居然傲雪开放，他立刻想到了自己的人生，于是提笔写下这首传唱千古的《梅花》诗。

首先看第一句“墙角数枝梅”，这梅花不是堂而皇之地开在庭院中央，而是开在墙角。这就像此时王安石的处境，只能在夹缝中生存，处处受人排挤，遭人反对，所以王安石自比是“墙角梅”。虽然是孤独的，受人冷落的，但王安石却是“数枝梅”而不是“一枝梅”，他还有朋友支持。他知道自己不是孤军奋战，自己的观点还有人支持，他知道皇帝心里是支持他的，只是出于各方面的阻力，才无奈罢了自己的官。所以，看着墙角高洁的梅花，王安石没有绝望，他认为还是有几个像自己一样有高洁人品、支持自己的同道中人。“凌寒独自开”，王安石觉得很孤单，因为只有他自己在这里默默地开放，还要在冰天雪地中忍受严寒的折磨。在寒冷的冬天，在仕途受挫、人生无望、心寒彻骨的状态下，王安石仍然不放弃自己的梦想，还像梅花一样傲雪绽放，一个“凌”字，表达了诗人的铮铮傲骨。“遥知不是雪，为有暗香来”，表明高洁之士不必大肆宣扬，君子的品格自然会被世人所知晓。这首传唱千古的《梅花》诗，在赞美梅花不畏严寒、独自盛开的坚韧顽强与高洁清雅的同时，更是诗人对自己的一种肯定与勉励。

三、“暗香”从何而来

《梅花》诗中，一句“遥知不是雪，为有暗香来”，不仅写出了梅花的高洁，更是诗人对自己人格精神的描摹和写照。那么，王安石哪里来的自信为自己点赞？他的暗香又从何而来？

（一）不拘小节，“囚首丧面”

史料中记载，王安石是一个非常不拘小节的人，甚至到了一种不讲个人卫生的程度。他常常一件衣服穿好久，不洗脸，不刷牙，邋里邋遢。北宋大文豪苏洵曾用“囚首丧面”四个字来形容他，意思是说他像犯人一样，头也不梳，像居丧一样，脸也不洗。可见王安石在当时文人心中的独特形象。

年轻时的王安石曾经在韩琦的幕下为官。那时的他晚上通宵达旦地读书，白天就衣衫不整、蓬头垢面地去见韩琦。韩琦看到王安石总是这样不修边幅，误以为他夜晚沉溺酒色，实在忍不下去了，便暗中提醒他要注意检点，晚上不要出去玩到太晚，要趁年轻多读书。王安石只是笑一笑，不作过多解释。后来韩琦发现，王安石虽然外表邋遢，不拘小节，但是内在却才华横溢，颇有见识。这才了解到原来他晚上是刻苦读书，心无旁骛。于是对王安石非常欣赏和器重，一路扶持。

王安石直到当上宰相后，不拘小节的性格也丝毫未改。相传有一次，神宗皇帝召集几个位高权重的大臣一起商讨国事。当时大家离得比较近，神宗皇帝正在讲话，当他目光转向王安石的时候，竟清清楚楚地看到有一只跳蚤从王安石衣服的领口溜出。只见它探头探脑，然后竟一路爬到了王安石的胡须上，在上面悠然“漫步”，但是王安石却毫不知情，仍然紧锁眉头沉思。神宗皇帝见状，忍不住笑出声来，而王安石却一头雾水，不知道发生了什么。直到神宗点破缘由，王安石依然一脸严肃，毫不在意，可见其内心之强大。

（二）临危相救——王安石与苏轼

苏轼一向反对王安石变法，与其政见不合，是王安石的大政敌。后来，苏轼遭人陷害卷入“乌台诗案”，被认为有谋反朝廷的嫌疑，被流放边远之地，境地苦楚。于是墙倒众人推，许多人纷纷落井下石，露出了小人面目。可是王安石是一个正人君子，他不仅没有听信谗言，还把小人狠狠地训斥了一顿。虽然当时的他已经被迫罢相在家，自身境遇堪忧，但他仍不计前嫌，爱惜人才，暗中帮助苏轼，亲自上书给神宗替苏轼求情，劝皇帝惜才。虽然王安石已被罢相，但是神宗皇帝还是很敬重王安石的，所以看了王安石的信之后，便将苏轼从轻发落。这让苏轼内心感激不尽，非常佩服王安石的为人。在王安石去世的时候，苏轼还亲自撰文悼念。

与苏轼并称“苏黄”的大书法家、文学家黄庭坚，虽然也反对王安石变法，但他对王安石本人却非常钦慕，这与王安石高尚的品格是分不开的。黄庭坚曾在《跋王荆公禅简》中说：“余尝熟观其（王安石）风度，真视富贵如浮云，不溺于财利酒色，一世之伟人也。”

(三) 君子之交——王安石与司马光

司马光和王安石曾经私下非常交好，两人不仅都才华横溢，在文学上有所建树，而且为人方面也非常相似。两人都非常勤俭节约，严于律己，为政清廉，做事非常有原则。他俩不仅在才情上趣味相投，对对方的人品气节也非常欣赏钦慕，因此两人找机会搬到一起做了邻居。这么交好的朋友，最后因为政见不同而成了政敌。王安石是改革派的倡导者，而司马光是保守派的领军人。

在王安石大力推行变法时，司马光见无法阻挡变法的浪潮，便辞官离京，潜心治学。十八年间，他专心于编写中国历史上第一部编年体历史巨作《资治通鉴》。后来王安石被亲信出卖陷害，变法一度难以推行，再加上大儿子离世，已经老年的他忍受着变法失败及老年丧子的痛苦，毅然辞官。后来，司马光为相，他废除了所有改革时颁布的新政，王安石听说后，十分悲愤，没几天便愤懑辞世。远在京城的司马光得知王安石去世的消息，慨叹不已。当时也已经抱病在身的司马光因为害怕王安石死后遭小人凌辱，向朝廷上书提议追封王安石，根据他的建议，王安石被追封为太傅。

正如宋人冯澥所说：“王安石、司马光，皆天下之大贤。其优劣等差，自有公论。”王安石与司马光二人虽然因政见不同而多次激辩，各执一政，互不退让，但他们绝不会使用卑鄙下流的手段去打压排挤对方。因为他们二人都是心怀天下、光明磊落的君子，只是治国的理念不同，所以二人从来只是对事不对人。因此即便政见不同，也不会影响他们之间的情谊。

所以，《梅花》诗中，王安石显然“轻雪重梅”。他说“遥知不是雪”，是因为有自知之明，在常人眼中，他绝对不是那种玉树临风、白衣胜雪、玉洁冰清的君子形象。但是，王安石又是极其自信的，因为他有“暗香”，他有高贵的人品和文品，他有特立独行又悲天悯人的精神。所以，他自诩为梅之品格，梅之风骨，用“为有暗香来”为自己点赞，可谓实至名归。

四、五福梅花

（一）梅花的美好寓意

梅花被誉为花中“四君子”（梅、兰、竹、菊）之一，也被誉为“岁寒三友”（松、竹、梅）之一。梅花即使处在环境恶劣、万物凋零的冬天，仍然独傲枝头，热烈盛开，是中华民族最有气节的花，被看作是民族魂的象征。梅花受到历代文人墨客的歌颂，关于梅的诗作和绘画作品不胜枚举，是其他花卉所难以企及的。

有关梅花的记载，在商代时便出现了，距今已经有四千多年的历史，梅花受到各朝各代人们的喜爱，无论天子贵族还是平民百姓，无一不对其情有独钟。民间素有梅具“四德”“五福”的说法，梅花的五个花瓣代表着吉祥，为福、禄、寿、禧、财五个吉祥神；梅花还常被人们看作是传春报喜的象征。在传统绘画中，梅花、竹子和两只喜鹊画在一起，代表着“梅竹双喜”。画喜鹊站在梅梢上鸣叫，寓意喜上眉梢、喜事临门。

（二）梅妻鹤子

文人皆爱梅花的高洁品质，但相传有人爱梅爱到极致，终身未娶，以梅为妻，以鹤为子，此人便是历史上大名鼎鼎的宋代文人林逋。

林逋学识渊博，以文章闻名天下，可是他却淡泊名利，在杭州西湖的孤山脚下盖了几间小草屋，过起了隐居生活。让他放弃功名利禄容易，可是让他放弃爱好却难。他一生的三大爱好便是：写诗、赏梅、观鹤。他最爱梅花那清幽高雅的姿态和不畏风霜的高洁品性，所以他在房前屋后种满了梅花。每当冬天来临，万物凋零，而他的梅花却傲寒盛开，一片花海与白雪交相辉映，处处都是梅花的幽香。林逋喜欢鹤，他觉得鹤姿态优美高雅，与其他鸟类有云泥之别。于是他养了很多鹤。民间传说，他养的鹤都很有灵性。每当有客人来访时，它们就会飞回来向林逋报信。

一个冬天的黄昏，林逋闲来无事，便在自己的花园中散步，这时正值梅花盛开，花姿娇美，暗香浮动。不远处是清清浅浅的一湾池水，一株梅花像是舞女一般弯着柔软的腰肢，探向水面，水面上映照出它优美的身姿，而不知何时，一弯明月已经静谧地在池水的上方升起，散发着柔和的光芒，真是仿若人间仙境。于是一首《山园小梅》，便从林逋口中吟哦而出：

众芳摇落独暄妍，占尽风情向小园。
疏影横斜水清浅，暗香浮动月黄昏。
霜禽欲下先偷眼，粉蝶如知合断魂。
幸有微吟可相狎，不须檀板共金樽。

这首脍炙人口的诗歌在当时引起了不小的轰动，掀起了文人赏梅的风尚。其中“疏影横斜水清浅，暗香浮动月黄昏”更是成为了歌咏梅花的千古绝唱。

后来，人们用“梅妻鹤子”这一典故，来表示一个人隐居或者形容一个人的清高。

（三）另一首《梅花》亦多情

除了家喻户晓的《梅花》诗外，王安石还有另外一首《梅花》诗，同样写得情思深切，别有韵味。全诗如下：

白玉堂前一树梅，为谁零落为谁开。
唯有春风最相惜，一年一度一归来。

这首诗同样写在王安石被罢相之后。前两句跟《葬花吟》中的“花谢花飞花满天，红消香断有谁怜”有异曲同工之妙，多有自怜之意。而后两句的春风一年一度的相惜，在传达出惆怅和无奈之感的同时，又表达出对春风的感激之意。“春风”一词在古代诗词中常含有“皇恩”的隐喻，王安石变法与当朝皇帝宋神宗有着密不可分的关系，所以借此诗表达了自己孤芳难自赏，唯等春风来的复杂心绪。

这首《梅花》诗的独特之处还在于这是一首“集句诗”，即集合了前人的诗句拼接而成，又自成风格。首句“白玉堂前一树梅”，出自唐代诗人蒋维翰的《春女怨》：“白玉堂前一树梅，今朝忽见数花开。儿家门户寻常闭，春色因何入得来？”第二句“为谁零落为谁开”则出自唐代诗人严恽的《落花》：“春光冉冉归何处，更向花前把一杯。尽日问花花不语，为谁零落为谁开。”第三句“唯有春风最相惜”出自唐代诗人杨巨源的《和练秀才杨柳》：“水边杨柳曲尘丝，立马烦君折一枝。唯有春风最相惜，殷勤更向手中吹。”最后一句“一年一度一归来”则出自宋初詹茂光妻的《寄远》：“锦江江上探春回，消尽寒冰落尽梅。争得儿夫似春色，一年一度一归来。”可见，王安石非常擅长集句，能因难见巧，信手拈来，顷刻而就。这首《梅花》诗，虽然聚集了唐宋四位诗人的诗句，但经过王安石的巧妙组合，赋予新意，瞬间辞气相属，如出己手，毫无牵强拼凑之意，堪称集句诗的经典之作。

（四）梅花的庞大粉丝群

因为梅花独特的象征意义，自古以来，圈粉无数。许多文人墨客都为梅花的高洁品性所倾倒，吟咏梅花的诗句不胜枚举。其中，南宋大诗人陆游是梅花的忠实“粉丝”，他把自己与梅花并举，写下“何方可化身千亿，一树梅花一放翁”的豪迈之语，他的《卜算子 · 咏梅》更堪称梅花诗词中的经典之作，全词如下：

驿外断桥边，寂寞开无主。已是黄昏独自愁，更著风和雨。
无意苦争春，一任群芳妒。零落成泥碾作尘，只有香如故。

一句“零落成泥碾作尘，只有香如故”，道尽了梅花的冰清傲骨，令人动容。毛泽东也写过一首《卜算子 · 咏梅》，虽然意境与陆游大不相同，但是同样写出了梅花凌寒独立、低调报春的清高品格。全词如下：

风雨送春归，飞雪迎春到。已是悬崖百丈冰，犹有花枝俏。
俏也不争春，只把春来报。待到山花烂漫时，她在丛中笑。

而南宋诗人卢梅坡的《雪梅》诗也流传甚广，诗人突发奇想，将梅与雪置身于一场“争春”的比拼中，最后得出“梅须逊雪三分白，雪却输梅一段香”的结论，堪称咏梅诗中别出心裁之作。全诗如下：

梅雪争春未肯降，骚人阁笔费评章。
梅须逊雪三分白，雪却输梅一段香。

咏梅诗的名作还有元朝王冕的《墨梅》，全诗构思精巧，淡中有味，直中有曲，极富清新高雅之气。全诗如下：

我家洗砚池头树，朵朵花开淡墨痕。
不要人夸好颜色，只留清气满乾坤。

此诗开头两句直接描写墨梅，最后两句盛赞墨梅的高风亮节，赞美墨梅不求人夸，只愿给人间留下清香的美德。

综合古人诗文中的梅花形象，多是借梅自喻，表达自己对人生的态度以及不向世俗献媚的高尚情操。

第 19 讲 《示儿》

——家祭如何告乃翁

导语

《示儿》是爱国诗人陆游的经典之作，一句“王师北定中原日，家祭无忘告乃翁”令人深深动容。那么，是什么样的经历使得陆游一生的爱国抱负最终化为泡影？他的“放翁”之号又因何而来？“但悲不见九州同”，“九州”一词的历史渊源何在？当九州终于统一，为何后人却发出“家祭如何告乃翁”的无奈悲声？

| 示儿 |

（南宋）陆游

死去元知万事空，但悲不见九州同。
王师北定中原日，家祭无忘告乃翁。

古诗揭秘

一、亘古男儿一放翁

陆游，字务观，号放翁，是南宋诗坛上的爱国者、主战派，一生以恢复中原为己任。他生逢北宋灭亡之际，自出生起，便经历山河破碎、风雨飘摇的生活，但自小接受爱国教育的他，二十岁立下“上马击狂胡，下马草军书”的志向，并且一生用实际行动完成他的志向。

陆游二十九岁时参加科举，位居榜首，然而到复试时竟莫名其妙地被除名了。为什么会这样？因为陆游竟然排在秦埙的前面。秦埙又是何人？他是历史上有名的奸臣秦桧的孙子。再加上陆游主张抗金，秦桧自然对他恨之入骨。好不容易等到秦桧离世，朝廷各部才敢起用陆游。

陆游是个为民所想、为民请命的好官，但是却屡遭弹劾，多次被罢职还乡。陆游曾在蜀地前线参加抗金的战斗，他在前线时身披铁甲、追击金兵，可谓英勇威猛，然而正当他全身心地积极抗金时却被朝廷调离，陆游离开后非常沮丧，只能天天借酒消愁，身边的同僚朋友都嘲笑他颓放消沉，于是他索性称自己为“放翁”。正是因为他曾经入蜀参与抗金战事，所以前线的军旅生活使他的诗词更加饱满、感情真切。“遗民忍死望恢复，几处今宵垂泪痕”“出师一表真名世，千载谁堪伯仲间”等名句皆出于他的著名作品集——《剑南诗稿》。梁启超先生曾对陆游作出高度评价：“诗届千年靡靡风，兵魂销尽国魂空。集中十九从军乐，亘古男儿一放翁。”

二、何为九州

《示儿》诗中，一句“死去元知万事空，但悲不见九州同”表达了陆游对祖国无法统一的深深遗憾和悲伤。那么，何为九州？为什么我们今天习惯将中华大地称为“九州”呢？

关于“九州”的来源，有这样一个传说。相传在上古时期，神州大地洪水泛滥，大禹临危受命，治理水患。他深谙治水真谛，没有采用前人围拦堵截的传统方式，而是采用开凿河道、疏通水流的新方式，将洪水顺势引导，引入大海。一个好汉三个帮，虽然大禹治水才能非凡，但是也离不开众人的帮忙，尤其是沿途各个部落首领的支持与配合。各部落的首领们见大禹治理水患有方，便推选大禹做治水的总指挥。经过十多年的辛苦努力，终于成功地解除了水患对天下苍生的威胁。原来被淹没的土地终于重见天日，江河湖泊从此畅通。大禹按照江河和土地分布的自然形貌将神州大地分为九个部分，由不同的首领掌管，这九个部落便被称为“九州”。据《尚书·禹贡》

记载，这九州分别是：冀州、兖州、青州、徐州、荆州、扬州、豫州、梁州、雍州。

中国第一部系统地分析汉字字形和考究字源的字书《说文解字》称："水中可居曰州。""州"，从字形上看，乃是河水环绕着高地、山丘之形，可见，最初的本意是形容天然的地形地貌。每一个"州"，都是一个高于水面的可以住人的陆地板块。远古时代的人们都是择水而居，他们最先聚集居住在这样的陆地板块上。这样的陆地板块共有九个，也就是人们所谓的"九州"。

如果从神州大地上空俯瞰的话，"九州"其实就是一个巨大的井田制九宫格。天子居于正中，八方诸侯朝贡。据《左传》记载，中国历史上的第一次朝贡，就是大禹被推举为部落联盟首领后，九州的部落首领们纷纷向他朝贡各州的青铜。大禹就用这些进贡来的青铜铸造成了九鼎，一鼎分别象征一州，九鼎象征九州。然后大禹派人将各州最具代表性的山川地貌描绘成册，从全国挑选出最心灵手巧的工匠，按照图册将各州最具代表性的山川地貌刻画到对应的青铜鼎上。

从此，九鼎象征着九州，九鼎成了王权至高无上、国家统一昌盛的传国宝器，夏朝、商朝、周朝三代将其视为象征国家政权的传国之宝。成语"一言九鼎"也正来源于此处。

三、家祭如何告乃翁

陆游的爱国之情在这首临终绝笔《示儿》中可见一斑，八十五岁的老人，给子孙的遗言中无一字言及私事，心心念念的仍然是"未见九州同"，明明知道人死后就什么都没有了，但还是想知道祖国何时能够统一，希望待到北定中原那一天，儿孙们能够告诉自己。诗人对国家对民族的爱已经超越了生死，这也是他留给子孙后代最宝贵的精神遗产。清代李元春在《历朝诗要》中对这首诗和陆游作出了这样的评价："忧国至此，此诗之本。放翁固同子美（杜甫）。"陆游之爱国与唐代大诗人杜甫之爱国同样令人感动。

这首《示儿》诗对后世的影响很大，随着南宋政权的变迁，有两位诗人为《示儿》写过续。一次是端平元年，即公元1234年，宋蒙联合灭金，随后宋朝占据洛阳，宋朝国内一片欢呼。诗人刘克庄欣喜若狂，写了这样一首《示儿》续诗："不及生前见虏亡，放翁易箦愤堂堂。遥知小陆羞时荐，定告王师入洛阳。"刘克庄在诗中热烈地表达了对胜利的渴望，坚信陆游在天之灵可以得到安慰。可惜，刘克庄只看到端平入洛的表面繁荣，却看不到南宋实际上的虚弱。果然，好景不长，南宋攻入洛阳不久就被蒙军逼得南逃。正如辛弃疾所预言的："仇虏六十年必亡，虏亡则中国之忧方大。"相比之下，辛弃疾是颇有政治远见的。

诚如辛弃疾所料，大宋刚拒完豺狼，又迎来了虎豹。公元1234年，蒙古大军彻底击败金朝后，南宋政府立刻派军队占领了开封，同时一并夺回了洛阳。可是南宋政府不求上进，终日饮酒作乐，昏庸的君主亲近小人、目光短浅，就连不成气候的金朝都能轻易将南宋打得溃不成军，那骁勇善战的蒙古大军拿下南宋也是迟早的事。多少爱国志士浴血沙场、积极抗争，才在关键时刻保住南宋的统治，不过这统治也仅仅苟延残喘了四十多年便轰然倒塌。为国家担忧了一辈子的陆游在黄泉下也没有听到让他高兴的结果。宋末爱国诗人林景熙在宋朝灭亡之际，怀着满腔的悲愤之情写下《书陆放翁诗卷后》，诗的最后写道："青山一发愁蒙蒙，干戈况满天南东。来孙却见九州同，家祭如何告乃翁！"这正是对陆游《示儿》诗的回应啊！陆游的后人们终于看到了江河统一的可喜局面，但是统一天下的并不是南宋政权，而是勇猛的蒙古人，不知黄泉下的陆游有何感想。一句"家祭如何告乃翁"，读来令人倍感心酸和无奈。

四、包罗万象的《示儿》诗

陆游是历史上留存诗词最多的诗人，现存可考证的便有九千三百多首诗和一百四十多首词。而且更让人不可思议的是，陆游自己还对他的诗词作过删改和剔除，很多不满意的都被丢弃了，所以陆游实际创作的诗词量应该过万，如果在古代也有吉尼斯世界纪录的话，陆游必定雄居榜首。

陆游在诗坛有如此成就与他的家庭密不可分，他的祖父陆佃曾跟随王安石学习，文学修养极高，深得王安石的赏识，他的父亲陆宰是一位学者，因有众多藏书而闻名。生长在这样一个书香门第，陆游自小便好学，“年十二能诗文”，陆游曾描述自己年少时的学习生活：“我生学语即耽书，万卷纵横眼欲枯”，意思是说自己生下来学说话的时候就读书，读了千万本书读得眼睛都干涩了，可见少年时期的陆游不仅热爱学习，而且十分刻苦。

在陆游多达近万首的诗作中，有二百多首“示儿诗”，这在历史上是独一无二的。陆游共有七子一女，面对自己的孩子，他表现出了为人父的慈爱，用诗句记录下孩子的童趣时刻，也流露出陆游可爱的一面。“喜见吾家玉雪儿，今朝竹马绕廊嬉”，这是陆游描写他的小儿子子聿病后初愈，在廊下骑竹马嬉戏的场景，因子聿是诗人五十四岁时老年得子，加之子聿十分乖巧伶俐，所以陆游十分喜爱，称之为“吾家玉雪儿”。陆游还专门在冬夜里为他的“玉雪儿”子聿写下一首充满哲思的读书诗——《冬夜读书示子聿》，可谓字字珠玑，流传千古。全诗如下：

古人学问无遗力，少壮工夫老始成。
纸上得来终觉浅，绝知此事要躬行。

陆游主要从两个方面对子聿进行教育，一是做学问要刻苦努力，从小到老都不能松懈；二是要注重实践。除了子聿，陆游对其他孩子也是疼爱有加。在另一首“示儿诗”里，陆游是这样描述两个儿子天真烂漫的神态的：“阿纲学书蚓满幅，阿绘学语莺啭木”，意思是阿纲七岁出头，正是学文写字的时候，拿着毛笔歪歪扭扭地像画蚯蚓一般，阿绘还是一个牙牙学语的小娃娃，咿咿呀呀的声音在父亲听来像是黄莺在婉转地歌唱。如此画面，平平淡淡却充满幸福。

陆游不仅记录孩子们嬉戏玩耍的画面，更是用诗来教导子孙，将陆家家风传承下去。陆游曾作两首《示子孙》教导后代清正勤勉、刻苦努力，就算在二十一世纪的今天来看，对教育子女也有一定的启发。

示子孙

为贫出仕退为农，二百年来世世同。
富贵苟求终近祸，汝曹切勿坠家风。

吾家世守农桑业，一挂朝衣即力耕。
汝但从师勤学问，不须念我叱牛声。

第一首诗是教育后代为农为官的准则，要正直勤劳，要品行端正，不论是为官还是为农，都要保持一颗平常心，不贪恋富贵，不抱怨贫苦。第二首诗是要告诫子孙一定要刻苦努力，终生不要忘记学业，不要忘记读书。父亲对儿女的谆谆教导，如今读来，也深为感动。

陆游对孩子的教育还体现在爱国诗篇中。作为伟大的爱国主义诗人，陆游的爱国诗本身就是最好的“示儿诗”。在他浩如烟海的爱国诗词中，让我们摘录其中的经典之作，来感受一下诗人对国家的赤胆忠心。

诉衷情

当年万里觅封侯，匹马戍梁州。关河梦断何处？尘暗旧貂裘。
胡未灭，鬓先秋，泪空流。此生谁料，心在天山，身老沧洲。

书　愤

早岁那知世事艰，中原北望气如山。
楼船夜雪瓜洲渡，铁马秋风大散关。
塞上长城空自许，镜中衰鬓已先斑。
出师一表真名世，千载谁堪伯仲间！

病起书怀

病骨支离纱帽宽，孤臣万里客江干。
位卑未敢忘忧国，事定犹须待阖棺。
天地神灵扶庙社，京华父老望和銮。

出师一表通今古，夜半挑灯更细看。

关山月

和戎诏下十五年，将军不战空临边。
朱门沉沉按歌舞，厩马肥死弓断弦。
戍楼刁斗催落月，三十从军今白发。
笛里谁知壮士心，沙头空照征人骨。
中原干戈古亦闻，岂有逆胡传子孙！
遗民忍死望恢复，几处今宵垂泪痕。

十一月四日风雨大作

僵卧孤村不自哀，尚思为国戍轮台。
夜阑卧听风吹雨，铁马冰河入梦来。

正是因为陆游一生“位卑未敢忘忧国”，他的后代们继承了他的爱国主义精神，用实际行动延续了陆氏家风，堪称满门忠烈，一家义士。陆游的玄孙陆天骐在宋元最后一战——崖山战役中拼死血战、宁死不降，最后跳海壮烈殉国。陆游的孙子陆元廷得知崖山战败，忧愤而死。陆游的曾孙陆传义在崖山失败后，绝食而亡。陆游的其他子孙，面对国破山河碎，只好隐居山林，拒绝元朝的征召，更是拒绝元朝任何官职。

对子女最好的教育，正是像陆游这样言传身教。陆游的勤学、清正与忠义都深刻影响了他的子孙，也为后世家风传承上了最好的一课。

专家教学建议

朱永新：

《示儿》是陆游的名作，这首诗所蕴含的情感是极度深沉的。苏静老师在解读的过程中另辟蹊径，没有过多地渲染陆游的爱国情感，而是从历史发展的角度，将陆游的个人命运与国家命运交迭在一起，进行客观的梳理与评价。“九州”是苏老师解读这首诗所涉及的唯一关键词，而这一点，往往被一般老师所忽略。事实上，讲清楚了“九州”，也就讲清楚了陆游的爱国心。所以，老师们在授课的过程中，可以从“九州”一词的渊源讲起，为孩子们树立大历史观。然后建议采用逆向教学的方式，以“来孙却见九州同，家祭如何告乃翁”切入，激发孩子们的好奇心，进一步解读特定的历史背景下，《示儿》作为陆游漫长人生的谢幕之作，其间所蕴含的深沉的家国情怀，正所谓“位卑未敢忘忧国”。此外，陆游的多首“示儿诗”也值得推荐给孩子们课外阅读，特别是陆游子孙忠义报国的故事感人至深，体现了中国儒家思想的精髓，也是弘扬中华传统美德、传承优良家风的极好素材。

第 20 讲 《饮湖上初晴后雨》

——西湖的柔软时光

导语

这是一首直接映射苏轼性格的诗，多舛的命运与豁达的人生交相辉映，让人不由心生感佩。风景如画的西湖有哪些景观令人流连忘返，又有哪些典故与苏轼相生相随？一句“欲把西湖比西子，淡妆浓抹总相宜”的背后，隐含着苏轼对哪位佳人的情思深深？

| 饮湖上初晴后雨 |

（宋）苏轼

水光潋滟晴方好，山色空濛雨亦奇。

欲把西湖比西子，淡妆浓抹总相宜。

古诗揭秘

一、“西湖十景”美如画

“那杭州美景盖世无双，西湖岸奇花异草四季清香。那春游苏堤桃红柳绿，夏赏荷花映满了池塘。那秋观明月如同碧水，冬看瑞雪铺满了山岗。”太平歌词《白蛇传》中，短短几句唱词就将“西湖十景”的韵味体现得淋漓尽致。“西湖十景”是西湖的十大著名景观，从不同季节和角度呈现着西湖的秀美风光，分别是：苏堤春晓、平湖秋月，观赏的是春花秋月；曲院风荷、断桥残雪，观赏的是夏荷冬雪；柳浪闻莺、花港观鱼，观赏的是柳莺港鱼；双峰插云、三潭印月，观赏的是峰云潭月；雷峰夕照、南屏晚钟，观赏的是晨钟暮鼓。在这里就不将十景一一详细展开，只列举其中两景略作陈述。

（一）曲院风荷

曲院风荷，顾名思义，观赏的重点在于风过荷花，感受万花摇荡的唯美意境与壮观场面，所以夏日是最佳观赏季节。“曲院”是南宋朝廷官营的酿酒作坊，位于西湖岸边。因西湖岸边种植了许多荷花，形成一片花海，所以微风吹来，花香中夹杂着酒香，令人陶醉其中，“曲院风荷”随之成为一道独特的景观。对此，南宋诗人王洧曾作诗赞道：“避暑人归自冷泉，埠头云锦晚凉天。爱渠香阵随人远，行过高桥旋买船。”而将此景写到极致的，莫过于南宋诗人杨万里的《晓出净慈寺送林子方》，全诗如下：

毕竟西湖六月中，风光不与四时同。
接天莲叶无穷碧，映日荷花别样红。

（二）断桥残雪

断桥并非真正的断桥，它位于西湖白堤的东端，是一座完整的石拱桥。那么，这座桥为什么会叫“断桥”？原来，每当大雪过后，整个西湖银装素裹，白堤被大雪覆盖，白茫茫一片。而断桥石拱桥面上的白雪总会率先融化，露出褐色的桥面。远远望去，被大雪覆盖的白堤露出一块黑褐色的桥面，使白堤看起来好像从中间断掉一样，断桥的名字就由此而来。正如明代文人汪珂玉在《西子湖拾翠余谈》中所言：“西湖之胜，晴湖不如雨湖，雨湖不如月湖，月湖不如雪湖。”如此景致，断桥自然就成为古往今来观赏雪湖盛况的最佳地点，“断桥残雪”也因此而得名。断桥之所以令人向往，除了美丽的雪景外，白娘子与许仙在断桥相会的美丽传说，更平添了它浪漫唯美的气质。

二、“苏轼制造”在杭州

苏轼曾两度在杭州为官，前后大约十六年。在任期间，他体察民生疾苦，带领百姓疏浚西湖，修筑苏堤，防治水患，挖井引水，为老百姓解决了多年饮用咸水的困扰。他走遍了杭州的山山水水，大街小巷，了解民生疾苦，享受自然风光。杭州人民对苏轼的感情极其深厚，直到今天，西湖边两条最繁华的街道，皆以苏轼命名，一条叫“东坡路”，一条叫“学士路”（苏东坡曾任龙图阁大学士），足见杭州人民对苏轼的怀念。除了以苏轼命名的两条繁华街道外，杭州许多著名的风物都打上了“苏轼制造”的烙印。

（一）苏轼造美景——苏堤

苏堤旧称苏公堤，据《元史》记载，为苏轼元祐五年（公元 1090 年）任杭州刺史时修建。苏轼在杭州为官期间，做了许多造福百姓的好事，疏浚西湖就是其中一大业绩。由于西湖长期得不到疏浚，淤塞过半，“葑台平湖久芜漫，人经丰岁尚凋疏”，湖水干涸，湖中杂草丛生，严重影响了当地的农业生产。苏轼来杭州的第二年就率众疏浚西湖，清理河道，动用民工二十余万，并在湖水的最深处建立三塔（今三潭印月）作为标志。疏浚西湖后，大量淤泥堆积，苏轼独辟蹊径，命人将淤泥堆砌起来，修成了一条南北走向的堤岸，既处理了淤泥又能观景，可谓一举两得。苏轼自己对此举也很满意，专门写诗记录：“我来钱塘拓湖绿，大堤士女争昌丰。六桥横绝天汉上，北山始与南屏通。”（选自《轼在颍州》）虽然当时修建的堤岸远没有今日的雄姿，但是构成这一堤岸的主要景观“六桥”已全部成型。苏轼亲自为“六桥”取了浪漫的名字，分别是：映波、锁澜、望山、压堤、东浦、跨虹。后世为了纪念苏轼的功绩，便将此堤命名为“苏堤”。直到今天，“六桥”也是苏堤最重要的景致。后来，经过历代修葺，堤岸的两旁种满了各类花树，早春时节繁花似锦，杨柳依依，春意盎然，因此民间有歌谣唱道：“西湖景致六吊桥，一株杨柳一株桃。”“西湖十景”之首的苏堤春晓因此而得名。

(二) 苏轼造美食——东坡肉

苏轼不仅是文学家，还是美食家。他发明烹调的“东坡肉”久负盛名。关于“东坡肉”的来历，有两种不同的传说。

第一个传说与杭州西湖有关。相传苏轼在担任杭州知府时，由于疏浚西湖，兴修水利，深得百姓爱戴。杭州百姓为了表达对苏轼的感激与爱戴，都不约而同地杀猪宰牛送到苏公府上。苏轼为官清廉，坚决推辞。但是百姓们一再登门，盛情难却。于是苏轼在收下百姓的猪肉后，嘱咐家人把猪肉切成小丁，做成红烧肉，连同美酒一起分给疏浚河道的百姓们。苏轼手下的人理解错了苏轼的意思，把酒加到了红烧肉中一起烹制，结果歪打正着，做出来的肉比原来的红烧肉更加美味，吃过的百姓都交口称赞。百姓感念苏轼的情意，便将这道菜称为“东坡肉”。此后，“东坡肉”名声大震，世代流传。历经千年，如今的“东坡肉”已成为名副其实的浙菜代表，每逢除夕之夜，杭州百姓的夜年饭上，“东坡肉”更是必不可少的一道菜。

关于“东坡肉”的来历，还有一种传说，认为起源于苏轼被贬后流放的黄州。黄州地区猪肉很多，由于当地人不会烹调，所以猪肉虽然很便宜，但少有人吃。苏轼便把猪肉切成小丁，加上调料，小火慢慢炖煮，煮出来的猪肉细致糯滑，非常好吃。相传苏轼还特意做了一首《食猪肉诗》来记叙这件事：“黄州好猪肉，价贱如泥土。富者不肯吃，贫者不解煮。慢着火，少着水，火候足时它自美。每日早来打一碗，饱得自家君莫管。”在苏轼的影响下，越来越多的黄州百姓开始尝试着用这种烹调法做猪肉，慢慢都爱上了这道美食。于是，这道菜也成了一道黄州名菜，由于首创者是苏轼，所以人们称之为“东坡肉”。

三、欲把西湖比西子

《饮湖上初晴后雨》作于熙宁六年（公元 1073 年），是苏轼描写西湖的代表之作。相传苏轼与友人前往西湖边饮酒观景，起初天气晴好，阳光明媚，水波粼粼，令人心旷神怡。然而不多时，天气转阴，飘起了小雨。刚才还一片晴光的西湖顿时笼罩在烟雨朦胧之中。远处的青山，近处的草木，在蒙蒙细雨中若隐若现，别有一番情致。望着眼前的西湖美景，苏轼想到了战国时的美女西施。这西湖正如西施一般，国色天香，美丽天成，无论是浓妆艳抹，盛装打扮，还是不施粉黛，素颜朝天，都令人赏心悦目，心旷神怡。于是苏轼诗意大发，挥笔一蹴而就，写下了这首家喻户晓的《饮湖上初晴后雨》。此诗一出，惊为天人，可谓是写尽了西湖之美。尤其是“欲把西湖比西子，淡妆浓抹总相宜”一句，堪称空前绝后，被宋人称为“道尽西湖好处”的佳句。宋人武衍在《正月二日泛舟湖上》一诗中颇为感慨，曰：“除却淡妆浓抹句，更将何语比西湖？”正是因为此句，西湖也被称为“西子湖”，与美女西施联系在一起。

（一）西子捧心，东施效颦

西施也被称为西子，她风华绝代，是春秋战国时期有名的美女。而东施则是当时有名的丑女。西子有心疼的小毛病，所以常常将手放在心口，以手捧心，眉头微蹙。西子没有想到，她的病态美让自己更加妩媚动人，别有一番韵味。所以，当她捧心蹙眉走在大街上的时候，路上行人都被她迷住了，痴痴地站在路旁。东施见此，羡慕不已，便也学着西子的样子，捧心蹙眉，希望能迷倒众生。结果可想而知，本来就奇丑无比的东施这一番装模作样，更是让人不忍直视，行人纷纷避之不及。后来，人们用“西子捧心”来形容美人娇弱之美，用“东施效颦”比喻不顾实际情况盲目模仿别人，没有达到效果反而出丑的行为。

（二）别具匠心的妙喻

西施之美，无所不在。平日之美自不必说，即使在病中，捧心蹙眉，也别有情致。苏轼“欲把西湖比西子”一句的妙处，也正在于此。苏轼的这个比喻，正是化用了西施的典故。常态或病态的西施都美得不可方物，无论淡妆还是浓抹，都恰到好处，这正与西湖晴雨皆宜的特点相吻合。清代施补华在

《岘佣说诗》中提到:“人所不能比喻者，东坡能比喻；人所不能形容者，东坡能形容。比喻之后，再用比喻；形容不尽，再加形容。”钱钟书先生也在《宋诗选注》一文中提到“他（苏轼）在风格上的大特色，就是比喻的丰富、新鲜和贴切”。

后人之所以对苏轼使用比喻的手法大加称赏，是因为苏轼的比喻与众不同。古人在打比方的时候，往往是以物喻人。同样是写美人，庄子形容姑射山上的神女“肌肤若冰雪”(《庄子·逍遥游》)，曹植则说洛水的女神是“翩若惊鸿，婉若游龙”(《洛神赋》)，白居易把哭泣的杨贵妃比作“梨花一枝春带雨”。此类比喻不胜枚举。苏轼则不同，“欲把西湖比西子”，是以人来比喻物，即把西湖比作西施，这种比喻在其他文人笔下实属罕见。难怪清代诗人查慎行在《初白庵诗评》中对此句大加赞赏，曰:“多少西湖诗被二语扫尽，何处着一毫脂粉颜色。”

(三) 西子湖畔得佳人

苏轼之所以作《饮湖上初晴后雨》，还有一种说法是表达对西子湖畔美丽佳人的深深情思。那么，是何等不寻常的女子打动了苏轼，令他一见倾心?这个西湖边的俏佳人便是后来成为苏轼侍妾的王朝云，也是用一生陪伴苏轼浪迹天涯的红颜知己。

相传苏轼和朝云的初识与西湖颇有溯源。朝云生于杭州，本是西湖名妓，因聪颖灵慧，能歌善舞，气质出众，颇受看客的青睐。宋神宗熙宁四年（公元 1071 年），苏轼因反对王安石新法改革，被贬至杭州任通判。一日，苏轼与友人同游西湖，宴饮时所招来助兴的正是朝云所在的歌舞班。舞台上，身着华服、舞姿优美的朝云光彩照人，而换装后白衣飘飘、素颜侍酒的朝云更是别有一番韵味。朝云的浪漫妩媚、淡雅清新，无不让苏轼怦然心动。恰此时天气突变，原本的风和日丽瞬间变得烟雨迷蒙，西湖的美景与身边的佳人相映成趣，苏轼灵感忽现，泼墨写下了这首千古名作。一句“欲把西湖比西子，淡妆浓抹总相宜”，正是对朝云不凡气质的生动描摹。而朝云是何等兰心蕙质、冰雪聪明的女子，看罢此诗，便秒懂了苏轼的心意。从此，西子湖畔的朝云便走进了苏轼的人生。

后来，苏轼因政见不同而被一贬再贬，历尽艰辛。临终前，苏轼作诗《自题金山画像》总结一生，全诗如下：

心似已灰之木，身如不系之舟。
问汝平生功业，黄州惠州儋州。

在苏轼浪迹天涯的日子里，朝云始终伴其左右，解其忧愁。特别是在黄州和惠州最艰难的日子里，朝云倾注全部的心力，成为苏轼最大的精神慰藉。但世事无常，在与苏轼同甘共苦二十年后，小苏轼二十六岁的朝云却先其而去。按照朝云的心愿，苏轼将其葬于惠州西湖孤山栖禅寺，并在“六如亭”作楹联以纪念：“不合时宜，惟有朝云能识我；独弹古调，每逢暮雨倍思卿”。苏轼之所以说“不合时宜，惟有朝云能识我”，跟二人经历的一件事情有关：“东坡一日退朝，食罢。扪腹徐行，顾谓侍儿曰：‘汝辈且道是中有何物？’一婢遽曰：‘都是文章’，坡不以为然。又一人曰：‘满腹都是见识’。坡亦未以为当。至朝云，乃曰：‘学士一肚皮不入时宜’，坡捧腹大笑。”在众多侍妾中，说苏轼满腹文章或满腹才识的都不为过。但真正了解苏轼的，却只有朝云一人。苏轼之所以在新旧两党当权时都受打击，是因为他坚持己见，不人云亦云，在当时看来，就是“不合时宜”。所以，朝云能如此了解苏轼的内心世界，并直言表达，堪称苏轼的红颜知己。

苏轼与朝云的旷世爱恋始于西湖，也终于西湖。因为无法回归故土，所以朝云便选择了异乡的西湖，也算是魂归故里。在《惠州荐朝云疏》中曾有一言如是说：“轼以罪责，迁于炎荒。有侍妾朝云，一生辛勤，万里随从。”

四、西湖的柔软时光

西湖因其旖旎的自然风光与深厚的人文底蕴，成为千百年来文人墨客的驻足之地。描写西湖风光的诗文也不胜枚举，随手撷取几首，感受一下西湖的柔软时光。

钱塘湖春行

（唐）白居易

孤山寺北贾亭西，水面初平云脚低。
几处早莺争暖树，谁家新燕啄春泥。
乱花渐欲迷人眼，浅草才能没马蹄。
最爱湖东行不足，绿杨阴里白沙堤。

忆江南

（唐）白居易

江南忆，最忆是杭州。山寺月中寻桂子，郡亭枕上看潮头。何日更重游?

酒泉子（其一）

（宋）潘阆

长忆钱塘，不是人寰是天上。万家掩映翠微间。处处水潺潺。
异花四季当窗放。出入分明在屏障。别来隋柳几经秋。何日得重游。

六月二十七日望湖楼醉书（其一）

（宋）苏轼

黑云翻墨未遮山，白雨跳珠乱入船。
卷地风来忽吹散，望湖楼下水如天。

第 21 讲 《小池》

——浅浅小池深深爱

导语

这首清新明丽的小诗，竟出自一个铮铮铁汉之手。它的作者杨万里，除了诗名远播，其爱国精神更令后世高山仰止。那么，杨万里经历了怎样波澜壮阔的人生？他的“诚斋体”又自何而来？他为何留下了“处处山川怕见君”的诗名？浅浅的小池蕴藏着哪些“爱”的细节？初绽的小荷，又引申出一个怎样清新雅致的荷花世界？

| 小池 |

（宋）杨万里

泉眼无声惜细流，树阴照水爱晴柔。

小荷才露尖尖角，早有蜻蜓立上头。

古诗揭秘

一、杨万里的铁血人生

杨万里，字廷秀，号诚斋，南宋著名爱国诗人。他一生钟爱写作，且笔翰如流，诗文全集共一百三十三卷，名《诚斋集》。杨万里与尤袤、范成大、陆游并称为“南宋四大家”“中兴四大诗人”。

（一）一日得两师

杨万里生于北宋灭亡之际，那是一个风狂雨横的时代。八岁时，母亲去世，父亲一手将他带大。他的父亲杨芾好读书，曾“忍饥寒以市书，积十年得数千卷”，并时常以“是圣贤之心具焉，汝童怒之！”来勉励儿子。在父亲的言传身教下，杨万里自幼便勤奋好学，胸怀爱国大志。

绍兴二十四年（公元1154年），杨万里进士及第，次年，拜刘才邵为师。两年后被授官职，正式步入仕途。绍兴二十九年（公元1159年），杨万里调任永州零陵县丞，时主战派领袖张浚谪居永州。杨万里前后三次拜谒，终拜其为师。后来，他又去拜谒了谪居衡州的胡铨，“一日而并得二师”，张浚、胡铨二人的爱国情怀对杨万里影响颇深，成为他终身效仿的榜样。

（二）把“肥差”做成“赤贫”

杨万里一生坚定不移地主张抗金，反对屈膝议和。南宋初年，宋高宗赵构偏安临安一隅，如惊弓之鸟。因为惧怕金兵来犯，宋高宗和秦桧屡次密谋策划，向金人屈服投降，不仅将大量国土拱手相让，还称臣纳贡，以换取苟安一时。面对国土沦丧，杨万里痛心疾首，他在诗中写道：“何必桑乾方是远，中流以北即天涯！”意思是，何必说桑乾河才是边远之地，淮河中心以北就是天涯了！言外之意，表达了对南宋已痛失中原大好江山的忧思与愤慨。

杨万里为官清廉，爱民如子。在他担任隆兴府奉新知县时，恰遇大旱，原本富庶的南宋变得一贫如洗，国库日渐空虚。杨万里深知国贫民穷的根源是官吏的剥削，因此他在为官的半年时间里，体察民情，实践了不扰民政治，深得百姓爱戴。在他担任江东转运副使时，暂时代理总管淮西和江东军马钱粮。这在当时可是个令人羡慕的“肥差”。但是杨万里丝毫不为所动，史料记载他“江东转运副使任满之后，应有余钱万缗，但他均弃于官库，一钱不取而归”。诗人徐玑笔下的“清得门如水，贫惟带有金”（《见杨诚斋》），正是对杨万里不慕荣华清贫一生的真实写照。

（三）脊梁如铁心如石

杨万里一生力主抗金。在他任职期间，因时常需要往来江、淮之间迎送金使，所以对江山沦丧的耻辱和中原遗民的悲愤感同身受，因此创作了大量爱国主义诗篇。如见到金山吞海亭已成专为金使烹茶的场所时，他发出痛苦的呼喊："大江端的替人羞！金山端的替人愁！"（《雪霁晓登金山》），鞭挞了南宋小朝廷的屈辱和无能。在杨万里的爱国诗作中，或寄托家国之思，或呼吁抗战复国，或歌颂抗金将领，或讽刺卖国权奸，无不渗透着忧国忧民的思想与情怀。

杨万里为人刚正耿直，不畏权贵。《宋史》本传载："韩侂胄用事，欲网罗四方知名士相羽翼，尝筑南园，属万里为之记，许以掖垣。万里曰：'官可弃，记不可作也。'侂胄恚，改命他人。"当时，权臣韩侂胄在朝中有呼风唤雨之势，是不少士人争相攀附的对象。有一次，韩侂胄新盖了一座南园，想请杨万里写一篇记，并以高官厚禄相许。杨万里愤然道："宁愿丢了我这个官职，我也不会给这种人作传！"韩侂胄十分生气，只好另找他人。

后来韩侂胄日益专权，势倾朝野，杨万里心中也愈加忧愤，抑郁成疾。家里人知道他虽处江湖之远却仍忧其君，担心他身心俱瘁，因此一切时政消息都不敢让他知道。后来有一次，一位远房亲戚前来拜访，由于并不知道杨万里忧国成疾的事，便一不小心说出了韩侂胄出兵北伐的事。杨万里听罢痛哭失声，忧愤道："奸臣当道，竟然到了这种地步！"他料定韩侂胄意存侥幸，若轻举妄动，出兵必然会遭遇失败，贻害国家，于是当晚彻夜不能成眠。第二天清晨，他坐在书桌前，写下绝笔书："韩侂胄奸臣专权无主，动兵残民，谋危社稷。吾头颅如许，报国无路，惟有孤愤！"又给妻儿留下了几句嘱托，写完之后便溘然长逝。一代铁血诗人，终于在对家国命运的无限牵挂中，走完了波澜壮阔的一生。诗人葛天民曾用"脊梁如铁心如石"来概括杨万里的英雄人格，可谓实至名归。

二、宋诗中的清流哥

杨万里的诗歌创作，走的是一条由广学博取、转益多师而至面向现实、师法自然的道路。他在《荆溪集自序》中对自己一生的创作生涯作过这样的评价："余之诗，始学江西诸君子，既又学后山（陈师道）五字律，既又学半山老人（王安石）七字绝句，晚乃学绝句于唐人。……戊戌作诗，忽若有悟，于是辞谢唐人及王、陈、江西诸君子皆不敢学，而后欣如也。"他一开始学习"江西诗派"，后转学王安石和晚唐诗人的绝句，结果"学之愈力，作之愈寡"。

唐宋诗坛大家云集、佳作如林，作为一个富有创意的诗人，杨万里又怎肯人云亦云、亦步亦趋呢？绍兴三十二年（公元 1162 年）七月间，杨万里亲手烧掉自己所作的 1000 多首诗，决定不再傍依前人门户，转而进行自我的超越。淳熙五年（公元 1178 年），他最终找到了属于自己的源源不断的创作素材："自此，每过午，吏散庭空，即携一便面，步后园，登古城，采撷杞菊，攀翻花竹，万象毕来献予诗材，盖麾之不去，前者未雠，而后者已迫，涣然未觉作诗之难也。盖诗人之病，去体将有日矣。方是时，不惟未觉作诗之难，亦未觉作州之难也。"杨万里终于摆脱俗虑，徜徉于自然山水之间，通过艰辛的探索和大量的创作，最终跳出了古人诗歌创作的藩篱，走上了"师法自然"的道路，形成了清新自然、独具特色的诗学风格，时人以其号命名为"诚斋体"。

如果将"诚斋体"风格进行简单归纳，就是平易自然、清新活泼。以杨万里的诗作为例。首先，诗人以细腻的笔触写景。如《新柳》一诗：

柳条百尺拂银塘，且莫深青只浅黄。
未必柳条能蘸水，水中柳影引他长。

这首诗首句用"百尺"一词写柳条的纤长。在阳光的照耀下，纤长的柳条轻轻拂过波光粼粼的塘面。但诗人在欣赏美景的同时不禁思考："柳条"真有那么长吗？仔细观察后发现，原来是岸上的柳条倒垂塘面，与水中的倒影连成了一条线，因此看起来特别纤长。这种由不解到明了的心理变化，也从侧面表现出诗人写景时观察得细致入微。

其次，诗人笔下的景物充满灵动之感。如《宿新市徐公店》一诗：

篱落疏疏一径深，树头花落未成阴。
儿童急走追黄蝶，飞入菜花无处寻。

前两句写儿童追蝶的背景：稀稀落落的篱笆旁，有一条小路蜿蜒着伸向远方，路边的树上花已凋落，新叶刚刚长出，还没有形成阴凉。后两句将目光转向主人公，描绘出天真烂漫的儿童奔跑着追赶黄蝶的欢乐场面。“急走”“追”两个动词更是将儿童活泼好动的性子刻画得惟妙惟肖。

再次，诚斋体语言清新自然，不事雕琢。如《过杨村》一诗：

石桥两畔好人烟，匹似诸村别一川。
杨柳荫中新酒店，蒲萄架下小渔船。
红红白白花临水，碧碧黄黄麦际天。
政尔清和还在道，为谁辛苦不归田？

作者弃官返回杨村途中，看到如此美好的田园风光：杨柳翩然、葡萄清新、渔船漂荡、红白花海、金黄麦田，如同一幅清新明丽的山间水墨画，不觉心中惬意畅然，旅途疲惫也被眼前美景荡涤一空。

“诚斋体”的出现，为南宋文坛注入一股打破语言藩篱、崇尚自然风物的清流。

三、浅浅小池深深爱

杨万里在常州任职期间，常常醉心于乡野风光。一日，他来到山村小池边，只见涓涓细流从泉眼涌出，岸边杨柳依依，小荷与蜻蜓相互陪伴，好一幅清新明朗的画卷。杨万里诗兴顿生，即成《小池》一首，全诗如下：

泉眼无声惜细流，树阴照水爱晴柔。

小荷才露尖尖角，早有蜻蜓立上头。

一道细流缓缓地从泉眼中流出来，激荡起一层层的波纹，却没有任何一点声响；夕阳柔和而美好，泉水池畔的绿树在阳光的照耀下，树影投射到池面上，交叉相错，明暗斑驳，清晰可见。小荷才在池面展露嫩尖，还没有完全舒展，却早有一只蜻蜓立于其上，相偎相伴。一幅初夏的柔美画卷徐徐展开，令人心旷神怡。常人眼中的极小景致，在诗人杨万里的笔下，却演绎出一个有情有爱的世界。

（一）泉眼惜细流

夏日池塘的涓涓细流从泉眼汩汩冒出，无声地流淌着。本是自然平常之景，但在诗人的笔下，仅用一个“惜”字，便让诗的境界与众不同。“惜”为珍视、怜惜。“泉眼无声惜细流”，泉眼十分爱惜这涓涓细流，静静地、悄悄地甚至极其吝啬，舍不得多流一点儿。诗人运用拟人手法，将小池与活水相通的场景，泉眼对溪流的关爱之情写得有情有趣，极富人性之美。

（二）树荫爱晴柔

“树阴照水爱晴柔”，诗人以一个“爱”字，为绿树赋予了强大的生命力和丰富的情感。正是因为池边之树充满对晴日的喜爱，所以才以水为镜，尽情展现自己的绰约风姿；也正是因为池边之树对小池的无限怜爱，才会毫不犹豫以一抹绿荫庇护，以免小池因水分蒸发而干涸。一个“爱”字，化无情为有情，使自然之物顿生灵性。

（三）蜻蜓伴小荷

“小荷才露尖尖角，早有蜻蜓立上头。”在这片温馨宁静的小池塘里，小荷爱着小池，嫩叶未展便出来与之为伴；蜻蜓念着小荷，小荷一出便立即飞来与它相亲相依。小荷与蜻蜓，一个“才露”，一个“早有”，惺惺相惜，默契十足。

四、处处山川怕见君

在诗词创作中顿悟的杨万里，坚守着“不听陈言只听天”的信念，笔耕不辍。本就出生于江南丰饶之地，四时流转，天地日新，青山钟秀，白水蕴灵，杨万里对于自然的体验较常人更胜一筹。湖光山色、蓝天白云、鸟语花香、农家田园都是他的诗中“常客”。他的好友——著名诗人姜夔曾经幽默地调侃他“年年花月无闲日，处处山川怕见君”，意思是说杨万里写了太多关于风花雪月山川美景的诗，花月日日不得闲，山川见到他都怕了。

在杨万里的诗中，拟人化的描写运用自如，比比皆是。他把自己的主观情感最大程度地投射在客观事物上，笔下的草木虫鱼无不具有知觉和情感，无不充满生机和灵性。如《暮热游荷池上》一诗：

细草摇头忽报侬，披襟拦得一西风。
荷花入暮犹愁热，低面深藏碧伞中。

这首诗可谓写活了花花草草：纤细的小草忽然摇起头，好像在向人传递风要来到的消息。暮色降临，但荷花似乎还在担心闷热的天气，于是颔首低眉把自己藏在了碧绿的荷叶之中，以求得一丝清凉。很显然，诗人是借花草之感，表达自己的心绪。

又如《玉山道中》一诗：

村北村南水响齐，巷头巷尾树阴低。
青山自负无尘色，尽日殷勤照碧溪。

在这首诗的后两句中，诗人将青山拟人化，赋予它人的情感与灵性。“殷勤”一词，更是化静为动。在诗人的眼中，此处的青山碧溪并不是静态、孤立存在的，而是青山每日热情地照看着碧溪，他们互为伴侣，悠游自在。

正是因为杨万里对自然风物的细致观察，才使得他的诗歌具体形象、生动逼真。而拟人手法的运用、细节的描写更使得杨万里的诗作感情真挚浓厚，妙趣横生。钱钟书先生曾经评价其诗“如摄影之快镜，兔起鹘落，鸢飞鱼跃，稍纵即逝而及其未逝，转瞬即改而当其未改，眼明手捷，踪矢蹑风”，意思就是说杨万里的诗灵动活泼，仿佛摄影机，能抓住景物的瞬间变化，尽显动态之美。

五、小荷引出的清新世界

杨万里擅长写荷花，无论是“小荷才露尖尖角，早有蜻蜓立上头”的初夏之荷，还是“接天莲叶无穷碧，映日荷花别样红”的盛夏之荷，都别有情致。在中国传统文化中，荷花（亦称莲花）有着独特的地位和意蕴。

（一）“荷”以动人

荷花又称莲花、水芙蓉，关于它的由来，民间有个动人的传说。相传，王母娘娘身边有一位侍女名叫玉姬，她肤如凝脂，眉眼如画，是个十足的美人。一次偶然的机会，玉姬看到人间男耕女织、成双入对的情景，一时动了凡心。于是，她在河神女儿的陪伴下偷偷溜出了天宫，来到了杭州的西子湖畔。西湖风景如画，美不胜收，令玉姬流连忘返，以至忘记了回去的时间。王母娘娘得知此事后大怒，她用莲花宝座将玉姬打入莲花生长的淤泥之中，并下令“玉姬永世不得登南天”。从此之后，天宫中少了一位美貌的侍女，而人间多了一种风姿绰约的鲜花。

（二）“荷”以入诗

荷花是一种水生植物，其花形淡雅多姿，给人圣洁高贵之感，自古以来深受文人雅士的喜爱。诗人乐于赏荷咏莲，并赋予了它美好的意蕴。唐代诗人王昌龄目睹了少女在池中采莲高歌的绝美画面，写下了千古名作《采莲曲》：

荷叶罗裙一色裁，芙蓉向脸两边开。

乱入池中看不见，闻歌始觉有人来。

宋代女词人李清照酒醉后划着小舟，误闯入了藕花深处，却被眼前景致迷住，流连沉醉，一首经典词作《如梦令》因此诞生：

常记溪亭日暮，沉醉不知归路。
兴尽晚回舟，误入藕花深处。
争渡，争渡，惊起一滩鸥鹭。

此外，在文人的心目中，莲花象征着君子之气。宋代诗人苏辙素来仰慕莲的高洁，他在《盆池白莲》中写道："白莲生淤泥，清浊不相干。"周敦颐则"独爱莲"，他曾写下一篇《爱莲说》，以莲自喻，通过描写莲花的形象，歌颂了莲花坚贞的品格，从而表现出诗人洁身自爱、不愿与世俗同流合污的高洁人格。全文如下：

水陆草木之花，可爱者甚蕃。晋陶渊明独爱菊。自李唐来，世人甚爱牡丹。予独爱莲之出淤泥而不染，濯清涟而不妖，中通外直，不蔓不枝，香远益清，亭亭净植，可远观而不可亵玩焉。

予谓菊，花之隐逸者也；牡丹，花之富贵者也；莲，花之君子者也。噫！菊之爱，陶后鲜有闻；莲之爱，同予者何人？牡丹之爱，宜乎众矣。

在古代，莲花还蕴含着浓浓的爱情之韵。古乐府《古诗十九首·涉江采芙蓉》是一首著名的爱情诗，诗歌咏唱道：

涉江采芙蓉，兰泽多芳草。
采之欲遗谁，所思在远道。

此诗生动传神地描写出女子采莲时，莲花在手而心上人却在远方的孤独心境，表达了采莲女在战乱纷繁的年代对心上人的深切思念。另外，在古代诗词中，人们还用"同心莲""并蒂莲""重台莲""双头莲""双莲"等意象来比喻相爱的男女，表达对美满婚姻的追求和向往。南朝诗人朱超在《同心芙蓉》中咏道："日分双蒂影，风合两花香。"诗中以并蒂莲的双生形象以及鱼在莲间嬉戏的景象隐喻男女之间两情相悦的欢喜和幸福。

可见，在中国古代诗词中，从采莲赏荷到寄情于荷，荷花的内涵不断丰富发展，已经形成一个丰富的意象群。

(三)"荷"以传情

荷花在不同的生长时期，自然表现出不同的情态。所以，同样是写荷花，诗人常以不同的荷花情态来表达不同的心境。

例如杨万里的《小池》中，"小荷才露尖尖角，早有蜻蜓立上头"，描写的是初夏时节含苞待放的荷花。此时的荷花是清新可爱的，连调皮的蜻蜓也早早地赶来落脚。所以，"小荷才露尖尖角"往往用来表示新生事物的萌芽，也可以用来表示有才华的人很容易崭露头角。

再如杨万里的《晓出净慈寺送林子方》中，"接天莲叶无穷碧，映日荷花别样红"，则描绘了荷花开放的另一个时间段——盛放期，此时的荷花是茂盛、生机勃勃的，因而这句话也往往与小荷初露相对应，用来形容事物发展得一帆风顺，前景一片光明。

再如李商隐的《宿骆氏亭寄怀崔雍崔衮》中，"秋阴不散霜飞晚，留得枯荷听雨声"，诗人通过描写枯萎的荷花零碎地漂浮在湖面的景象，渲染了凄清悲凉的氛围，借"枯荷"表达了自己的身世飘零之感。

第 22 讲 《夏日绝句》

——全是因为“恨铁不成钢”

导语

这是以婉约著称的女词人李清照少有的慷慨之作。令人意外的是，这首诗的写作初衷，竟源于她的丈夫赵明诚。那么，李清照与赵明诚经历了怎样的爱情与婚姻？赵明诚究竟做了什么，触发李清照写下这首激愤交加的诗作？李清照盛赞项羽的气节，那么项羽为何不肯过江东？一句“生当作人杰，死亦为鬼雄”，又引出哪些“巾帼不让须眉”的女中豪杰？

| 夏日绝句 |

（宋）李清照

生当作人杰，死亦为鬼雄。
至今思项羽，不肯过江东。

古诗揭秘

一、“赌书泼茶”的爱情

李清照，自号易安居士，济南章丘人，婉约派代表词人。纵观中国文坛，女词人本就寥寥无几，才貌双全又独具人格魅力的李清照自是个中翘楚。李清照除了拥有令人艳羡的才华外，还拥有和丈夫赵明诚浪漫唯美的爱情与婚姻。

（一）初见

李清照出身于书香门第，自幼聪敏、特立独行，少年时就已有诗名。相传一日，李清照正在家中后院荡着秋千，忽然听见家仆带领客人入院。因为被汗水浸湿衣衫的缘故，李清照慌忙闪躲，狼狈逃走间却还是望见了那位眉清目秀、温润如玉的少年。倚在门边偷看的李清照不承想会与少年四目相对，一时紧张羞涩，于是赶忙弯下一枝青梅在假装嗅着。秋千架下的情窦初开，被李清照用一首《点绛唇》记录下来，全词如下：

蹴罢秋千，起来慵整纤纤手。露浓花瘦，薄汗轻衣透。

见客入来，袜刬金钗溜。和羞走，倚门回首，却把青梅嗅。

这位少年正是当时的宰相之子——赵明诚，他自幼喜爱诗文，情趣高雅，尤其热爱收藏、鉴赏金石字画，年纪轻轻就在金石收藏界享有盛名。李清照是幸运的，这个让她一见倾心的少年便是后来执手相伴的爱人。赵李二人可谓门当户对，佳偶天成，十八岁时，李清照接过赵明诚手中的红线，从此举案齐眉。

（二）相思

赵李夫妇始料未及，成婚一年就要面临分别。当时李清照的父亲李格非因为宦海风波被赶出京城，李清照随后受到连累被迫与赵明诚分离，搬到了济南老家。在故乡和父亲的田园生活虽然清静，但分隔两地的赵李夫妇怎能不相思，李清照鸿雁传书，将万千心事都诉诸《一剪梅》，全词如下：

红藕香残玉簟秋，轻解罗裳，独上兰舟。云中谁寄锦书来？雁字回时，月满西楼。

花自飘零水自流，一种相思，两处闲愁。此情无计可消除，才下眉头，却上心头。

一句“此情无计可消除，才下眉头，却上心头”平白无奇却动人心魄，可谓将相思之情写到了极致，表达二人虽远隔万水千山，可对彼此的牵挂从未中断。

（三）相守

赵李夫妇分隔四五年后，李清照回到了丈夫身边。不料赵明诚的父亲在此时去世，奸佞当道，赵家一落千丈，赵氏族人遂被遣回青州老家。赵李夫妇共赴青州，在这里度过了闲逸无争的十年，也是李清照一生中最幸福快乐的时光。他们不用理会官场是非，专心收集金石字画，心无旁骛，共同完成了《金石录》的编纂。《金石录后序》中记载："余性偶强记，每饭罢，坐归来堂烹茶，指堆积书史，言某事在某书某卷第几页第几行，以中否角胜负，为饮茶先后。中即举杯大笑，至茶倾覆怀中，反不得饮而起。甘心老是乡矣！虽处忧患困穷，而志不屈。"书中描述的正是赵李夫妇的生活乐趣，二人志趣相投，"赌书泼茶"羡煞旁人。

（四）分别

南宋后期，朝廷昏聩无能，金人入据中原，国家支离破碎。就在金人攻陷了汴京，俘获宋徽宗和宋钦宗及满门皇室之时，赵李夫妇也开始南渡避难。因四十九岁的赵明诚在赴任的途中身患疟疾，病死他乡，二人的爱情故事画上了句点。至此，赵李二人已经相伴二十八个春秋，走过了人生的大半旅程。丈夫的去世使得一对佳偶从此天人永隔，加之山河破碎，风雨飘摇，剩下李清照独自在这荒凉的世界苦苦支撑。

二、"恨铁不成钢"的心痛

在南宋统治者昏庸无能的时候，一大批爱国者纷纷涌现，或在战场上杀敌，或写诗作赋批判。生逢乱世，身为女子的李清照虽不能上阵杀敌，但她依旧爱憎分明，葆有一腔爱国热忱，譬如她曾写下"南渡衣冠少王导，北来消息欠刘琨"来讽刺宋王朝苟且和退缩。

宋高宗建炎三年（公元1129年），赵明诚担任江宁知府一年多。二月份时，御营统制官王亦在城内想要兴兵作乱，当赵明诚得知城内暴乱时，借着已经被调任湖州的理由，顺理成章地把责任全部推给了即将到任的江宁知府，自己竟伙同另两位官员，在月黑风高之夜，从城楼上悬下绳索逃走了。李清照得知此事后，痛心疾首，心想身为朝廷命官、地方父母，赵明诚此举实在是没有担当。与丈夫乘小船途经乌江时，李清照想到乌江乃西楚霸王项羽自刎的地方，感叹项羽宁死不屈的气节，又反观丈夫的所作所为，气愤朝廷当局的懦弱无能，她悲从中来，不吐不快，挥笔写下《夏日绝句》，全诗如下：

生当作人杰，死亦为鬼雄。
至今思项羽，不肯过江东。

《夏日绝句》中所见的慷慨雄壮，是李清照的作品中前所未有的。字里行间表现了李清照强烈的爱国之情，而在这首诗的背后，隐藏着她的“恨铁不成钢”，这份痛心，不仅是对自己的丈夫赵明诚，更是对衰败无能的朝廷。

和《夏日绝句》这首慷慨之作遥遥相对的，还有李清照的另一名作《渔家傲》。

赵明诚死后，李清照孤身一人，面临纷乱的时局，她一时不知该去往何处，听闻宋高宗出海避难，李清照携带金石字画匆匆追赶朝廷的脚步。李清照追随着宋高宗行舟海上，途中历经艰险，联想到家国沦亡，境遇悲苦，被冠以“婉约派”宗师的李清照一改之前的风格，写下了豪放不羁的《渔家傲》，全词如下：

天接云涛连晓雾，星河欲转千帆舞。仿佛梦魂归帝所。闻天语，殷勤问我归何处。

我报路长嗟日暮，学诗谩有惊人句。九万里风鹏正举。风休住，蓬舟吹取三山去。

总体来看，词的上下两阕联系紧密，一气呵成。上阕中，开篇意象丰富，描绘壮观的海天景色，后两句叙说作者接受天帝的诘问，去往何方。下阕中，作者回答天帝前路漫长，已是黄昏却还未到达，并以“即使我学诗能写出惊人的句子，又有什么用呢？”的讽刺，表达对现实的失望和愤懑，末句更是直抒胸臆，希望能借风力抵达仙山，寄寓对光明的向往和追求。

雾气弥漫中海天相叠、云涛相合，面对如此神秘壮观的景象，李清照追问生命的价值，思忖人生的意义。身处囹圄的她向往能像大鹏一样，扶摇直上九天之际，摆脱现实的困顿。全词极具浪漫主义风格，气势如虹。

三、生当作人杰，死亦为鬼雄

（一）“人杰”与“鬼雄”

“人杰”，人中之杰出者。刘邦曾形容张良、萧何、韩信三人为人杰。《史记·高祖本纪》中记载：“夫运筹帷帐之中，决胜于千里之外，吾不如子房。镇国家，抚百姓，给馈饷，不绝粮道，吾不如萧何。连百万之军，战必胜，攻必取，吾不如韩信。此三者，皆人杰也，吾能用之，此吾所以取天下也。项羽有一范增而不能用，此其所以为我擒也。”刘邦说，运筹帷幄这件事他比不上张良，使国家百姓安康这件事他比不上萧何，带兵打仗这件事他比不上韩信，这三个人，都是杰出的人才，他们三个能够听从刘邦，才是他能够一统天下的原因，足见人才的重要性。

“鬼雄”，鬼中之杰出者。出自屈原的《楚辞·九歌·国殇》：“身既死兮神以灵，魂魄毅兮为鬼雄。”这是屈原在追悼为国战死的士兵们。身体虽然死了，但英灵仍在，将士们的魂魄亦可以称作鬼中的英雄。“鬼雄”是屈原对战死沙场的将士们爱国精神的高度赞扬和深切追悼。

李清照《夏日绝句》开篇便道“生当作人杰，死亦为鬼雄”，诠释出生而为人，要做人中豪杰，就算死了，也要成为鬼中英雄的人生价值取向。人生在世，当以英雄与豪杰为榜样，努力为国家建功立业。虽为一介女子，但李清照的侠肝义胆和爱国激情溢于言表。

（二）项羽为何“不肯过江东”？

项羽，名籍，字羽，秦朝末期与叔父项梁起兵抗秦，自立为西楚霸王，是当时诸侯中实力最强大的人，之后与刘邦争夺天下。

在项羽与刘邦的最后一战即最有名的垓下之战中，项羽的军队被刘邦打败，元气大伤。项羽感到十分挫败，于是在营中借酒消愁，迷迷糊糊地睡去了。等他再醒来时，已是半夜，这时帐外传来楚地的歌声，项羽的手下以为刘邦已经占领了楚地，望风而逃，仅余八百人。这就是典故“四面楚歌”的由来。听闻此事的项羽心中悲痛，他抬头看到帐内的爱姬虞姬在默默地流泪，又听到帐外的爱马乌骓在悲伤地嘶鸣，忍不住感慨：

力拔山兮气盖世，
时不利兮骓不逝，
骓不逝兮可奈何，
虞兮虞兮奈若何！

这就是著名的《垓下歌》。乌骓马和虞姬是项羽平生挚爱，项羽面对此时的境地知道难逃一劫，只是不舍骏马与美人。虞姬何尝不懂项羽呢，天亮时项羽要进行最后的决战，虞姬自知倘若项羽兵败，自己也难逃当俘虏受欺侮的命运，而且怕自己成为项羽的累赘，虞姬与项羽告别后选择了拔剑自尽，成就了一段霸王别姬的千古佳话。虞姬之死使项羽伤心万分，领会了虞姬的一片真情，项羽带着仅剩的八百骑兵杀出重围，一路南逃。刘邦的军队终究还是追过来了，经过一番厮杀角逐，双方来到乌江。《史记·项羽本纪》中记载：“于是项王乃欲东渡乌江。乌江亭长舣船待，谓项王曰：‘江东虽小，地方千里，众数十万人，亦足王也。愿大王急渡。今独臣有船，汉军至，无以渡。’项王笑曰：‘天之亡我，我何渡为！且籍与江东子弟八千人渡江而西，今无一人还，纵江东父兄怜而王我，我何面目见之？纵彼不言，籍独不愧于心乎？’……乃自刎而死。”项羽不愧为一代枭雄，在惨烈的现实面前，他自感无颜面对江东父老，宁可自刎乌江也不愿苟且偷生，成为令人唏嘘不已的悲剧英雄。

联想到项羽，李清照认为他生时能够“力拔山兮气盖世”，乃人中豪杰，死时依然保持了高度的自尊与气节，慷慨悲壮，乃鬼中英雄，不觉更加敬仰。于是李清照在诗中引用项羽“乌江自刎”的典故，以项羽不肯渡江的事迹和舍生取义的品质，折射出对英雄的向往，借古讽今，表露自己的不满和愤懑，辛辣地讽刺了当局者的懦弱无能。

四、休言女子非英物

不独李清照，古往今来，还有很多女中豪杰巾帼不让须眉，表现了女性独有的使命与担当。

（一）令男儿汗颜的花蕊夫人

后蜀主孟昶的宠妃花蕊夫人，是历史上著名的奇女子。

花蕊夫人容貌出众，苏东坡曾以“花不足拟其色，蕊差堪状其容”来形容她。除此之外，她还是著名的诗人，才辩无双。她曾作宫词一百多首，文辞清丽，以诗词诉衷肠，许多大臣都不及她，因此孟昶对她宠爱至极。孟昶亡国后，宋太祖赵匡胤听闻花蕊夫人花容月色，才华出众，就想一睹芳容。赵匡胤命人将她带入宫中后，命她赋诗一首。花蕊夫人想到亡国之恨和后蜀国君的无能软弱，不战而败，万分痛心，提笔写下这首字字血泪的《述国亡诗》：

君王城上竖降旗，妾在深宫那得知。
十四万人齐解甲，更无一人是男儿！

后蜀君王在城楼上竖起了白旗，我被封锁在了这冷清清的行宫里，哪里能知晓这件事？守卫君王的十四万人一起脱下了金盔铁甲，这些人中没有一个是能够守卫国家的铮铮铁骨的男儿！最后一句直抒胸臆，表达了花蕊夫人的羞愤，她愤恨泱泱大国竟不战而败，国王军民、举国上下竟无一人有大丈夫气概。

花蕊夫人的才貌和气节深深打动了赵匡胤。赵匡胤不仅没有杀她，还封她为妃，对她宠爱有加。但花蕊夫人对旧主的往日恩情念念不忘，甚至暗地里画孟昶的画像，焚香祭拜。她对孟昶的情谊，对亡国故土的深情，时至今日，依然撼动人心。

（二）“鉴湖女侠”——秋瑾

秋瑾，字璿卿，号旦吾，东渡后改名瑾，字竞雄，自号“鉴湖女侠”，生于光绪年间。秋瑾的祖上世代为官，文化底蕴深厚，自小在家塾读书的秋瑾好文史、能诗词。1900 年八国联军侵入北京，国家危难，百姓处于水火之中。此时的秋瑾已经嫁给门当户对的青年王廷钧，生下了一儿一女。面对纷乱的国家局势，她痛心疾首，于 1903 年的中秋佳节之际，以一首《满江红》勇敢袒露心声，全词如下：

小住京华，早又是，中秋佳节。为篱下，黄花开遍，秋容如拭。四面歌残终破楚，八年风味独思浙。苦将侬，强派作娥眉，殊未屑！

身不得，男儿列；心却比，男儿烈。算平生肝胆，因人常热，俗子胸襟谁识我？英雄末路当磨折。莽红尘，何处觅知音？青衫湿！

“八年风味独思浙”，八年的婚姻生活是她想要冲破的牢笼，革命的道路是她想要投奔的终点。一句“身不得，男儿列；心却比，男儿烈”，道出了秋瑾“巾帼不让须眉”的斗志。于是，秋瑾于 1904 年毅然自费前往日本留学。在东京期间，她积极参加留学生大会等各种集会，慷慨激昂地登台演说，呼吁革命救国，宣讲女权，试图为中国的革命贡献力量。每每想到国内人民水深火热的生活，秋瑾的心绪就难以平静，正如她在《鹧鸪天・祖国沉沦感不禁》中所表达的：

祖国沉沦感不禁，闲来海外觅知音。金瓯已缺总须补，为国牺牲敢惜身！

嗟险阻，叹飘零。关山万里作雄行。休言女子非英物，夜夜龙泉壁上鸣。

“为国牺牲敢惜身”“休言女子非英物”可谓掷地有声，表达了秋瑾一腔赤诚的爱国热情、报国之志和视死如归的勇气。她以“鉴湖女侠”等笔名，在杂志上发表过《敬告中国二万万女同胞》《警告我同胞》等文章，严肃地抨击封建制度的丑恶，极力宣传女权主义，号召救国。“女学不兴，种族不强；女权不振，国势必弱”“女子必当有学问，求自立，不当事事仰给男子”，字里行间充满了女权解放的激情。秋瑾还在上海创办了《中国女报》，撰文提倡女权，宣传革命。她提出办报的宗旨是“开通风气，提倡女学，联感情，结团体，并为他日创设中国妇人协会之基础”，并为该报写了《发刊词》，号召女界为“醒狮之前驱”，“文明之先导”。

1907 年 7 月 6 日徐锡麟在安庆起义失败后，秋瑾遭遇围捕，别人劝她火速离开绍兴，她却义正辞严，宣称“革命要流血才会成功”。面对刑讯逼供，秋瑾宁死不屈，终在 7 月 15 日英勇就义，时年三十二岁。秋瑾将生命奉献给了反封建主义和争取民族独立的崇高事业，为女权解放作出了巨大的贡献。作为历史上第一个为推翻数千年封建统治而牺牲的女英雄，孙中山称之为“最好的同志秋女侠”，并为她题词“鉴湖女侠千古巾帼英雄”。

第 23 讲 《江上渔者》

——鲈鱼背后的代价

导语

《江上渔者》的作者范仲淹，除了诗名远播，更是一代名臣。那么，范仲淹的人生究竟经历了怎样的波澜壮阔？为何他死后连少数民族的部落首领都为他戒斋三日？诗中“君看一叶舟，出没风波里”蕴含着诗人怎样的感情？在中国古代诗词中，“秋风鲈鱼”又有何意蕴？而他写的另一首渔者题材的诗作，更是大有深意，两首诗交相辉映，并由此引申出一位泛舟烟波的世外高人。这究竟是怎么一回事？

| 江上渔者 |

（宋）范仲淹

江上往来人，但爱鲈鱼美。

君看一叶舟，出没风波里。

古诗揭秘

一、一世之师范仲淹

范仲淹，字希文，北宋著名文学家、政治家，世称范文正公，有《范文正公文集》传世。他一生系国之安危，时之众望于一身，故王安石对其有“一世之师，由初起终，名节无疵”的高度评价。

（一）“断齑画粥”的励志少年

范仲淹祖上世代为官，其父亲早年仕吴越。但不幸的是，父亲范墉在他两岁的时候因病去世，母亲谢氏由于家贫无依，便带着他改嫁淄州长山人朱文翰，范仲淹也改随其姓，取名朱说（yuè）。

后来，范仲淹得知家世，励志苦读。范仲淹的继父为常山县令，尽管职位不高，但对范仲淹颇为关照，这在范仲淹后来的文章中有所体现。但是范仲淹却坚持对自己严苛要求，每天只吃两顿饭，前一晚用两升小米煮粥，然后将小米粥放置一晚，第二天早上起床后将凝固的小米粥分成四块，早晚各食两块，再配一些腌菜，就是一天的饭菜了。他这样做的目的就是让自己不沉溺于物质享受，能够安贫乐道，专心读书。经过数年的寒窗苦读，范仲淹对儒家经典要义深有所悟，且胸怀天下苍生。相传，他少年时就曾在寺中的佛像前祷告，要么当良相，要么做良医。不难看出，范仲淹从小就胸怀大志，这两种人生设想，都是以忧国忧民为出发点，为国效力，救死扶伤，少年范仲淹的气度格局可见一斑。

大中祥符八年（公元 1015 年），范仲淹进士及第，被授为广德军司理参军，正式步入仕途，“断齑画粥”的励志少年终于凭借着自己的努力改变了命运。

（二）赤胆忠心的改革名臣

步入仕途后，范仲淹一心扑在国家社稷上。他秉公直言，一片忠心，受到宋仁宗的重用。庆历三年（公元 1043 年），宋仁宗罢免副宰相王举正，拜范仲淹为参知政事，在朝廷上下大兴改革。范仲淹作《答手诏条陈十事》，提出澄清吏治、富国强兵、厉行法治等十项改革方针，宋仁宗一一采纳，颁布诏书以示天下。庆历四年（公元 1044 年），范仲淹又上疏仁宗七件大事，进一步推进改革的深度和广度。此时，范仲淹的周围聚拢了一批和他一样赤胆忠心之人，如韩琦、富弼、欧阳修等，史称“同官尽才俊”，而范仲淹就是他们的领袖。富弼曾说：“只要范仲淹的大笔一挥，一个家庭就要痛哭流涕。”意思是说，只要范仲淹大笔一挥决定查办哪个人，那个人就会被追查到底，于是他们一家人就会痛哭流涕了。范仲淹听到这种说法后，说道:“我宁愿让一家人痛哭流涕，也不愿看到一路（路，宋代地方行政单位，相当于现在的省）的百姓痛哭流涕。”可见其为官极为公正廉洁。

正是因为范仲淹这种强硬清廉的作风，触动了朝廷中一部分人的利益，所以他们百般阻挠范仲淹的改革。一时间，指责范仲淹等是“朋党”的不实言论在京城传播开来。范仲淹深受打击，在战事再度来临之时，毅然请命外出巡守。庆历五年（公元 1045 年），朝廷上下对新政的反对声愈演愈烈，宋仁宗无奈之下，罢免了范仲淹参知政事一职。范仲淹、富弼等大臣随后相继离京，历时仅一年有余的新政宣告失败。改革失败的第二年，五十八岁的范仲淹在被贬的途中，经过岳阳楼，挥笔写下了荡气回肠的千古绝唱《岳阳楼记》，其中的千古名句“不以物喜，不以己悲”“先天下之忧而忧，后天下之乐而乐”便是范仲淹忧国忧民之心的完美表达。

一代儒学大家朱熹曾对范仲淹有如此评价:“且如一个范文正公，自做秀才时便以天下为己任，无一事不理会过。一旦仁宗大用之，便做出许多事业。”宋代诗人梅尧臣是范仲淹的好友，因为实在不忍心看他因谏言而多次被贬，于是作《灵乌赋》，力劝范仲淹要保持缄默，不要像乌鸦一样发出不祥的叫声，应该像报喜鸟一样，只报喜不报忧，保全自己为重。范仲淹写《灵乌赋》作答，文中强调“宁鸣而死，不默而生”，宁愿发声为民请命而死，不愿沉默苟且而生，彰显了他为民请命、心怀天下的凛然气节。胡适后来说，范仲淹写下的八个字，比美国人帕特里克·亨利说的“不自由，毋宁死”，早了 740 年。庆历新政虽然以失败告终，但它对萎靡的政局产生了巨大的冲击，直接推动了后来的王安石变法。

(三) 教子有方的仁爱父亲

范仲淹为人忠厚仁爱，经常扶危救贫，做事颇有古风。相传，范仲淹担任邠州地方官时，有一天与同僚属下一起登上高楼，置办酒宴。正欲举杯，看到楼下有几个人正在准备下葬的器具，于是同僚们都嫌弃不吉利，想要派人撵走他们。范仲淹连忙制止，并派人前去询问。原来，一位客居此地的书生因病去世了，却没钱下葬，他的朋友正在想办法。范仲淹听说以后，非常难过，连忙撤去酒席，并给了死者的朋友一笔可观的治丧费用以安葬死者。一起赴宴的朋友目睹了范仲淹这一义举，皆感动万分。

范仲淹不仅自身修养颇高，而且治家甚严。他时常教导子女做人要正心修身、积德行善，所以范家人都乐善好施，仁爱宽厚。一次，范仲淹的次子范纯仁在往外地运麦子时碰到一位好朋友，这位好友家中有亲人去世，却苦于无钱将灵柩运回故乡。范纯仁听后，果断地将一船麦子送给了朋友，帮助他渡过难关。回到家后，范仲淹听闻儿子将麦子送给了朋友，对儿子救急扶危的行为感到非常欣慰与高兴。后来，范仲淹的几个儿子入朝为官，皆勤政爱民，政绩颇丰，其中次子范纯仁还官至宰相。

（四）智勇双全的龙图老子

康定元年（公元 1040 年），西夏国李元昊称帝，公然与北宋对抗，屡屡进犯西部边疆，形势紧迫。值此国家危难之际，仁宗想起了智勇双全、正直廉洁的范仲淹。他下诏将范仲淹召回，任命其为陕西经略安抚副使兼知延州。此时的范仲淹，虽屡遭贬谪，但仍一心为国。他立即奔赴西北边疆，毅然担负起保家卫国之任。

范仲淹抵达西北之后，立即改革军事制度，提升军队战斗力。范仲淹奖罚分明，着力提拔作战勇猛、立有战功的士兵，而对于贪污腐败行为，一律当众惩治，绝不留情。在范仲淹的领导下，军队纪律严明，士兵作战勇猛，成为一支真正的勇猛之师。

在防御工事方面，范仲淹采取以守为攻的策略，主张构筑堡寨以防敌军。但是，此举遭到朝中很多人的反对，他们主张主动出击，并一意孤行。因此，大宋连吃败仗。范仲淹见状，内心十分苦闷。转眼又是一个秋天，这是一个最能引起游子思乡情绪的季节，更别提是在偏远萧瑟的边疆地区了。夜已深，范仲淹却毫无睡意，他索性挑灯研墨，一曲《渔家傲》便跃然纸上：

塞下秋来风景异，衡阳雁去无留意。四面边声连角起，千嶂里，长烟落日孤城闭。

浊酒一杯家万里，燕然未勒归无计。羌管悠悠霜满地。人不寐，将军白发征夫泪。

边疆未定，作为一名军人，范仲淹只能舍小家为大家，他下定决心不破边贼，誓不还乡。可是朝廷上内斗不断，边境上敌国仍虎视眈眈。一时间，范仲淹对当前战事的焦虑，对戍边将士们的深切同情，对家乡的思念之情一齐涌上心头，耳边传来悠远的羌笛声，内心更觉凄凉哀怨，一时泪水无声滑落。一句"将军白发征夫泪"，是范仲淹心怀天下苍生、忧国忧民的完美诠释。这眼泪，是仁爱苍生之泪。

在范仲淹的坚持下，他以守为攻的主张终于得到皇帝的支持。于是，他带领将士修筑堡寨，不断加固西北边防，使得西北边防固若金汤。大顺城便是其中一道坚固的屏障。宋代大思想家张载在《庆州大顺城记》中称赞道："(大顺城)深矣如泉，岿然如山。百万雄师，莫可以前。"意思是说，大顺城坚固如山，多么威武雄壮的军队也不能上前。此时范仲淹身为龙图阁学士，所以羌人称其为"龙图老子"。在当时，西北边塞的百姓间还流传着这样一句话："军中有一范，西贼闻之惊破胆。"这一范，指的正是范仲淹。

(五)鞠躬尽瘁的范"文正"公

皇祐四年(公元1052年)正月，范仲淹被调知颍州，收到调令，他带病上任，于五月二十日在徐州病逝，享年六十四岁。范仲淹去世之后，朝廷赐予他"文正"的谥号，这是在当时能够获得的最高的评价。在整个北宋王朝167年的时间里，副宰相、宰相级别的官员一共有310人，可是能够获得"文正"这个谥号的只有三位，分别是王曾、范仲淹和司马光，但是王曾和司马光两位都曾位至宰相，只有范仲淹的最高官位是副宰相，这就足以说明尽管范仲淹的职位不是最高，但他却用自己一生的公正廉洁赢得了朝野的一致好评，深受人们的爱戴和敬仰。自唐代后，文人入仕无不想要得到"文正"的谥号。"文"是对一个人学识的评价，"正"则是对其品格的认同。有渊博的学识，正直的品格，方能配得上“文正”二字。

范仲淹一生心怀天下，忧国忧民。其高尚的家国情怀在“先天下之忧而忧，后天下之乐而乐”中体现得淋漓尽致。面对腐朽昏聩的朝廷，他秉公直言，敢于进谏，将个人名利得失抛之脑后，一心为国。面对动荡不安的边疆，他肩负重任，远赴西北，即使身处苍凉悲壮的边塞，亦将一腔慷慨抒怀天下。

他以一颗仁爱忠厚之心，得百姓爱戴拥护，连少数民族的部落首领也不例外。得其病逝的消息，他们失声痛哭，并斋戒三日以示哀悼。而对于范仲淹效力一生的仁宗来说，“文正”二字，便是对其鞠躬尽瘁的最好评价。

二、君看一叶舟，出没风波里

（一）心系苍生悯渔者

宋仁宗明道二年（公元 1033 年）末，范仲淹力谏仁宗废后之举，被贬出知睦州（今浙江桐庐等地）。景祐元年（公元 1034 年）四月，范仲淹到达贬谪地睦州。睦州境内，富春江、新安江、兰江交错流过，范仲淹览江边景象，写下《江上渔者》一诗。

“江上往来人，但爱鲈鱼美。”烟波浩渺的长江边上，行人来来往往，那些穿着绫罗绸缎的人格外悠闲自在。走累了，便找个临江的小酒馆，三三两两地坐下来，鲜美的鲈鱼便是这桌上不可或缺的佳品。此时的范仲淹，也是往来人中的一个，或许也一样走累了，坐下来，点了一盘鲜美的鲈鱼，才得以看到悠闲的富人和食客的样子。

但“进亦忧，退亦忧”的范仲淹眼光本就与他人不同。他没有沉迷于鲈鱼的美味，而是把视野放到了更辽阔的江面，将观察问题的角度放到了劳动者的立场。江上渔者“出没风波里”，方有人们的美味享受。当江岸上人们悠闲自在、高谈阔论之时，江面上的渔者却历经惊涛骇浪，九死一生，二者形成了鲜明的对比。诗中“一叶舟”恰恰又对应了“往来人”。江岸上，行人熙熙攘攘，络绎不绝，江面上，却是一叶扁舟，分外孤单。

短短四句诗，展现了诗人对民生的关怀和“先忧后乐”的胸襟。诗人在时刻提醒人们注意：生活中的一切享受，都来自劳动者的辛勤劳作。这一立意与唐代诗人李绅的《悯农》相同，“谁知盘中餐，粒粒皆辛苦”表达的亦是诗人对劳动人民的深切同情。但与《悯农》的平铺直叙不同，“君看一叶舟，出没风波里”与“江上往来人”的自然对比，为读者留下了回味咀嚼的无限空间。

（二）身在舟中知浪险

在“君看一叶舟”一句中，“叶”字用得十分生动传神，形象地描绘出一只扁舟孤零零地在滔天波浪中起伏的景象，令人心惊胆战。那么，范仲淹为何会对渔者的处境有如此深刻的体会呢？这与他自己本身的一次“江上历险”有关。

相传，范仲淹有一次携全家老小乘船赴桐庐郡办事，结果在江面上遇到了大风大浪，一家人吓得魂飞魄散，好在有惊无险，最后化险为夷。上岸以后，一连数日，范仲淹都觉得惊魂未定，彻夜不眠，于是提笔写下了这首《赴桐庐郡淮上遇风三首》，其一如下：

一棹危于叶，傍观亦损神。
他时在平地，无忽险中人。

这首诗中诗人以第一视角进行描绘，与《江上渔者》的角度有所不同。前两句诗人回忆了江面遇险的惊心动魄。“一棹危于叶”，棹是船桨之意。在大浪滔天的江面上，船夫摇着的船桨就像一片小树叶，充满危险。而诗人一家老小都在这一叶舟上，其惊险程度可想而知。所以说“傍观亦损神”，意思是就这么在旁边看着，都心惊肉跳，神经高度紧张，连大气儿都不敢出。但有惊无险，诗人在脱险后发出感慨：“他时在平地，无忽险中人。”意思就是，现在我们脱险了，脚踩在平地上，仍感觉惊魂未定。这一次遭遇就吓得魂不附体，真难以想象天天在惊涛骇浪里来往的船夫们是何其艰辛。

（三）“秋风鲈鱼”

江南鲈鱼之美，众所周知。纵观唐宋诗坛，众多文人雅士围绕“鲈鱼”

展开创作，形成了独特的审美意蕴。

《世说新语·识鉴》载：张翰在洛阳为官，“见秋风起，因思吴中菰菜羹、鲈鱼脍，曰：‘人生贵得适意尔，何能羁宦数千里以要名爵！’遂命驾便归”。在这里，鲈鱼美味，甚至能够让人辞官归隐，成就一段古今佳话。

后来，唐人多用“鲈鱼”典故，来表达对张翰洒脱超然的艳羡，抑或是表达自己或他人的归隐志向。李中在《寄赠致仕沈彬郎中》中写道：“尘梦年来息，诗魔老亦狂。莼羹与鲈脍，秋兴最宜长。”

这首诗通过描写江南的美食和美景，抒发了诗人的思乡归隐之情。“秋风鲈鱼”成为文人看破名利后心灵的避难所，象征着他们清高孤傲的心性和渴望潇洒自由的体征。

此外，唐人在表达思归之情的同时，亦不忘吟咏忧愁。秋风给人以木叶凋零、人生迟暮之感。盛世之中的唐人在功成身退后，不禁抒怀吟唱。王维说：“忽思鲈鱼鲙，复有沧州心。”王昌龄曰：“忽忆鲈鱼鲙，扁舟往江东。”白居易云：“犹有鲈鱼莼菜兴，来春或拟往江东。”

（四）桐庐垂钓

说到垂钓，不同于风波中冒着生命危险的垂钓，还有一种乘着小舟，荡在湖面上，悠悠然的隐士垂钓。提到桐庐，提到垂钓，便不得不提一下范仲淹非常敬仰的一位喜爱垂钓的世外高人——严子陵。

严子陵是中国历史上非常著名的隐士。他是汉光武帝刘秀的同学，更是他的知心好友。在刘秀称帝之前，他为刘秀出谋划策，助刘秀完成称帝大业。在条件艰苦时，他们甚至同睡一张床，可见交情之深。后来，刘秀称帝，赐予严子陵高官厚禄。但严子陵生性淡泊，辞官不受，整日垂钓于烟波之上，终老一生，成为千古佳话。因为严子陵曾在桐庐郡隐居，所以范仲淹为官时曾前去缅怀，并书《桐庐郡严先生祠堂记》，其千古名句“云山苍苍，江水泱泱，先生之风，山高水长”，表达了范仲淹对严子陵的至高崇敬之情。

第 24 讲 《题临安邸》

——谁的杭州，谁的汴州

导语

青山重重叠叠，楼台鳞次栉比，西湖歌舞升平……见此美景，诗人为何无心游赏，反而在旅店愤然作诗，发出“西湖歌舞几时休”的感慨？一句“直把杭州作汴州”，道出了特定历史时期两座城市的微妙关系，那么，杭州与汴州究竟有何渊源？看似寻常的“暖风”和“游人”背后，又隐藏着怎样的深意，暗含了作者怎样的情绪？除了《题临安邸》，历史上还有哪些著名的讽喻诗？

| 题临安邸 |

（宋）林升

山外青山楼外楼，西湖歌舞几时休？
暖风熏得游人醉，直把杭州作汴州。

古诗揭秘

一、为何要题临安邸

（一）“临安临安，临时偏安”

正如南京旧称金陵、西安曾为长安、开封之于汴梁一样，杭州也有不少曾用名，“临安”就是其中之一。在很长一段时间内，临安只是杭州下辖的一个县，也是五代十国时期割据东南的吴越国国君钱镠的故乡。在军阀割据的战乱时期，钱镠采取“保境安民”的政策，修筑海塘、疏浚内湖，使得两浙地区一跃成为“鱼米之乡”与“钱粮仓库”。苏轼曾写《表忠观记》称赞其功绩：“其民至于老死，不识兵革，四时嬉游，歌鼓之声相闻，至今不废，其有德于斯民甚厚。”到了北宋时期，杭州已经发展为“东南第一州”。“东南形胜，三吴都会”，“市列珠玑，户盈罗绮，竞豪奢”描绘的都是富庶繁华的杭州城。宋建炎三年（公元 1129 年），一路南逃的宋高宗至此风水宝地，为感念钱镠纳土归宋的功绩和对杭州的历史贡献，南宋朝廷以其故里“临安”为府名，升杭州为“临安府”，级别为“行在”。绍兴八年（公元 1138 年）宋高宗回跸临安，定都临安府。不过，南宋时期在历史记载中对外官宣的都城仍然是汴州城，不知是否刻意取“临安”为名来提醒世人勿忘收复中原之地，而临安只是一时安顿之地，因而亦有“临时偏安”一意。

（二）谜样诗人的讽刺之作

沦陷的国土尚未收复，外敌入侵国家更是危如累卵，然而南宋朝廷却不思进取，将此地当成了永恒的安乐窝。上至王公贵族，下至富室豪家，纷纷在此营建楼阁台榭，玉宇琼楼，追逐着醉生梦死的生活。

赶考的士人看到在西湖岸饮酒作乐、沉迷歌舞的达官显贵，怒意中升，却不便发作，只得题诗发泄，讽刺眼前所见。《古杭杂记》中对此就有记载：“驿路有白塔桥，印卖朝京里程图。士大夫往临安，必买以披阅。有人题壁云：‘白塔桥边卖地经，长亭短驿甚分明。如何只说临安路，不较中原有几程。’”同样，后人题名的《题临安邸》，是生平不详的林升经过临安城时于旅舍墙壁而作。不过也有人说，题在墙上的字体是行草，“升”与“外”形体酷似，所以诗人是有史可考的进士林外也未可而知。尽管诗人身份不明，但这首七绝流传千古却是不争的事实。一方面，这首诗出神入化地描绘了西湖的景致，与苏轼的《饮湖上初晴后雨》一诗工力悉敌，所以后人将这两首诗并称为西湖“二绝”。另一方面，这首诗在写景的同时又极具讽刺意味，以一句“暖风熏得游人醉，直把杭州作汴州”，揭露了宋人忘却国耻，在暖风、歌舞中尽情享乐的现实，被誉为“西湖绝唱”，盛传千年而不衰。也正因《题临安邸》的讽刺意味，其政治意义更为突出。明嘉靖年间，进士田汝成就曾援引此诗，讥讽赵构在小朝廷忘国耻、无作为、兴土木、喜奢靡一事，于《西湖游览志余》中说：“绍兴、淳熙之间，颇称康裕，君相纵逸，耽乐湖山，无复新亭之泪。士人林外者，题一绝于旅邸云：‘山外青山楼外楼，西湖歌舞几时休……’”并感慨道：“观此，则宋时偏安之计，亦可衰矣。是以论者以西湖为尤物，比之西施之破吴也。”

二、谁的杭州，谁的汴州

（一）汴州腥风血雨

汴州是北宋的国都，即今天的河南开封。北宋时期，汴州经济文化发达，社会生活繁荣。据《宋史・地理志》记载，汴州城内人口高达一百五十万，是当时全国的政治、经济、文化中心，也是世界上最繁华的大都市。而建都于此的宋朝，也堪称中国历史上经济、文化的鼎盛时代。著名史学家陈寅恪说：“华夏民族之文化，历数千载之演进，造极于赵宋之世。”但由于后期不当的制度变革，导致宋朝逐渐走上了衰亡的道路。

1115 年，金太祖完颜阿骨打统一女真各部，建立金朝。北方女真族势力日渐强大，灭辽之后又大举攻宋。靖康二年（公元 1127 年）一月，金兵攻破帝都汴州城，先是提出“和议”，向宋王朝勒索大量的金银、布帛、少女、马匹等物资，而北宋国库空虚，因而处死了四位主责大臣。此外，被杖责的官员，被逼自尽的百姓比比皆是。但灾难远不止于此，后来金人俘虏了宋徽宗、宋钦宗两位皇帝及皇室妃嫔、朝臣、工匠等十万余人，在班师回朝的途中，大量屠杀百姓，将财物搜罗一空后满载而归。金军所到之处，一片生灵涂炭。宋钦宗被金人囚禁，为了凑齐金人开出的天价“赎金”，北宋官员大肆搜刮民脂民膏，即使贫民、僧道、工妓等也在搜刮之列，甚至以器物、女子、粮食抵代金银。汴州城内民不聊生，百姓为求生存只得吃树叶、割饿殍，再加上瘟疫之病，死者不计其数，状况惨不忍睹。金兵的入侵给北宋人民造成了深重的灾难，被后人称为“靖康之耻”。

（二）杭州歌舞升平

靖康之变后，北宋灭亡。宋徽宗第九子赵构幸免于难，逃亡南方。靖康二年（1127 年），宋高宗赵构在南京应天府即位，建立了“小朝廷”南宋，开启了宋朝的后半段历史篇章。但南宋并未吸取北宋灭亡的惨痛教训，不念报仇雪耻，不思奋发图强。虽有岳飞、韩世忠等大将积极抗金，但秦桧等主和派日日在宋高宗耳边吹风，内忧外患之势使得宋高宗对外屈膝投降，对内迫害忠臣（岳飞就是因此而死），最终达成了绍兴和议，稳定了南宋的和平局面。只是刚步入和平的南宋就开始了腐败，自上而下纵情声色，完全忘掉了不久之前的那场腥风血雨。

绍兴八年（公元 1138 年），宋室南迁，定临安为都。西湖岸边，沽酒楼前，车水马龙，红杏飘香，绿杨垂岸，箫鼓声声，隐隐秋千，加之丽人作伴，宋高宗一眼便看中了杭州这块自古繁华之地，大肆兴修楼堂馆所——建明堂、修太庙、砌宫殿。西湖岸边日日歌舞升平，从汴州随着皇帝仓皇出逃的达官显贵们，推杯换盏，沉溺在纸醉金迷之中。虽名曰“临安”，但宋高宗实际上打定了“偏安”的主意。因为临安远离前线且近海，一旦金兵打过来可以直接从海上逃跑。就这样，宋高宗在东南一隅当起了安乐皇帝，全然无视国耻家仇。不过，南宋时期在历史记载中对外官宣的都城仍然是北宋都城汴州，临安虽然是南宋事实上的首都，但连皇帝自己都不敢承认。

三、暖风熏得游人醉

《题临安邸》一诗虽没有用典，却通过巧妙的构思与精当的措辞丰富了其意蕴；虽是冷言冷语的讽刺，却偏从热闹之景写起；虽愤慨至极，却不做谩骂之语。

（一）不同寻常的“风”

在古诗中，“风”是一个较为常见的意象，作者将其喜怒哀乐寄托于风中。当“风”进入诗歌后，就不单纯是由空气流动引起的纯客观自然现象，而是一种情思的载体。不同的风也有不同的意蕴，东风常与生机勃勃的春天相联系，比如朱熹《春日》中的“等闲识得东风面，万紫千红总是春”；而西风则象征着秋之肃杀，大多含凝重的悲凉色彩，如李清照《醉花阴》中的“帘卷西风，人比黄花瘦”。在《题临安邸》中，诗人也提到了“风”，而且是“暖风”。乍一看令人心生暖意，充满了对自然的向往，但细读就会发现这“暖风”不仅仅是自然中和煦的风，更是游人在西湖岸边升起的歌舞之风。表面上诗人在写游人陶醉于西湖美景之中，实则表现的是统治阶级的醉生梦死。这阵“暖风”，饱含着诗人辛辣的讽喻之意，它吹醉了南宋统治者的苟且之心，却吹寒了忧国忧民者的义愤之心。

（二）来自汴州的“游人”

沐浴在暖风之中，在西湖岸边赏景玩乐的游人络绎不绝，但这些“游人”不仅仅是简单的游人，更是来自汴州的达官显贵。北宋时期的开封（即汴州，亦称东京）富丽甲天下，繁荣兴旺程度达到鼎盛，成为当时集政治、经济、文化于一体的国家中心。史书《东京梦华录》以“八荒争凑，万国咸通”来描述都城开封的繁华。画家张择端的《清明上河图》就生动形象地描绘了清明时节北宋开封城汴河两岸繁华、热闹的景象和优美的自然风光。习惯了繁华之地汴州的“游人”们来到烟花之地杭州，在一片奢靡之风中宛若回到了过往醉生梦死的生活，沉醉其中久久不愿醒来。而这种贪图享乐、不思故土的现状被林升的“直把杭州作汴州”一语道破，令人深思。

（三）此“熏”“醉”非彼“醺醉”

古人云“棋琴书画诗酒茶”，可见自古以来“诗酒”就不分家。在这首诗中即使没有“酒”字，也隐隐有“酒”的存在感。西湖岸的莺歌燕舞必然少不了饮酒助兴，而“醉”字更像是饮酒的直接表现。不过，这首诗中的“醉”不是饮酒过量而“醺醉”的状态，而是因“暖风”的微“熏”而醉。一个“熏”字，暗示了歌舞场面的庞大与热闹，为“游人”们营造了旖旎的气氛。紧接的“醉”字更是将“游人”们的精神状态刻画得惟妙惟肖，给人们留下了丰富的审美空间——“游人”们在西湖岸纸醉金迷的丑态。在这种氛围的烘托之下，也难怪“直把杭州作汴州”了。

在诗人心中，西湖的歌舞更像是消磨抗金斗志的淫歌艳舞，他多么希望“游人”们能“休”掉的是这西湖的歌舞，而非“休”战言和，不思失地。若是长此以往，杭州怕是将会成为下一个汴州城了，辛辣的讽刺中蕴含着极大的愤怒和无穷的忧患。

四、个性飞扬的讽喻诗

孔子曰：“诗，可以兴，可以观，可以群，可以怨。”其中的“怨”与现在所说的“讽喻诗”意思相近。林升的这首《题临安邸》便是“讽喻诗”的一篇杰作。讽喻诗是古代汉族文学的题材之一，作者对世态、人生等或从正面评判或从侧面讽刺。鲁迅先生曾指出：“讽刺的生命是真实；不必是曾有的实事，但必须是会有的实情。”唐代诗人白居易是“讽喻诗”这一概念的最早提出者，也是其积极践行者。

号称“诗魔”的白居易在《与元九书》中曾系统地阐述了自己的诗学观点，将自己的诗分为讽喻诗、闲适诗、伤感诗、杂律诗四类。而他本人着重强调的便是讽喻诗，以《秦中吟》和《新乐府》为代表作，其诗揭露社会弊端，带有强烈的批判性。同时，因为通俗易懂、意深词浅的语言风格，为后人所津津乐道。比如《秦中吟》系列中的《买花》一诗就描写了在农村青黄不接、农事繁忙之时，繁华长安城中的王公贵戚却正忙着买花，更有甚者愿意一掷千金。一位“偶来买花处”的老翁低头长叹。通过强烈的对比揭示了当时社会“富贵人家一束花，十户田家一年粮”的腐败现象。诗中有云：“低头独长叹，此叹无人喻。一丛深色花，十户中人赋！”

杜牧的《泊秦淮》也是杰出的讽喻诗。唐朝堪称中国历史上的巅峰时期，但后期统治集团的腐朽昏庸，使得整个社会千疮百孔，危机四伏，生活于这个时期的诗人杜牧对国家的未来深感忧虑。一日，杜牧夜泊于六朝古都金陵的秦淮河岸，眼见红灯绿酒，耳闻淫歌艳曲，一想到唐朝日益衰败便感时伤怀，写下了千古名作《泊秦淮》，全诗如下：

烟笼寒水月笼沙，夜泊秦淮近酒家。
商女不知亡国恨，隔江犹唱后庭花。

虽然杜牧是借古讽今，通过《玉树后庭花》的亡国故事来讽刺今人的纸醉金迷的亡国之举，但这唱和《玉树后庭花》的商女之音，不就是西湖岸不休的歌舞之音吗？因此，《泊秦淮》与《题临安邸》的异曲同工之妙在于——相似的时代背景、眼前景象、心路历程、写作手法，两首诗都表达了诗人对不思进取的朝廷官僚的忧心与愤怒，堪称讽喻诗的代表之作。

第 25 讲 《元日》

——不仅是有料的民俗诗

导语

这是一首从题目到内容都“有料”的民俗诗。何谓元日？何谓爆竹？何谓屠苏？何谓桃符？一个个神秘的符号，有趣的民俗，串联起了中国最重要的传统节日——春节。除却春节习俗与祈愿，时值人生特殊阶段的王安石，还想通过此诗，传递出怎样的独特心思？除了王安石，还有哪些诗人在元日写下心中祝愿？

| 元日 |

（宋）王安石

爆竹声中一岁除，春风送暖入屠苏。

千门万户曈曈日，总把新桃换旧符。

古诗揭秘

一、“元日”与“过年”

（一）何谓“元日”？

“元日”一词，最早见于《尚书·舜典》：“月正元日，舜格于文祖。”讲的是舜继承天子之位时，带领手下一齐祭拜天地，人们便把祭拜的这一天当作岁首。因此，“元”谓之“首”，“元日”，既为一日之首，又为一月之首，一年之首。古时的元日便是后来的春节。在中国历史上，是没有“春节”这一概念的。除元日外，元正、正旦、端日、岁首、新年、元春、新正等都是春节的曾用名。每朝每代采用的历法不同，过年的时间自然也不尽相同。夏朝以一月为年首，商朝以十二月为年首，周朝以十一月为年首，秦朝则以十月为岁首，汉朝时推行太初历，确定正月初一为岁首。至此，新年的时间才基本固定下来。

民国时期，正月初一的农历新年开始改称春节。新中国成立前夕，中国人民政治协商会议决定以公元作为中国的纪年，才有了公历新年与农历春节的分野。自此，公历1月1日是新年的开始，农历正月初一是中华民族的传统春节。

（二）“年”的传说

关于“年”的传说，有这样一个神话故事：

古时候，有一种凶猛怪兽，名字叫作“年”。每到腊月三十，它便窜进村子里觅食，不仅伤害家畜牲口，还会袭击人类。这一年腊月三十的晚上，“年”又来了！它先来到一个村子，正遇上两个孩童在比赛抽鞭子，“年”听到噼噼啪啪的鞭声后吓得掉头就跑。接着它又窜去另一个村里，看到一家门口晒着的大红色衣裳，它不知其为何物，竟望风而逃。当它来到下一个村子时，只见有一家灯火通明，光亮照得它睁不开眼，立马逃之夭夭了。人们终于摸准了“年”的弱点，因为它怕声响，怕红色，怕火光，于是人们商讨对策，做足了抵御“年”的准备。等到“年”再进村时，人们锣鼓喧天，鞭炮齐鸣，家家张灯结彩，户户门贴桃符。“年”不再出现了，躲过一劫的老百姓在大年初一这天出来互相道贺，庆祝平安。如此热闹的风俗留了下来，逐渐演化成今天过年的习俗。

二、神秘的春节符号

王安石在《元日》一诗中选取了老百姓过年时几个有代表性的生活细节，如燃爆竹，饮屠苏酒，换新桃符，呈现出一片欢乐祥和的节日氛围。这首喜气洋洋的小诗里，蕴含着浓浓的除旧布新的新年气氛，道出了春节前后那些琐细的风俗。

（一）爆竹

“爆竹声中一岁除”，在阵阵轰鸣的爆竹声中，旧的一年已经过去。据《神异经》记载：“西方深山中有人长尺余，犯人则病寒热，名曰山臊。人以竹著火中，熚烞有声，而山臊惊惮。”最初，爆竹是为了抵御鬼怪的侵袭。人们把竹子放到火里去烧，竹子会发出噼噼啪啪的声音，怪物听到这种声音后便不敢靠近。逐渐地，元日这天，家家户户都要早早地燃放爆竹，以求得一个新年的好兆头。爆竹又被叫作“炮仗”“鞭炮”，燃烧时会发出炫目的火光和亮丽的色彩，后来因为其喜庆的颜色变成了辞旧迎新的象征符号。再后来人们学会使用火药，爆竹变得更有气势，声音更大，每当放起鞭炮时总是笼罩着喜庆的氛围。

放鞭炮的习俗就这样代代流传下来，成为了中国最鲜明也最喜闻乐见的年俗。发展到现代，无论是过年，还是结婚、升学、乔迁、开业等，每逢喜事，人们都习惯以放鞭炮来庆祝，表示喜庆。随着社会的进步和文明的发展，人们开始重视燃放烟花爆竹时释放的烟尘和火星造成的环境污染，我国许多城市都已禁止燃放烟花爆竹。

（二）屠苏

宗懔《荆楚岁时记》云：“长幼悉正衣冠，以次拜贺。进椒柏酒，饮桃汤。进屠苏酒，胶牙饧，下五辛盘……凡饮酒次第，从小起。”可见由幼及长，全家合饮屠苏酒是我国新年的又一传统。只是，这桃花酒、梅花酒、秋露白、竹叶青……酒的种类如此繁多，为何偏偏是屠苏酒？

屠苏酒是一种用屠苏、大黄、白术、桔梗、蜀椒、乌头、拔契等几味中药浸泡而成的药酒。相传屠苏酒的配方出自名医华佗，后来由唐代医学家孙思邈继承发扬。每年腊月，孙思邈都会分给邻里乡亲们他所制的屠苏酒，要他们在除夕饮用，告诉他们此酒可以预防瘟疫，孙医师还称自己的屋子为“屠苏屋”。后经世代传承，过年同饮屠苏酒被赋予了更深层的内涵，不仅为驱病防治，也是为求得吉祥福祉。有趣的是，在我国的酒文化和酒桌礼仪之中，饮酒的次序是以辈分最高者为先，论资排辈，年纪最小或资历最浅者排后。而合饮屠苏酒时正相反，由少者向老者依次饮酒。孩童最先饮，庆祝他们长大一岁，老人后饮，祝福他们长寿安康。许多诗词作品中都提到过饮屠苏酒这一风俗，如顾况在《岁日作》中感慨：“还将寂寞羞明镜，手把屠苏让少年。”苏辙也曾在《除日》里吟唱：“年年最后饮屠苏，不觉年来七十余。”诗人们在饮屠苏酒时感叹自己年岁的增长，可见除夕饮屠苏酒的风俗之盛。

（三）桃符

《元日》云：“千门万户曈曈日，总把新桃换旧符。”那什么是桃符呢？《荆楚岁时记》有云：“帖画鸡户上，悬苇索于其上，插桃符其傍，百鬼畏之。”鬼怪畏惧桃符，因此人们在过年时贴桃符以驱鬼辟邪，其由来也是一个美丽的民间传说。相传很久以前，东海度朔山风景秀丽，有一片桃林，其中的一颗桃树枝繁叶茂、硕果累累，人吃了桃子能成仙。有一个青面獠牙、红发绿眼的鬼怪意图偷吃仙桃，被桃林主人神荼、郁垒二兄弟用桃枝打败，保护了仙桃。两兄弟的大名从此威震妖界，他们死后变为专门惩治恶鬼的神仙。桃木自古就有驱邪的作用，后世每逢过年时都会在桃木板上画上神荼、郁垒两位的形象来驱鬼辟邪，保佑远离灾厄。为了驱逐邪恶，迎来祥福之气，人们会在自家门口钉上一个桃木板，画上一些辟邪的符号或贴个门神的形象。随着朝代更替，“题桃符”逐渐流行起来。自五代十国后，人们会将字数相等、结构对称、意思相应的短诗题写在桃木板上，后来又换成在纸上书写，这便是春联的前身。

此等传统风俗，在诗词作品中自然也能寻得踪迹。如陆游在《己酉元旦》

中写道："桃符呵笔写，椒酒过花斜。"南宋诗人宋伯仁也在《岁旦》一诗中借用桃符，一句"桃版随人换，梅花隔岁香"更是表达了诗人随遇而安、知足常乐的人生态度。

三、一首《元日》，别有心思

王安石一生胸怀政治抱负，一身正气，两袖清风，是我国历史上伟大的文学家、政治家、改革家、思想家……列宁曾称王安石为"中国十一世纪的改革家"。《元日》正是王安石改革之志的见证。

（一）王安石的宏愿

在宋神宗亲政之前，王安石虽还未发达，但在官场已经颇具声望。宋神宗对王安石品德和才能之贤早有耳闻，在读过王安石《上仁宗皇帝言事书》后，更是感到与王安石心意相通，治国方略也是不谋而合。在宋神宗执政之初，心里已是十分器重王安石，将他由江宁府提拔到了翰林学士。

1068年，为了摆脱宋代王朝面临的政治、经济危机以及辽、西夏不断进犯的困境，励精图治的宋神宗欲召见王安石进京，让他指点迷津。古有东汉末年刘备三顾茅庐，今有宋神宗召王安石"越次入对"，足见宋神宗求贤若渴，对王安石寄予厚望。王安石随即谏言主张变法改制，这次变法以"因天下之力以生天下之财，取天下之财以供天下之费"为原则，改革机构、改革税赋、改革科举制、整治军队、兴修水利，以此来发展生产，富国强兵，挽救北宋政治危机，史称"熙宁变法"。因为涉及政治、经济、军事、社会、文化各个方面，是中国古代史上继商鞅变法之后又一次规模巨大的社会变革运动。

《元日》一诗正是诞生于这场改革开始的节点。王安石受到宋神宗的重视，被提拔为宰相。大刀阔斧的变法在即，他期望通过变法改革使国家繁荣富强、人民安居乐业。适逢一年一度的春节到来，春风送暖，旭日初升，家家户户张灯结彩，人们放鞭炮，共饮酒，一片欢乐祥和。眼前的喜庆热闹让王安石联想到了变法伊始的新气象，越发充满了信心和期待。眼前景与心中情相互交融，冬去春来的暖春景象让王安石深受鼓舞，倍感振奋，他早已预感到革旧布新一定会给百姓们带来新的光明。所以，王安石作《元日》时，可谓春风得意，踌躇满志。除了呈现元日民俗、表达喜悦心声外，王安石更要借此诗来传递自己的政治抱负与人生理想。带着对变法成功的期待，对匡扶社稷的振奋，王安石以诗言志，借《元日》表达一元肇始，自己将一往无前的坚定信念。

（二）《元日》里的期待

诗的首句写道“春风送暖入屠苏”，指人们面向东方合饮屠苏酒时，都觉得暖洋洋的。因为东方正是春风吹来的方向，春风吹来，将暖意送到了屠苏酒里面，仿佛大家一起喝的酒是被春风吹暖的。一个“入”字惟妙惟肖，诗人的遣词造句不仅是创作功力的积累，更是当下心意的表达。眼下正值一元复始，万象更新，作为新晋宰相、变法掌门人的王安石，自是“我情入我景”，信心满满，喜乐相融。所以字里行间饱含着诗人精神抖擞、欲有一番作为的远大抱负。“千门万户曈曈日”，承接前两句，表面看来是诉说春光明媚，太阳红彤彤的，家家户户都沐浴在这初春太阳和煦的光照之中。而细细体会，王安石笔下这轮照耀着千家万户的明日，显然不仅是太阳的光辉，更是朝廷变法带来的无限光明。

“总把新桃换旧符”，人们在这一天里，都会贴上新的桃符，来保佑新的一年吉祥如意，平安顺遂。元日是新一年的开始，岁月的节点引发了王安石的敏感，也给这个欢愉的节日增添了几分思考与期盼。正如千千万万的人们用新的桃符替代旧的桃符，新生的事物终将会取代没落的事物，改革变法、施行新政也是一样的道理。贴上新的桃符，寄寓的不仅是人们新年伊始的美好心情和欢乐景象，还是诗人对变法革新和国泰民安的信心和期待，他预感到紫气东来，相信变法改制带给百姓的将会是一片光明。

与《元日》的“总把新桃换旧符”，新生事物终将替代旧事物有相同意蕴的诗作，还有王湾的《次北固山下》，全诗如下：

客路青山外，行舟绿水前。
潮平两岸阔，风正一帆悬。
海日生残夜，江春入旧年。
乡书何处达？归雁洛阳边。

此外，有类似表达的，还有唐朝著名诗人刘禹锡。刘禹锡被贬二十三年，仍以豁达乐观之心来对待自己的人生际遇。《酬乐天扬州初逢席上见赠》一诗，字里行间展露出诗人坚定的信心与顽强的意志，表露出对新事物以及美好生活的信心和向往之情，全诗如下：

巴山楚水凄凉地，二十三年弃置身。
怀旧空吟闻笛赋，到乡翻似烂柯人。
沉舟侧畔千帆过，病树前头万木春。
今日听君歌一曲，暂凭杯酒长精神。

四、不一样的新年祈福

（一）卢照邻的家国愿

正月初一这天，“初唐四杰”之一卢照邻与家人欢聚一堂，不由得感慨眼前生活的美好，写下了《元日述怀》。他在诗中虽打趣自己官职低微还是回家种地的好，却没有一丝伤怀；诗中亲朋满座，共同高歌畅饮，庆贺冬去春来；乡间的景色秀丽迷人，草色青青，一片欣欣向荣。尾句“愿得长如此，年年物候新”，表达的正是诗人受到此情此景的感染，盼望国家年年富强，百姓岁岁安康的美好心愿。诗中有云：“草色迷三径，风光动四邻。愿得长如此，年年物候新。”

（二）李世民的帝王威

唐太宗李世民堪称千古一帝，文韬武略兼备。他在《元日》中豪情万丈地写下“穆矣熏风茂，康哉帝道昌。继文遵后轨，循古鉴前王”，表述自己身为一代君王，将立志效仿历朝历代的开明君主，希望能凭自己的能力为天下万世开太平。尤其是那一句“恭己临四极，垂衣驭八荒”，使四海升平、八方安定的凌云壮志表露无遗，帝王胸怀的霸气实在难掩。诗中有云：“巨川思欲济，终以寄舟航。”

（三）孟浩然的金榜梦

诗人孟浩然在强仕之年（四十岁）尚未求得一官半职，《田家元日》正是作于诗人前往长安考取功名的路上。这首诗内容简单，叙述了诗人与农夫、牧童在田间劳作，与他们共同推测来年气候的经历。全诗的笔调虽然平和，甚至有些苍白，却出奇的恬淡自然，于尾句“共说此丰年”不经意地道出了农人们欢度春节、期望新年五谷丰登的心情和作者期望自己赴试成功的心愿。人各有志，新的一年里，他们诉诸不同的心愿却是共同的期待，期待新年里都能有所收获。诗中有云：“田家占气候，共说此年丰。”

（四）杜甫的团聚心

杜甫生逢乱世，一生求功名求安定，遗憾的是求而不得，后半生流离失所。在元日这天，杜甫写下《元日示宗武》。宗武是他的小儿子，写这首诗时，他们一家正漂泊在外。通篇读来，此诗确实不同于其他庆贺新年的作品，既未见意气风发之势，也不曾有欢乐喜悦之辞，乡愁深重，如血入泪般落在字里行间中。整首诗情真意切，道出的是对家人的拳拳关爱，有朝一日能与亲人团聚已是杜甫心中最真挚的祈盼。诗中有云：“赋诗犹落笔，献寿更称觞。不见江东弟，高歌泪数行。”

第 26 讲 《竹石》

——文人爱竹为哪般

导语

郑板桥一生酷爱竹子，他赏竹、画竹、咏竹，与竹结下了不解之缘，一首《竹石》堪称家喻户晓。那么郑板桥为何如此爱竹？被誉为“扬州八怪”之首的他又怪在哪里？历史上还有哪些爱竹的文人雅士？当《竹石》遇到《石灰吟》，两首同样象征高洁人格的经典之作，又会碰撞出怎样耀眼的火花？

竹石

（清）郑燮

咬定青山不放松，立根原在破岩中。
千磨万击还坚劲，任尔东西南北风。

古诗揭秘

一、怪才郑板桥

郑燮，字克柔，号板桥，人称郑板桥，乃康熙年间秀才，雍正时期举人，乾隆期间进士。作为“扬州八怪”的首要人物，郑板桥在思想界、文学界、艺术界都享有极高的声誉，这位家喻户晓的文化名人，其自信、自豪、自强的人格特质历来为人们所称颂，被赞为中国“诗书画三绝”的一代才子。

那么，“扬州八怪”之首的郑板桥到底“怪”在哪里？

（一）画竹怪

郑板桥是清代著名的画家，他一生钟爱于画“兰、竹、石”这三个事物，自称“四时不谢之兰，百节长青之竹，万古不败之石，千秋不变之人”，“兰、竹、石”与他的人生正好配成四绝。郑板桥尤其爱画竹，是有名的“竹痴”，曾作《竹》一首，诗云：“举世爱栽花，老夫只栽竹。”他在《郑板桥集·题画竹》中说：“盖竹之体，瘦劲孤高，枝枝傲雪，节节干霄，有似君子豪气凌云，不为俗屈。故板桥画竹，不特为竹写神，亦为竹写生。瘦劲孤高，是其神也；豪迈凌云，是其生也。”这里的“生”指竹的外部形象；这里的“神”是指内在气质。他认为竹子坚强，身板挺直，且“虚心、有节”，似品德高尚的君子一般，因而爱竹。郑板桥经历几十年的画竹修炼，总结出了画竹的四阶段论：眼中之竹—胸中之竹—意中之竹—手中之竹，即看竹、思竹、画竹。唯胸有成竹，反复酝酿，才能有生有神。

（二）题诗怪

郑板桥通常自画自题，在其墨竹图中，除灵动的竹子外，最吸引人的便是他所题之诗。他的立意，往往是以少胜多，含蓄多姿。不见秋声似闻秋声，不见风雨似见风雨。但凡看了他在画间的题诗，就能知晓他的画外之意。正如“散出少少许，胜人多多许。努力作秋声，瑶窗弄风雨”，活灵活现，弦外有音，随意几笔就令人拍案叫绝。另一幅墨竹，题云：“一竿瘦，两竿够，三竿凑，四竿救”，诗画相辅相成，把画技说得深入浅出。

关于郑板桥一心为民的清官品行，在他的诗作中多有显现。五十多岁的郑板桥调任山东潍县县令，上任时正值大灾的第二年，百姓们没有粮食吃，四处逃荒，更严重的地方甚至出现了人吃人的现象。郑板桥看到一路上哀鸿遍野，心如刀割。面对如此严重的灾情，想要上书等朝廷的批准后再赈灾已然来不及，于是，郑板桥果断地采取了救灾措施，也因此得罪了不少权贵。但他非常坚定，因为他心里装着百姓。他给当时的巡抚画了一幅墨竹图，并题诗《潍县署中画竹呈年伯包大丞括》云：

衙斋卧听潇潇雨，疑是民间疾苦声。

些小吾曹州县吏，一枝一叶总关情。

“一枝一叶总关情”，官职虽小，却能把百姓疾苦时刻放在心上，郑板桥的为官之道和人格魅力可见一斑。

《竹石》也是郑板桥为自己的画作题的诗，诗中以质朴简洁的语言，赞颂了竹子的刚毅，寥寥数字，含蓄地表达了自己绝不随波逐流的高尚品质。

（三）书法怪

郑板桥是一代书法宗师，自创“板桥体”，后人也称之为“六分半书”。他创作板桥体书法的过程艰难而独特。郑板桥对书法有一种独特的审美追求，他把真、行、隶、篆融为一体，又参照绘画的技法，形成一种看似奇绝却又浑然天成的真趣。他在《五十八岁自叙》中说：“善书法，自号六分半书。”因为隶书又称“八分书”，板桥是在隶书的基础上融入了真、行、草的元素，因此隶书（八分）只剩下了六分半了，戏称作“六分半书”。

（四）糊涂怪

郑板桥有一幅墨宝，至今为人津津乐道，乃“难得糊涂”四字。他在潍县任县令的第六年，总结了自己在范县、潍县这十年的县官经历，用他的“板桥体”写下了一条横匾：难得糊涂。在这四个大字之下又写下了数行小字的诠释：

聪明难，糊涂难，由聪明而转入糊涂更难。

放一着，退一步，当下安心，非图后来福报也。

郑板桥的“难得糊涂”背后，恰恰体现了他的智慧与觉醒。

（五）广告怪

为官时一身正气，两袖清风，因而在十年的官场生涯终结时，郑板桥还是一贫如洗，到扬州靠卖画来谋生计。虽然郑板桥以卖字画为生，但他却给自己定了“三不卖”的规矩，即“达官贵人不卖，钱够花时不卖，老子不高兴时不卖”。更有意思的是，他又给自己定了一个画价的《润格》，用现在的话来说，就是广告，可谓“童叟无欺，绝无二价”：

> 大幅六两；中幅四两；小幅二两；条幅对联一两；扇子斗方五钱。
> 凡送礼物食物，总不如白银为妙，公之所送，未必弟之所好也。
> 送现银则心中喜乐，书画皆佳。礼物既属纠缠，赊欠尤为赖账。
> 年老神倦，亦不能陪诸君子作无益言也。
> 画竹多于买竹钱，纸高六尺价三千。
> 任渠语旧论交接，只当秋风过耳边。
> 乾隆己卯，拙公和尚属书谢客。
>
> ——板桥郑燮

此《润格》一出，令人哗然。表面上满纸谈钱的板桥有些俗气，但实际上，他是借此讽刺两种人，一是假名士，口中不言钱，心中想厚酬，索取重礼；二是打秋风，利用手中权势来强取豪夺。板桥看透世事，敢说真话，针砭时弊，让人感到“超然于象外，爽豁有天真”。

（六）机智怪

话说在出仕之前，郑板桥家道中落，生活难以为继，有一段时间靠教村塾为生。一年春天，有一个小偷趁夜色来到了郑板桥的教馆，翻墙入室，想要偷米吃。但小偷手法不精，不小心弄出了声音，惊醒了板桥。这样的情况下，人们要么起来抓贼，要么当作没看见，以免有性命之忧。

但郑板桥就是这么怪，他在床上自言自语：“老鼠真讨厌，每天都吵得人睡不好。”小偷暗自庆幸，觉得主人没有发现他，就接着偷米。郑板桥借着月光看到这个小偷衣衫褴褛，想必也是可怜之人。但又一想，人穷志不穷，做“梁上君子”总是件不光彩之事，于是怪人有怪法，他吟道：“大风起兮月正昏，有劳君子到寒门。”小偷一听，吓得赶忙躲到暗处。板桥又吟道：“诗书腹内藏千卷，稻米缸中无半升。”小偷一听，知道是个穷书生，今夜捞不到油水。慢慢向门口移动，准备逃走。郑板桥又吟道：“出门休惊黄尾犬，翻墙莫碰兰花盆。”小偷一听，不敢由门口逃走，还是从原路翻墙逃走。翻墙时，果然见墙头放有兰花数盆。这时，郑板桥在屋里再次高声吟道：“夜深不及披衣送，收拾雄心回家门。”

郑板桥吟诗驱贼，真是怪得让人忍俊不禁。

（七）毒舌怪

郑板桥为人正直，不屑于趋炎附势，对看不惯的人与事向来敢于嘲笑怒骂。相传有一次，有个惯于巴结官府的豪绅附庸风雅，想请他题写匾额。郑板桥爽快答应了下来，并且为其题写“雅闻起敬”四个字，豪绅非常满意。上漆时，郑板桥特意叮嘱漆匠，只油漆每个字的一部分：“雅”“起”“敬”三个字只漆左半边，对“闻”字只漆“门”字。乍一看，没啥问题。可是过了一段时间，豪绅楼前门匾上的字没上漆的部分模糊不清了，而上漆的部位越发清晰。远远一看，原来的“雅闻起敬”竟成了“牙门走苟”（“衙门走狗”的谐音），过往行人无不掩口而笑。郑板桥用这种特殊的“毒舌”方式，惩治了道貌岸然的豪绅。

二、当《竹石》遇上《石灰吟》

郑板桥的这首《竹石》看似语言平白，实则蕴意深刻。

第一句“咬定青山不放松，立根原在破岩中”，首先“咬定”二字，一上来就把竹子的神韵体现出来了，竹子扎根扎得结实，就像是用嘴巴把青山咬住一样。从“咬定”青山到“坚劲”，从客观状态到主观精神，前后照应，体现竹子刚毅的特征。后半句中“破岩”也是神来之笔，破岩指的是破裂的岩石，也就是所谓的岩石缝。竹子把根深深地扎在青山里边，到底扎在青山的什么部位呢？原来是岩石的缝里边。竹子在极艰难的生存环境里，奋力向上挣扎，并坚韧地生长起来，这就是生命的力量。从“咬定青山”到“立根破岩”，那种生命的劲道，扑面而来，属于生命的孤傲姿态，也跃然纸上。

第二句“千磨万击还坚劲，任尔东西南北风”，借物喻人。表面上是说任凭刮哪种风，竹子都依旧挺拔，实际上也暗喻人生的挫折磨难就似“千磨万击”，也似“东西南北风”，作者犹如竹子一般坚强不催。一句“任尔东西南北风”，尽显孤介高格和铮铮铁骨，尤以一个“任”字，映射出作者无畏无惧、慷慨潇洒的形象，让人振奋精神。

郑板桥于古稀之年作的这首《竹石》，正是他自己人生的写照，竹子自强不息、刚毅的精神正是郑板桥的人格理想。与此诗有异曲同工之妙的，还有于谦十七岁时作的《石灰吟》：

千锤万凿出深山，烈火焚烧若等闲。
粉身碎骨浑不怕，要留清白在人间。

一句“千锤万凿出深山，烈火焚烧若等闲”，以所见所得，直抒胸臆，不加雕饰，浑然天成。“粉身碎骨浑不怕，要留清白在人间”，少年的赤子之心、清白理想不由得让人心生敬佩。

《竹石》与《石灰吟》，一首老而弥坚，一首少年立志；一个“千磨万击还坚劲”，一个“粉身碎骨浑不怕”；一个“任尔东西南北风”，一个“要留清白在人间”。无论是七十岁的郑板桥还是十七岁的于谦，无不是托物明志，以竹石与石灰之高洁精神，诠释了对生命的价值追求。

三、“劲”字到底怎么读

整首诗里，有两个字的读音容易出错。一个是“燮（xiè）”，因这个字不常见，所以常被读错。第二个字“劲”，则是因为该字在诗中的意义不易确认，所以容易混淆读音。在《新华字典》中，“劲”是多音字，一读作 jìn，释义为力气、作用、情绪、神态；另一读作 jìng，表示坚强有力，力量大。这两个字义的区分十分细微，极易读错。

“劲”的 jìn 和 jìng 到底该如何区分呢？一个比较简单的方法是看这个字

的用途，如果这个字是单纯用来形容一个事物的客观状态，就读 jìn。比如："他手劲很大"，表示有力量；"这种酒劲儿真大"，表示效力很大；"瞧他那股骄傲劲儿"，表示神情傲娇。

如果这个字是用来表达有某种价值倾向的时候，则读 jìng。比如："场面劲爆"，表示现场热烈火爆；"松柏劲拔"，表示这个松柏雄健挺拔。李世民写过的一首诗《赠萧瑀》中有"疾风知劲草"一句，表示草非常强劲。在这些表示有价值倾向时，"劲"都读 jìng。"千磨万击还坚劲，任尔东西南北风"，从字义来看，这里的"劲"是坚强有力量的意思，蕴含明显的价值倾向，因此读 jìng。

四、文人爱竹为哪般

（一）竹的精神

竹与松、梅共称"岁寒三友"，竹亦与梅、兰、菊共称"花中四君子"。自古以来，"竹"就像一位仙风道骨绿衣袍的精神领袖，引领着中国一代又一代的文人，它用自己清瘦的筋骨，点亮了千百年的时光，在无数诗行书画中熠熠生辉。潇洒如苏轼，"竹杖芒鞋轻胜马，谁怕？一蓑烟雨任平生"；清幽如王维，"独坐幽篁里，弹琴复长啸"；刚毅如郑燮，"千磨万击还坚劲，任尔东西南北风"。竹子清高挺拔，竹林时而清静淡雅、时而清风徐徐，竹的这种自然美代表着自强不息、顶天立地的精神，体现了清华其外、淡泊其中、清雅脱俗、不作媚世之态的君子人格。

（二）"湘妃竹"的神话

在有关竹子的神话故事中，"湘妃竹"的传说最广为流传，也最为凄美。传说，舜在晚年的时候，到南方的九嶷山一带去巡视，他的两个妻子娥皇和女英也跟着前往。由于过度操劳，舜刚刚到九嶷山就病死了，埋葬在九嶷山的南侧。娥皇和女英痛不欲生，也投入湘水中自尽了。投水之前，她们天天望着九嶷山哭泣，滴滴泪水挥洒在竹林里，竹子上从此留下了斑斑泪痕，后人便称这竹为“斑竹”，也称“湘妃竹”。古诗中多引用“湘妃竹”表达感情，如刘禹锡《潇湘神》中就有千古名句：“斑竹枝，斑竹枝，泪痕点点寄相思。”

（三）“不可居无竹”

王徽之，书圣王羲之的第五个儿子，平生素爱竹子。他家的庭院中，屋前屋后的空地上，种满了各样的竹子，有粗犷而伟岸的毛竹，纤细而秀丽的篾竹，也有挺拔而刚劲的刚竹。每当空闲时分，王徽之就在竹林中悠然地散步，沉醉于竹叶的清香，品赏竹子的美姿。有一次，王徽之暂住在一位朋友家，见朋友家的宅院中没有一根竹子，便派人买来很多竹子，在宅院中种下。朋友对此感到不解，问道：“你不过在这儿暂住几个月，何必这样找麻烦？”王徽之粲然一笑，指着竹子说：“何可一日无此君！”

苏轼同样是个竹痴，他对竹子有一段经典的评说，与王徽之的“何可一日无此君”有异曲同工之妙，曰：“宁可食无肉，不可居无竹。无肉令人瘦，无竹令人俗。人瘦尚可肥，士俗不可医。”随着人生际遇的改变，苏东坡在不同的人生阶段对竹子的审美态度也不尽相同，年轻时，他希望看到密密麻麻的竹子，“门前万竿竹，堂上四库书”是他的理想；中年时，心态已不如年轻时激进豪迈，苏东坡更为欣赏“疏疏帘外竹，浏浏竹间雨”的情景；而老年时，苏东坡对待竹子的态度又变成“累尽吾何言，风来竹自啸”，越发淡定从容。

参考文献

[1] 郭茂倩. 乐府诗集 [M]. 北京：中华书局，1900.

[2] 闻一多. 唐诗杂论 [M]. 上海：开明书店，1948.

[3] 隋树森. 古诗十九首集释 [M]. 北京：中华书局，1955.

[4] 中国青年出版社. 古文选读 [M]. 北京：中国青年出版社，1964.

[5] 沈德潜. 古诗源 [M]. 北京：中华书局，1963.

[6] 萧统. 文选 [M]. 北京：中华书局，1977.

[7] 朱自清. 古诗歌笺释三种 [M]. 上海：上海古籍出版社，1981.

[8] 马茂元. 古诗十九首初探 [M]. 西安：陕西人民出版社，1981.

[9] 毛礼锐，等. 中国古代教育史 [M]. 北京：人民教育出版社，1983.

[10] 吴熊和，等. 唐宋诗词探胜 [M]. 杭州：浙江文艺出版社，1983.

[11] 萧涤非，等. 唐诗鉴赏辞典 [M]. 上海：上海辞书出版社，1983.

[12] 张志公. 传统语文教育教材论 [M]. 上海：上海教育出版社，1992.

[13] 柳宗元. 柳宗元诗笺释 [M]. 王国安，笺释. 上海：上海古籍出版社，1993.

[14] 莫砺峰. 杜甫评传 [M]. 南京：南京大学出版社，1993.

[15] 赵仁珪. 宋诗纵横 [M]. 北京：中华书局，1994.

[16] 吴在庆. 新编宋诗三百首 [M]. 南京：江苏古籍出版社，1995.

[17] 王力. 古代汉语 [M]. 北京：中华书局，1995.

[18] 李学文，等. 诗词入门 [M]. 北京：科学普及出版社，1998.

[19] 朱国能. 柳宗元诗禅机理趣事探讨 [M] // 中国唐代文学学会，等. 唐代

文研究 . 桂林：广西师范大学出版社，1998.

[20] 马茂元. 唐诗选 [M]. 上海：上海古籍出版社，1999.

[21] 王力. 诗词格律 [M]. 北京：中华书局，2000.

[22] 张晶. 心灵的歌吟：宋代词人的情感世界 [M]. 保定：河北大学出版社，2001.

[23] 陈洪. 诗化人生：魏晋风度的魅力 [M]. 保定：河北大学出版社，2001.

[24] 杨树增，等. 盛世悲音：汉代文人的生命感叹 [M]. 保定：河北大学出版社，2001.

[25] 李振纲. 智者的叮咛：先秦诸子的生存智慧 [M]. 保定：河北大学出版社，2001.

[26] 陈寅恪. 元白诗笺证稿 [M]. 北京：生活・读书・新知三联书店，2001.

[27] 赵克勇. 诗词曲联入门 [M]. 北京：光明日报出版社，2001.

[28] 詹福瑞，等. 士族的挽歌：南北朝文人的悲欢离合 [M]. 保定：河北大学出版社，2002.

[29] 朱东润. 中国历代文学作品选 [M]. 上海：上海古籍出版社，2002.

[30] 陈玉坤，代蕊华. 课程与课堂教学 [M]. 上海：华东师范大学出版社，2002.

[31] 程郁缀. 唐诗宋词 [M]. 北京：北京大学出版社，2002.

[32] 赵逵夫. 屈原与他的时代 [M]. 北京：人民文学出版社，2002.

[33] 洪兴祖. 楚辞补注 [M]. 北京：中华书局，2002.

[34] 李泽厚. 美学三书 [M]. 天津：天津社会科学院出版社，2003.

[35] 赵伶俐. 课堂教学设计与操作技术 [M]. 重庆：西南师范大学出版社，2004.

[36] 朱永新. 新教育之梦 [M]. 北京：人民教育出版社，2004.

[37] 石中英. 教育哲学导论 [M]. 北京：北京师范大学出版社，2004.

[38] 朱永新. 诗意与理性 [M]. 北京：人民教育出版社，2004.

[39] 洪湛侯. 诗经学史 [M]. 北京：中华书局，2004.

[40] 哈吉・穆罕默德・奴伦丁・敏生光. 马启西诗联赏识 [M]. 北京：中华书局，2004.

[41] 曹文轩. 中国神话故事精选 [M]. 北京：北京大学出版社，2004.

[42] 黄开国，唐赤蓉. 诸子百家兴起的前奏：春秋时期的思想文化 [M]. 成都：巴蜀书社，2004.

[43] 冯友兰. 中国哲学史新编 [M]. 北京：人民出版社，2004.

[44] 萧涤非，等. 唐诗鉴赏辞典 [M]. 上海：上海辞书出版社，2004.

[45] 龙榆生. 词曲概论 [M]. 北京：北京出版社，2004.

[46] 刘乃昌. 唐诗宋词选读 [M]. 济南：山东人民出版社，2004.

[47] 杨伯峻. 孟子译注 [M]. 北京：中华书局，2005.

[48] 孙明君. 三曹诗选——古典诗词名家 [M]. 北京：中华书局，2005.

[49] 金性尧. 唐诗三百首新注 [M]. 西安：陕西师范大学出版社，2005.

[50] 方明. 陶行知教育名篇 [M]. 北京：教育科学出版社，2005.

[51] 袁行霈. 中国文学史 [M]. 北京：高等教育出版社，2005.

[52] 赵京战. 诗词韵律合编 [M]. 北京：中华书局，2006.

[53] 扬雄，司马光. 新编诸子集成——太玄集注 [M]. 刘韶军，点校 . 北京：中华书局，2006.

[54] 杨伯峻. 论语译注 [M]. 北京：中华书局，2006.

[55] 沈长云. 中国历史 1：先秦史 [M]. 北京：人民出版社，2006.

[56] 张炜. 楚辞笔记 [M]. 上海：上海三联书店，2006.

[57] 郁贤皓. 李白集 [M]. 南京：凤凰出版社，2006.

[58] 张忠纲，孙微. 杜甫集 [M]. 南京：凤凰出版社，2006.

[59] 司马迁. 史记 [M]. 北京：北京出版社，2006.

[60] 郑金洲. 教学方法应用指导 [M]. 上海：华东师范大学出版社，2006.

[61] 张驰. 语文教育人文论 [M]. 杭州：浙江教育出版社，2006.

[62] 曹础基. 庄子浅注 [M]. 北京：中华书局，2007.

[63] 钟嵘. 诗品 [M]. 韩晶，译注 . 北京：中国社会科学出版社，2007.

[64]《中国古典文学精华》编辑组. 古典诗词散曲精粹 [M]. 上海：上海三

联出版社，2007.

[65] 章培恒，骆玉明. 中国文学史新著 [M]. 上海：复旦大学出版社，2007.

[66] 凯利. 课程理论与实践（第五版）[M]. 吕敏霞，译 . 北京：中国轻工业出版社，2007.

[67] 叶圣陶. 叶圣陶教育名篇 [M]. 北京：教育科学出版社，2007.

[68] 叶嘉莹. 好诗共欣赏 [M]. 北京：中华书局，2007.

[69] 周啸天. 百代千家绝句诗 [M]. 合肥：黄山书社，2007.

[70] 蘅塘退士. 唐诗三百首 [M]. 程季平，注译 . 北京：北京燕山出版社，2007.

[71] 王国维. 人间词话 [M]. 南京：江苏文艺出版社，2007.

[72] 刘小枫. 诗化哲学 [M]. 上海：华东师范大学出版社，2007.

[73] 辛战军. 老子译注 [M]. 北京：中华书局，2008.

[74] 计有功. 唐诗纪事 [M]. 上海：上海古籍出版社，2008.

[75] 郁贤皓. 李白与唐代文史考论 [M]. 南京：南京师范大学出版社，2008.

[76] 杨雨. 杨雨讲诗词故事 [M]. 长沙：湖南少年儿童出版社，2018.

[77] 田师善. 与古诗交朋友 [M]. 叶嘉莹，校订 . 桂林：广西师范大学出版社，2014.

[78] 叶嘉莹. 唐宋词十七讲 [M]. 北京：北京大学出版社，2007.

[79] 袁行霈. 好诗不厌百回读 [M]. 北京：北京出版社，2017.

致 谢

在小书付梓之际，我要奉上深深的谢意和敬意：

感谢我敬爱的导师，当代著名教育家朱永新先生，十八年的师生情谊，他的期许和厚爱让我始终充满着工作的热忱和生活的希望。他赋予我和每个新教育人的新教育之梦，是我不断前行的伟大动力，让我对教育人生永不言败。这本小书，从一定意义上来说，是为他而写，为新教育而写，感念朱老师十八年来对我始终如一的提携和信赖，相信他能听到我心灵深处清澈的吟唱。

感谢我从教生命中的第一位伯乐，我的恩师、老校长郭青伟先生。从曾经对我无私无畏的支持到如今一成不变的关怀，他的仁爱之光始终沐浴我心。

感谢我的忘年挚友、恩师大儒陶继新先生，他用智慧和大爱改变了我原本平凡的人生。十九年的山海情谊，我对他的崇敬、感谢和牵挂无以言表，“倚天照海花无数，流水高山心自知”。

感谢鲁东大学的钱国旗校长。君子之交淡如水，虽久未相见，却时常牵念。感恩他在我高校生涯之初给予的信任和关怀，成全了我自由高飞的心灵。他永远是我心中温润如玉的谦谦君子。

感谢青岛市南区教体局的徐学红主任，生命中有她这样剑胆琴心、兰心蕙质的朋友，是我的幸运和荣耀。

感谢青岛市实验小学的孟夏老师，她是我中专读书时的师妹兼诗友，她用二十四年静默的目光见证了我的成长，并一路守护助力我的诗教梦想。她的温柔与美好，睿智与坚强，始终是照亮我心底的一米阳光。

特别感谢为本书无私奉献的，我挚爱的青岛大学本科生、研究生志愿者团队。她们是：2017 级本科生高静、程琪、侯慧莹、马永君、李雯；2016 级本科生吴雅欣（现任教于聊城市茌平区冯官屯镇中心小学）、王颖（现任教于淄博市桓台县马桥镇马桥实验学校）、冯梓舒（现任教于潍坊市临朐县城关街道城关小学）；2019级硕士研究生张蕾、张家慧；2018级硕士研究生张乔（现任职于青岛市南区教体局教育科）。这些深爱着中国传统文化的莘莘学子，从浩瀚的文献典籍中为我点滴梳理、整合各种素材，并以严谨的学术态度，与我一起探讨各种文献版本的可能性和合理性，最终助我如期完成小书，其心之诚，天地可鉴。她们亦是我主持的青岛市哲学社会科学规划课题“师者的初心与使命——传统文化视域下高师生人文素质培养研究”（课题编号：QDSKL1901057）项目组的主要成员，小书的最终出版，也是对她们学术能力的充分肯定和辛劳付出的最好回报。

感谢华东师范大学出版社所有为小书出版辛勤付出的编辑老师们，他们真诚的邀约和热情的督促，让我一路不敢懈怠。而他们在此过程中严谨的工作态度和广博的专业素养，更令人由衷钦佩。

感谢我深爱的家人，让我可以拥有一个幸福祥和的家，一颗可以自由高飞也可以随时栖居的灵魂。特别感谢我的母亲姜绮华老师，她做了一辈子中学语文教师，兢兢业业，博爱真诚。母亲在我幼年时所给予的古典文化熏陶，是我诗教的最初源头。《乐羊子妻》是我幼儿园时母亲教我背诵的第一篇古文，至今刻骨铭心。特别是“妾闻志士不饮盗泉之水，廉者不受嗟来之食，况拾遗求利以污其行乎！”成为我一生躬身自省的道德准则。

感谢本书的最小读者，我八岁的儿子陈一粽小朋友，他全程见证了这本小书的诞生。他是上天赐给我最好的礼物，他用小男子汉的担当一路呵护我的幸福，让我时时充满对生命的敬畏与感恩。他对中国传统文化特别是经典诗词的热爱，让我倍感欢欣。

此外，这本小书也是我主持的青岛市哲学社会科学规划课题“师者的初心与使命——传统文化视域下高师生人文素质培养研究”（课题编号：QDSKL1901057）的最终成果。在此对课题组同仁的支持和帮助一并致以最诚挚的谢意。

2020年初秋于青岛大学

图书在版编目（CIP）数据

统编版古诗怎么教：写给小学语文老师 / 苏静著 .—上海：华东师范大学出版社，2021
ISBN 978 - 7 - 5760 - 1645 - 1

Ⅰ.①统… Ⅱ.①苏… Ⅲ.①古典诗歌—中国—教学研究—小学
Ⅳ.① G623.202

中国版本图书馆 CIP 数据核字（2021）第 070486 号

大夏书系·语文之道

统编版古诗怎么教
——写给小学语文老师

著　　者	苏　静
策划编辑	李永梅
责任编辑	张思扬
责任校对	杨　坤
封面设计	奇文云海·设计顾问
出版发行	华东师范大学出版社
社　　址	上海市中山北路 3663 号　邮编　200062
网　　址	www.ecnupress.com.cn
电　　话	021 - 60821666　行政传真　021 - 62572105
客服电话	021 - 62865537
邮购电话	021 - 62869887　地址　上海市中山北路 3663 号华东师范大学校内先锋路口
网　　店	http：//hdsdcbs.tmall.com
印 刷 者	北京季蜂印刷有限公司
开　　本	700 × 1000　16 开
插　　页	1
印　　张	16
字　　数	234 千字
版　　次	2021 年 9 月第一版
印　　次	2024 年 3 月第三次
印　　数	7 101 - 8 100
书　　号	ISBN 978 - 7 - 5760 - 1645 - 1
定　　价	52.00 元
出 版 人	王　焰

（如发现本版图书有印订质量问题，请寄回本社市场部调换或电话 021-62865537 联系）